GTM
국제매너와 에티켓

Global Tourism Manners

GTM
국제매너와 에티켓

김성근·정승환 공저

"바른 행동이라도 예의가 뒷받침하지 않으면 존경받을 수 없다."
그라시안

도서출판 석학당
www.shdbooks.co.kr

머 리 말

우리는 급격히 변화된 사회적 환경으로 국가간의 정치 · 경제 · 문화 · 사회적 교류가 빈번해지고 있는 가운데 국제화가 가속화되고 있는 환경에서 살아가고 있다. 또한 경제적인 발달과 핵가족화의 영향으로 개인적인 욕구가 증폭되고 사회로 부터 인정받고 싶어하는 욕구가 그 어느 때보다 증가하고 있다.

이와 같은 사회적 현상을 배경으로 살하가면서 인간은 자유를 끊임없이 추구하고 있는 가운데 요즘 각 계층간, 또는 세대간의 갈등이 증폭되고 있으며, 심지어는 혼란스런 사회환경을 조성하기도 한다.

이러한 개인적인 욕구와 자유를 동시에 보강하면서 인간적인 대접을 받기 위해서는 변화된 사회현상에 지혜롭게 대처하여야하며, 타인이로부터 존중받기 위해서는 남을 존중해야 한다는 이율배반적인 상황을 이해할 수 있어야 한다. 즉 개인 지향적인 생활을 영위하기 위해서는 그만큼 남을 간섭하지 않아야 한다는 의미인 것이다.

이와 같이 개인적인 욕구를 충족시키기 위해서는 일반적으로 지켜야 할 사회적 규범이 있어야 할 것이다.

따라서 공동생활에서 자신이 남들로부터 인정받고 존경받기 위해서는 모든 사람들은 보편적으로 인정된 도덕과 예절의 생활화가 전제되어야 한다. 물론 자신이 존중받기 위해 자신을 낮추면서 남을 인정하고 존경하는 행위는 생각처럼 쉬운 일이 아니다.

더욱이 세계가 하나가 된 요즘은 빈번한 해외여행에서 마주치는 다양한 상황들과 어디서든지 볼 수 있는 전세계 국가의 사람과의 만남 등 국내뿐 아닌 국제적인 매너와 에티켓을 지켜야 하는 환경이 되었다.

특히 관광서비스업에서는 이런 글로벌 매너와 에티켓을 더욱 요구하고 있다.

하지만 최근에는 사회가 빠르게 변해감에 따라 인간의 내면보다는 효율을 지나치게 강조한 나머지 무분별한 예절과 행동규범이 인가의 가치에 혼란을 가중시키고 있으므로 이에대한 올바른 개념을 정립하는 것이 바람직 하리라 생각된다.

그런 이유로 이 책은 국제화를 추구하는 이 시대의 상황에 따라서 인간이 지켜야 할 일반적인 행동규범은 물론 국제화에 어울릴 수 있는 관광서비스맨들의 매너를 중심으로 올바른 매너와 에티켓을 정리하였다. 여기에 내용은 정립된 이론들과 경험에 의해 숙지하게 된 여러가지 정보들을 함께 담고 있으며, 이는 글로벌 인재로 성장하는데 물론이고 조직이나 사회생활을 하는데도 많은 도움이 될 것으로 판단 된다.

끝으로 이 책의 출간을 위해 많은 도움을 준 선후배 지인여러분들과 석학당의 관계자 분들께 진심으로 감사드린다.

2013년 2월

저 자 일동

Contents

제1장

글로벌 매너와 문화

제1절 글로벌 음식문화

글로벌시대인 현대사회는 급변하는 생활환경속에서 타문화에서 생활하고 있는 사람들과 수직혹은 수평으로 다양한 관계를 유지하고 있다.

외국과 교류가 없던시절에는 불편함을 몰랐지만, 지구촌이 하나가 되는 글로벌시대인 현재에는 다른나라의 문화와 국제매너를 모르면 비즈니스는 물론이고 단순한 여행조차도 하는데 불편함을 느낄수 있다.

하지만 다른나라사람들이 중요하게 여기는 관습이나, 그 사람들이 지키기를 원하는 매너나 예의등을 지켜나간다면 사소한 일상은 물론이고 해외여행, 국제업무 더 나아가 국제적인 역할을 하는데도 즐거움과 보람을 느낄수 있을 것이다. 특히 가장 글로벌화 되어있는 관광서비스분야는 다른나라 사람들이 즐기는 음식부터 금기시되는 음식과 매너,행동등에 대해 관심을 갖고 지켜나가는 것은 중요한 과정이라 하겠다.

1. 각국의 음식문화

1) 프랑스

프랑스음식의 특징은 화려함을 내세우고 시각적인면을 강조하는 아름다움이라 할 수 있다.중세에는 야채는 서민의 음식이고 육류는 귀족만이 먹을수 있는 음식이라는 잘못된 사고로 귀족은 주로 육류를 섭취하였다.

(1) 프랑스의 빵(French bread)

프랑스에서는 빵이 필수적인 음식으로, 대표적인 빵으로는 바게트와 크로와상, 그리고 팽 오 쇼콜라를 들 수 있다. 바게트는 껍질이 갈라져 있는 기다란 빵이다. 특히 아침에 막 구워낸 바게트는 바삭바삭한 껍질과 부드러운 속살이 입에서 녹는다, 버터를 발라 먹거나 야채와 햄 등을 넣어 샌드위치로 먹을 수도 있다.

크로와상 역시 바삭거리면서 약간 쫄깃한 맛이 일품이다. 바게트와 마찬가지로 버터를 발라 먹거나 야채와 햄 등을 넣어 샌드위치로도 먹으며, 커피에 적셔 먹기도 한다. 팽 오 쇼콜라는 쵸콜렛 빵으로 페스트리의 한 종류이며, 안에 초콜렛이 들어 있고 건포도가 군데군데 들어 가있다.

(2) 에스까르고(Escargot)

달팽이 요리를 에스까르고라고 말한다. 사실 식사는 아니고 에피타이저이다.

작은 달팽이가 아닌 소라만한 식용 달팽이에 마늘, 파슬리, 소금, 버터 등을 넣어 구운 것으로, 먹을 때는 집게로 껍데기를 잡고 꼬챙이나 포크로 꺼내 먹으면 된다. 맛은 소라와 비슷하나 버터가 들어가 있어서 고소하다.

(3) 뿌아그라(Foie Gras)

기름진 간이란 뜻으로 거위간 요리를 말한다. 우리 나라의 개고기 파동 때 프랑스사람에게 반박할 수 있었던 바로 그 음식이다. 거위의 지방간을 만들어내기 위해 사용한 잔인한 사육방식이 거론된 것이다. 보통 숯불에 구워서 소금과 후추를 뿌려 먹는 프랑스의 고급요리이다.

(4) 크레페(Crepe)

크레페는 파이의 한종류로 17C부터 만들어 먹기 시작하였으며 밀전병을 구워 햄이나 치즈등을 곁들여 먹는 프랑스의 대표적인 대중음식이다.

2) 이탈리아

이탈리아는 북부,남부,중부지역의 음식문화의 차이가 뚜렸한것이 특징이다. 북쪽 지방은 버터와 쌀, 남쪽 지방은 올리브유와 파스타를 이용한 요리가 많다.

[콜롯세움]

(1) 해산물

· 리그리아 지방의 페스토 제노베제로 알려진 항구도시, 제노바가 있는 지방으로 '바질(basil)'과 섬세한 향의 올리브유의 산지이고, 해산물도 풍부한 곳으로 이탈리아 면(스파게티)의 산실인 베네치아와 가까운 지방이다.

(2) 육류

· 롬바르디아 지방은 밀라노를 중심으로 하는 지방으로 사프란의 리죠토와 쇠고기 커틀릿은 밀라노의 대표적인 요리이다.

· 토스카나 지방: 대표적인 도시는 피렌체이고, 바다와 산에서 나는 재료들이 풍부하며, 강낭콩과 쇠고기의 찜요리가 많은 곳이다.

(3) 피자

· 캄파냐 지방 : 나폴리, 카프리섬으로 알려진 남부 이탈리아의 대표적 지방으로 피자, 파스타류, 토마토를 사용한 요리가 전 세계적으로 퍼져 있다. 파스타는 스파게티,라쟈냐,링귀네,펜네등 모양에 따라 다양한 이름을 가지고 있다.

와인은 이탈리아 요리에서는 없어서는 안 되는 중요한 문화요소이다. '소중히 해야될 기쁨과 건강에 관하여'라는 요리책을 저술한 바르톨 로메오 사키가 "와인이 없는 식사는 즐겁지 않을 뿐만아니라 건강에도 좋지 않다"라고 말했듯이 이탈리아인에게 와인은 식사의 기본요소이다.

3) 영국

(1) 로스트 비프(roast beef)

영국을 대표하는 요리로 첫손에 꼽는 메뉴이다. 기름기있는 소의 살코기를 덩어리째로 오븐에 구운 것에 소스를 곁들여 먹는다.

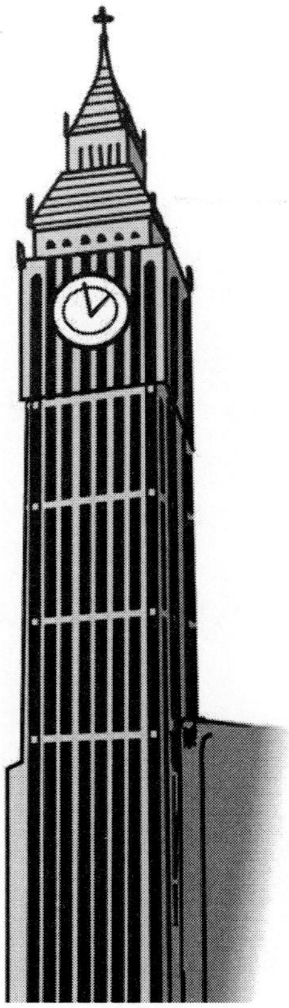

(2) 영국식 아침식사(english breakfast)

보통 과일주스부터 시작하여 소시지, 베이컨, 달걀, 토스트 등이 기본으로 나온다. 여기에 구운 토마토나 시리얼과 버섯요리가 추가로 나오는 때도 있고, 커피나 홍차가 곁들여진다.

(3) 피시 엔 칩스(fish and chips)

영국의 가장 대중음식으로 생선과 감자를 튀겨서 라임을 곁들인 음식이다. 대중선술집인 펍(pub)에서도 즐길 수 있는 음식이다.

4) 포르투갈

· 해산물

포르투갈의 요리는 수프(sopa), 메인 디시인 생선(Peixe)과 육류(Carne), 음료, 디저트(Sobremesa)로 나뉜다. 바다가 많고 유럽 유수의 해산물생산국이기 때문에 해물요리가 일찍부터 발달했다. 육류는 쇠고기, 돼지고기가 모두 인기이지만, 쇠고기보다 돼지고기를 더 선호하는 편이다.

5) 폴란드

폴란드사람들의 주식은 감자와 빵이다. 삶은 감자는 거의 매끼마다 먹는 식사이고, 빵은 흰 빵보다는 호밀 등으로 만든 검은 빵을 주로 먹는다. 맥주는 폴란드에서 주로 생산되고 있으며, 흔하게 먹을 수 있고 오코침과 지비에츠가 유명하다. 보드카도 종류가 많이 있으며, 특히 유명한 보드카로는 주부르프카, 지트니우프카, 아젠비아크, 비보로바이다, 와인은 병째로 파는 것이 아니라 잔으로 팔고 있다. 콜라는 폴란드에서 제조한 콜라를 많이 마신다. 폴란드인들은 과일주스는 별로 팔지 않고 구하기가 힘들며, 가정에서 사과와 구즈베리(키위)로 만든 과일주스가 아주 맛이 좋기로 소문이 나있다.

폴란드인들은 아침식사를 빨리 하는 편이고, 간단하게 한다. 직장에 출근해서 오전 10시경에 콘프레이크나 샌드위치 등으로 간식을 먹게 되며, 정식으로 점식식사를 하는 시간은 오후 3시로 하루의 식사중에 가장 비중있게 음식물을 섭취하게 되는데, 이때에 정식으로 수프, 샐러드, 육류요리, 생선요리, 감자샐러드, 홍차를 먹게 된다. 저녁에 퇴근하기 전에는 페스트리나 아이스크림을 먹게 되고 , 저녁은 집에가서 먹게 되는데, 비교적 저녁은 가볍게 먹는 편이다. 저녁에는 빵, 유제품, 생선통조림을 먹는다, 폴란드인들은 많은 양을 한꺼번에 먹지는 않지만 조금씩 여러 번 먹는 습관을 가지고 있다. 폴란드인들은 보통 과식을 하지 않는 경향이 있다.

6) 헝가리

(1) 굴라쉬(Gulyas)

야채와 헝가리 특산물 파프리카를 넣어 푹 끓인 스프형식의 음식으로 빵과 함께 식사하는 것이 기본 스타일이다. 파프리카의 종류는 버찌 파프리카(매우 맛이 강함)와 단 맛이 있어 샐러드나 잼에 쓰이는 토마토 파프리카 및 주로 고기요리에 사용되는 매운 맛의 초절임 파프리카가 있다.

(2) 와인

좋아 하는 사람에게는 훌륭한 토카이 와인(Tokaj Bor), 황소의 피(Degri Bikaver), 발라톤 호반의 산지에서 나는 Badacsonyi Szurkebarat, 식사전 식욕을 돋우는 술로 유명한 팔랑카(Palinka) 등이 있다.

특히 토카이 와인은 헝가리 부다페스트 서북쪽, 보드그로그강과 티셔강이 만나는 곳에서 자라는 포도로 생산한 포도주로 프랑스의 루이 14세 때 프랑스 왕실에 선물할 정도로 그 맛이 뛰어나 그 후에 전 유럽에 널리 알려지게 되었으며, 화이트와인이 유명하고 식전주로 잘 알려져 있다.

헝가리어로 레스토랑은 Ettrtem이다. 게스트 하우스는 Vendeglo, 지방의 선술집 스타일 레스토랑 Csarda, 민물고기 요리전문점 Halaszcarda가 있다. 약 4만원 정도면 저녁 6시 이후에 집시악단의 연주를 들으며 풀 코스로 와인을 곁들인 식사할 수 있다.

7) 러시아

(1) 쉬

주로 양배추로 만든 러시아 전통 수프를 말한다. 특히 쉬는 러시아음식 중에 한국인 입맛에 가장 맞는 음식이라고 생각하면 되며, 보르쉬는 스뵤끌라와 다른 야채를 넣어 만든 수프로 맛이 좋다.

그 밖에 러시아의 고유음식들을 살펴 보면, 각종 곡물로 만든 죽인 까샤, 각종 냉육, 어육, 캐비어와 야채 샐러드를 곁들인 음식인 자꾸스까 등이 있다.

(2) 샤슐릭

러시아식 돼지고기 바비큐로서 그맛이 일품이다. 꼬치에 꿰어 장작 위에 걸고 구워내는 것이다.

(3) 보드카

러시아 전역에 걸쳐 가장 대중적인 술로 알콜도수가 40%를 넘는 것이 대부분이다. 보통 곡류나 감자를 가지고 빚으며, 포도, 사과 등의 과일로도 만들 수 있다.

러시아인들에게는 빵과 고기가 주식이며, 추운 자연환경 때문에 주로 지방질이 많은 고기를 선호하는데, 이러한 이유로 돼지고기가 쇠고기에 비하여 훨씬 비싸다.

[보드카]

8) 중국

중국음식의 특징은 다양한 식재료를 활용하며, 음식이 대체로 기름지고 녹말을 많이 사용하며, 몸보신에 비중을 두고 음식이 조화롭고 균형적인 특징이 있다.

(1) 북경 오리구이(카오야; Beijing Duck)

[카오야]

북경을 대표하는 요리로 북경을 여행하는 사람이라면 일반인이든 해외 귀빈이든 꼭 한번 맛보아야 할 필수 코스이다. 또한 잘 구워진 오리구이는 기름칠이 되어 빛이 나며, 바삭바삭한 껍질과 부드러운 육질을 갖추고 있다.

(2) 상해요리

해산물을 이용한 요리로 유명하며, 해파(海波)요리라고도 불린다. 수산물과 네 계절의 신선한 야채를 사용하는 상해 요리는 원료의 본맛을 살리면서 연하게 만드는 것이 요리의 특징이다.

(3) 제비집요리

광동요리의 대표요리이며, 바다제비의 집으로 요리를 하는것이다. 영양과 단백질이 풍부하며 강장효과가 크고 허한기를 보충 할수 있는 음식으로 알려져 있다.

(4) 불도장

땅과 바다의 산해진미를 최소한 4시간이상을 끓여 만든 요리로 오골계, 해삼, 샥스핀, 전복, 버섯, 돼지족발, 돼지갈비 등과 동충하초, 대추, 황기, 감초 등의 30여가지의 한약재와 함께 끓인 광동지방 최고급 보양식으로 중국의 복날 많이 먹는다.

[불도장]

중국에서 식사초대는 최고의 호의이므로 받아들이는 것이 좋다. 초대에 참석해서는 주인의 안내에 따르는 것이 예의이며, 반드시 주인에게 감사표시를 해야 한다. 그리고 숟가락과 공용 수저를 잘못 사용하는 경우가 많은데, 소형 사기숟가락은 개인용으로 음식을 먹는 데 사용하는 것이고, 금속제 숟가락은 공용 요리를 개인의 접시로 옮길 때 사용하는 것이다. 식사 중 차를 더 마시고 싶으면 차 주전자의 뚜껑을 열어주면 차를 더 가져다 준다.

중국에서는 첨잔하는 관습이 있어 그만 마시고 싶을 때는 잔을 엎어 놓고 의사를 명확히 하는 것이 좋다. 건배(乾杯, 깐뻬이)라는 것은 잔을 끝까지 비우는 것을 뜻하고, 잔은 돌려 마시지 않으며, 술에 취하는 것은 곧 이미지 실추로 인식된다.

9) 일본

일본요리의 예절은 아름답게 먹는 것이라고 할 수 있다. 한국의 비빔밥처럼 비벼 먹는 것이 없고, 대체로 따로따로 먹는 것이 특징이다. 일본요

[가이세끼요리]

리에는 숟가락이 없어 국 같은 것을 먹을 때 불편할 경우가 많으나 그릇을 들고 젓가락으로 입으로 쓸어 넣듯 하여 먹으면 된다.

멀리 있는 그릇을 젓가락으로 끌어 당기거나, 젓가락 대 젓가락으로 음식물을 주고 받는 것, 공동의 음식을 자신의 젓가락으로 집어 먹는 것은 절대 해서는 안된다. 공동의 음식에는 보통 전용 젓가락이 달려 있는데, 그렇지 않은 경우에는 자신의 젓가락을 뒤집어 손잡이 부분을 사용하여 공동음식을 집도록 한다. 술은 상대방이 다 비울 때까지 기다리지 말고 술잔에 술이 줄어들면 첨잔을 한다. 첨잔은 한국에서는 금기이지만, 일본에서는 오히려 미덕으로 여겨진다.

(1) 정진요리(쇼진요리)

육류, 어패류, 달걀을 사용하지않코 곡물, 콩, 야채등의 식물성 재료와 해조류를 사용한 요리를 말한다.유래는 사찰음식이 대중화된 것이다.

(2) 연회요리(가이세끼요리)

예법이나 형식을 중요시하는 식사가 아니고 음식 맛 에 주안점을 두고 편안한 마음으로 술을 즐기는 것과 같은 형태의 식사로서 연회음식의 총칭이라 할 수 있다.

(3) 사시미와 스시

스시는 18세기부터 시작되었으며 식초로 간을 한 밥에 와사비를 넣코 싱싱한 생선이나 다른 재료를 얹어 먹는것을 말한다. 특히 생선스시를 니기리스시라고 한다.

(4) 소바

메밀가루로 만든 국수를 육수나 간장에 무, 파, 고추냉이를 넣코 찍어 먹는요리로 일본의 장수 음식으로 알려져 있다.

10) 태국

태국음식은 중국, 인도, 포르투갈의 영향을 받아 독특한 음식문화를 발달시켰다.

자극적인 맛과 독특한 향의 향연, 눈물이 쏙 날 만큼 톡 쏘는 매운 맛, 눈을 질끈 감게 하는 신 맛, 더운 나라 특유의 달고 짠 맛, 태국음식은 후각을 거쳐 새로운 탐험을 기다리는 미각의 세계를 자극한다. 나뭇잎과 열대과일이 빚어내는 독특한 향과 수백 가지 향신료의 자극적인 맛이 매력인 태국음식은 그 화려함과 풍성함으로 세계인의 사랑을 받고 있다.

(1) 카오팟

중국음식의 볶은밥과 비슷한 음식으로 새우, 돼지고기, 닭고기와 함께 요리를 하여 먹는데 이때 태국의 전통간장과 매운고추를 넣어 같이 먹으면 맛이 일품이다.

(2)팟타이

쌀국수를 새우, 숙주, 부추와 견과류를 넣코 매콤하게 볶은 국수이다.

태국사람뿐아니라 관광객들에게도 상당히 인기있는 음식중 하나이다.

(3)톰얌쿵

태국을 대표하는 음식이며 세계3대 수프(Soup)중에 하나이다.

건더기의 재료에 따라 이름의 변화가 있으나 보통 새우가 주재료인경우를 톰양쿵이라고 한다.

11) 싱사포르

관광객들이 원하는 다양한 가격의 음식들이 있다. 호커센터(Hawker Centre)와 코피티암(kopitiam) 야외커피점에서 저렴한 가격으로 음식을 즐길 수 있고, 고급 레스토랑에서 격조있는 식사를 즐길 수도 있다. 싱가포르는 다민족국가이므로 세계 각국의 음식을 다양하게 경험할 수 있다.

싱가포르는 미식가의 천국으로 불리워진다. 싱가포르에서는 천장에 선풍기가 돌아 가는 역사가 깊은 찻집에서 광동식 딤섬으로 늦은 아침을 즐길 수 있다. 그리고 점심으로는 화려한 이탈리아 레스토랑에서 파스타요리를, 아니면 아늑한 멕시칸식당에서 촉촉하고 부드러운 엔칠라다(enchiladas), 또는 일본식당에서스시를 즐길 수도 잇다. 그리고 편안한 분위기를 즐기면서 새로운 아시아 요리를 경험할 수 있는 곳들이 있다. 싱가포르에서는 지중해식 커피와 벨기에산 초콜릿이 식사 시에 분위기를 한층 고조시킬 것이다. 싱가포르는 다양한 식사선택의 기회가 있으며, 어떤 선택을 하건 간에 기억에 남을 만큼 괜찮다. 싱가포르에서 매년 4월에는 세계미식가회의가 열리며, 싱가포르 음식축제가 한달 간 열려서 싱가포르와 세계 각국의 음식을 마음껏 즐길 수 있다.

[싱가포르 쥬롱새공원]

■ 열대과일

(1) 두리안

가시라는 뜻의 'duri'라는 말레이시아 어에서 유래된 두리안은 과일의 왕 이라고 알려져 있다.가시가 가득한 껍질을 쪼개면 바나나 색깔의 과육이 여러개의 작은 방에 나누어져 있다.하지만 이과일은 냄새가 고약하여 먹지 못하는 사람도 많으며 동남아시아의 호텔에서는 두리안은 들여오지 못하게 되어 있다.

(2) 망고스틴

과일의 여왕이라고 불리는 망고스틴은 검은 자주빛의 과일로 껍질을 벗기면 마늘모양의 하얀 과육이 붙어 있다 맛이 달고 과즙이 많으며 향기도 아주 좋은 과일이다.

(3) 람부탄

머리카락이라는 말레이시아어에서 유래가 되었으며 붉은색의 껍질과 주황색의 긴 털로 덥혀있는 계란형의 과일로 속살은 하얀 반투명의 과육을 갖고 있다.

(4) 파파야

중앙아메리카가 원산지인 파파야는 30센티 정도의 타원형의 둥근 과일로 과육은 주황색이나 붉은색등으로 이루어져 있으며 식후에 먹으면 소화가 잘된다고 알려져 있다.

[파파야]

[두리안]

[망고스틴]

12) 인도

인도인은 음식의 맛을 눈, 코, 혀로 느끼는 것뿐만 아니라, 오감 모두를 통해 음식을 즐긴다. 손으로 식사를 하기 때문에 음식맛은 손맛이라는 말이 절로 실감이 난다.

인도음식의 특징은 향신료이다. 칠리, 겨자, 계피, 타마린드 등 그 종류도 다양하다. 그 중 인도의 맛이라 할 정도로 빼놓을 수 없는 것이 바로 마살라이다. 서양사람들 몸에서 버터냄새가 나고, 우리 나라 사람들에게는 마늘냄새, 된장냄새가 나듯, 인도인들 체취에 마살라가 배어 있다. 마살라는 식물의 열매, 잎, 뿌리 등의 재료로 만들어지며, 거의 모든 인도음식에 첨가 된다. 인도음식이 우리에게 쉽게 적응이 안되는 것도 바로 이 마살라 때문이다.

인도음식은 북부지방은 주로 밀가루로 만든 차파티나 난을 주식으로 하고 남부지방은 쌀이 많이 생산되므로 밥을 주식으로 한다.

[카레와 차파티]

(1) 커리

양고기, 닭고기, 생선을 기본으로 양파, 토마토, 요쿠르트등을 넣코 거기에 인도의 전통 향료등을 첨가하여 끓이면 맛있는 카레가 된다.

그중에는 매운맛이 아주강한것도 있다.

(2) 탄두리치킨

북부인도지방에서 큰 항아리처럼생긴 탄두리라는 진흙화덕을 이용하여 요구르트, 고추, 정향, 계피등을 첨가하여 닭과 함께 구워낸것이 탄두리치킨이라는 유명한 전통음식이다 .

또한 인도의 힌두교인들은 소를 신성시해서 소고기를 먹지 않는다.

짜이(chai) 홍차에 카르다몬 혹은 생강을 넣고 물을 부어 끓인 다음 우유와 설탕을 넣어 마시는 것도 인도 국민차 짜이다. 어느 지역에서는 마살라를 첨가하기도 한다. 인도인들은 단 것을 상당히 좋아 하기 때문에 설탕을 많이 넣어 너무 달게 마시지만, 그들은 이 짜이를 마시며 하루 노동의 피로를 푼다.

13) 미국

미국의 음식을 말하면 콜라, 햄버거, 핫도그 등의 패스트 푸드를 떠올리게 된다. 미국에는 고유의 음식문화가 없다고 생각하는 사람이 많다. 그러나 이들은 나름대로 인디언, 유럽등의 음식문화를 그대로 계승하거나 변형시켜 특유의 음식문화를 이루고 있다.

[자유의 여신상]

(1) 케이준요리

1620년대에 캐나다의 현재 노바 스코티아로 이주해 와서 살던 프랑스인들은 1755년 이 곳을 점령한 영국인들에 의해서 미국 남부의 루이지애나로 강제이주하게 되었다. 그 곳에서 프랑스인들이 발전시킨 요리가 바로 케이준요리이다. 케이준 요리는 버터대신 돼지지방, 물고기, 날짐승 등을 혼합하여 매콤하게 만든 음식이다.

(2) 텍스-맥스

이것은 맥시코와 인접한 텍사스 지역에서 발달하게 된 것으로, 옥수수로 만든 또띠야에 여러 가지 재료를 얹어 만든 타코 등 멕시코요리와 다른 점이 없어 보이지만, 원래 요리보다 고추를 덜 사용해서 상당히 매운 맛을 많이 약화 시켰고, 재료의 원맛을 많이 살려 맛을 많이 바꾸었다.

(3) 부리또

또띠야에 볶은 밥을 넣고 말아서 만드는 부리또는 멕시코의 재료로 미국에서 자체 개발해낸 요리이다.

(4) 파스타

제2차 세계대전 후 유럽에 파병 나갔던 군인들이 들어오면서 피자가 들어 왔다. 원래 이탈리아의 피자는 도우가 상당히 얇고 토핑은 한두 가지 정도로 조금만 올려서 담백하게 만드는데, 미국식은 두툼한 도우에 토핑을 다양하게 많이 올린다.

(5) 햄버거

전세계인들에게 인기있는 햄버거는 소고기를 갈아서 만든 패티(Patty)를 구워 빵사이에 넣코 채소 치즈등과 소스를 첨가한 대표적인 페스트푸드이다.

최근에는 기름진 음식을 배제하고 건강을 중시하게 되면서 담백한 채소를 많이 사용하는 아이사의 요리가 큰 인기를 얻고 있는데, 인기를 끌고 있는 것은 일본의 초밥으로 상류문화의 한 상징이 되었으며, 요즘은 한국의 김치, 비빔밥, 불고기등도 많은 인기를 얻고 있다.

14) 멕시코

멕시코 음식은 유럽(Old World, 구세계)과 아메리카대륙(New World, 신세계)의 특성이 어우러져 독특한 맛을 지닌다. 다양한 음식재료로는 콜롬비아시대 이전에 들어 온 토마토, 칠리고추, 터키, 바닐라, 초콜렛, 옥수수가 있으며, 후에 스페인들과 프랑스인들에 의해 들어 온 유제품, 쇠고기, 닭고기, 밀, 양파, 마늘이 있다. 북멕시코의 가장 알려진 음식으로는 콩(beans), 육포, 칠리(chilies), 그리고 밀로 만들어진 토티아(wheat-flour-tortillas)가 있다.

옥수수와 함께 멕시코요리를 말할 때 빼놓을 수 없는 것이 바로 고추인데. 입안이 얼얼할 정도의 작고 빨간 것에서부터 별로 맵지 않은 피망에 이르기까지 약 200여종의 다양한 고추가 있다. 각종 소스를 만드는 데 쓰이는 고추는 요리의 재료로 매우 중요하게 사용된다. 그 대표적인 것이 바로 몰레요리인데, 몰레를 싫어 하면 반역자란 소리를 들을 정도로 몰레는 멕시코인들의 사랑을 받는 음식이다. 지방마다 만드는 방법과 재료가 약간씩 다르지만, 일반적으로 고추, 초콜릿, 참깨, 아몬드, 건포도, 후추, 계피, 마늘, 양파, 토마토, 바나나 등의 수많은 재료를 갈아 익혀 만든 몰레를 칠면조나 닭고기에 소스처럼 얹어 먹는다. 맛있는 몰레를 만들려면 오랫동안의 숙련된 음식솜씨가 필요하다.

(1) 타코

또띠야에 각종재료를 넣어서 먹는 타코는 소프트와 크리스피 2종류가 있다.

15) 호주

다양한 이민자들로부터 각국의 요리가 발달한 호주는 영국인들이 기틀을 잡았고 금광이 발달되면서 중국과 이탈리아 등지로부터 대량의 이민자들이 유입되었다. 식문화는 주로 첫 이민자들인 영국인들의 식사가 기본이 되지만 세계 각지에서 모여든 이민자들의 덕에 각 나라의 고유음식을 맛볼 수 있다. 모든 상점이나 레스토랑에는 신선한 음식들이 풍부하며 다양한 기후에서 얻어지는 여러종류의 과일과 바다로 둘러쌓여있는 지리적 특성상 해산물이 풍부하고 또한 쇠고기와 양고기로 유명한 나라이며 이를 이용한 로스트나 스테이크, 어린 양고기 바비큐 등이 유명한 음식으로 알려져 있다.

[캥거루]

또한 독특한 호주만의 야생동물을 활용한 음식들도 있다. 특히 캥거루나 에뮤 같은 원주민들의 음식은 다른 나라에서는 맛을 보기 힘든 호주만의 독특한 음식문화이며 그 외에도 악어, 버팔로 등도 식재료로 사용하고 있다.

요리는 주로 단순하고 양이 많은 것이 특징이다.

소금과 후추와 같은 몇 가지 양념만을 사용해 고기 본래의 맛을 즐기며 세계적으로 우수한 품질을 자랑한다.

호주 음식의 뿌리인 원주민(애버리진)들은 일명 부쉬터커(bush tucker; 원주민의 음식)라는 고유 음식을 갖고 있다. 애버리진들이 약 5만년에 걸쳐 만들어 온 이 음식문화는 다양한 약초, 향신료, 과일, 야채, 짐승, 새, 파충류 그리고 곤충 등을 일컫는다.

호주의 광활한 오지에는 수백 종에 달하는 색다른 맛의 과일과 야생과일도 생산되고 혐오 식품인 "웨체티크럽"이라는 하얗고 통통한 땅벌레를 디저트로 먹기도 한다.

이 외에 백인 호주인들에게도 점차 일반화되고 있는 캥거루나 악어, 에뮤와 같은 고기요리들이 부쉐터커로 알려져 있다.

(1) 미트 파이

닭이나 쇠고기를 간 것으로 만든 파이. 그린 피스나 그레이비 소스를 뿌려서 먹는다.

(2) 키드니 파이

양파, 쇠고기, 소의 신장을 섞어서 파이에 끼운 것이다.

(3) 베지마이트

야채를 페스트 모양으로 만든 것으로 토스트에 발라먹는데 호주인의 아침식사로 빠뜨릴 수 없다.

(4) 캥거루 스테이크

캥거루고기로 약간 딱딱하지만 씹을수록 색다른 맛이 난다. 1993년부터 식품으로 승인되었다.

(5) 에뮤스테이크

새고기라고 하기보다는 육류에 가까운 느낌의 육질이다.

(6) 파를로바

달걀흰자와 설탕을 섞어서 구운 머랭과자에 과일과 휘핑크림을 얹어 먹는다.

16) 뉴질랜드

뉴질랜드는 목축업이 발달하여 쇠고기와 양고기가 주식이고, 북섬의 로토루아지역은 노천온천이 발달되어 있으며, 노천온천의 지열을 이용한 각종 음식을 쪄서 요리한 향신료를 사용하지 않은 항이(Hangi) 요리가 유명하다. 또한 4면이 바다여서 생선요리도 훌륭하다.

17) 그리스

그리스요리는 화려하진 않지만 요리재료에 관하여는 신선한 것만을 사용한다. 야채는 싱싱하며, 어패류는 갓잡은 것을 재료로서 사용한다. 그리스식 음식점은 타베르나라고 한다. 이 곳에서는 해물요리, 고기요리를 전문으로 하는 그리스요리를 맛볼 수 있다. 타베르나의 메뉴는 수프, 샐러드, 생선, 음료, 디저트 등으로 나눌 수 있다. 그리스 요리에는 올리브기름이 빼놓을 수 없는 특징이다. 타베르나에서는 샐러드에 올리브가 섞여 나오기도 하고, 따로 올리브만을 주문할 수 있다. 그리스 전통음식으로는 수플라끼, 무사카, 기로스, 칼라마리 등을 들 수가 있다.

(1) 수블라끼

수불라끼는 꼬치구이로 주로 양고기나 돼지고기와 피망 등을 하나씩 교대로 꽂아서 만든 것이다.

(2) 무사카

야채와 고기를 볶아 화이트소스를 뿌린 그리스 전통요리다.

(3) 기로스

피타브레드에 야채와 찢은 양고기나 닭고기, 돼지고기를 함께 말아 먹는 것으로, 터키의 케밥과 비슷하다.

(4) 칼라마리

통오징어 리조또와도 비슷한 음식으로 그리스의 전통음식이다. 통오징어 안에 리조또를 채운 다음, 팬에 구워서 내놓는 음식으로 그리스에서는 직접 썰어서 먹을 수 있게준비한다.

18) 이집트

[케밥]

이집트음식은 이집트를 찾는 수백만의 관광객들이 즐겨 찾는 맛있는 요리이다. 주요호텔의 우아한 레스토랑에서는 켑타, 케밥, 물루키아, 포울, 탐야, 쿠샤리 등 이집트의 전통음식을 즐길 수 있다. 이집트 음식은 이집트의 역사를 잘 반영해 주고 있다. 이 지방음식은 그리스, 터키, 팔레스타인, 시리아 등지의 음식들의 영향을 모두 받았다고 할 수 있는데, 이집트 문화와 취향에 맞도록 변형시켰다. 음식들은 주로 천연과일과 야채 및 계절에 따른 신선한 향료로 만들어 대부분 심플하면서 건강에 좋은 특징을 갖고 있다.

이집트의 주식은 밀가루반죽으로 만들어진 납작한 빵이다. 샐러드는 주로 푸른 야채나 토마토, 감자, 콩, 계란, 요구르트 등으로 만들어져 신선하고 단백한 특징이 있다.

(1) 코사리

이집트 서민음식의 대표메뉴로 쌀밥위에 마카로니를 얹고, 고기와 견과류 가루를 뿌려 토마토 소스에 비벼먹는 음식이다.

(2) 에이시

이집트인들이 즐겨먹는 빵으로 여기에 야채나 고기를 싸서 먹는다.

(3) 샤와르마

우유나 매운양념에 절인고기를 얇게 썰어서 고챙이에 차곡차곡 끼워 큰 덩어리를 만들어 돌려가며 구워서 먹는 요리이다.

(4) 케밥

양고기를 꼬치에 끼워서 구워먹는 음식이다.

(5) 기타음식

- 후루 · 메다메스 : 삶은 콩에 기름, 레몬, 소금을 가한 것
- 호므모스 : 병아리콩을 절구로 으깨어 만든 것
- 샐러드 · 바라디 : 토마토와 양파를 사용한 올리엔트풍 그린 샐러드
- 고나파 : 달콤한 누들로 만든 케이크 같은 것
- 카바브 : 양고기와 고기경단의 유명한 바베큐
- 후앗타 : 삶은 양고기에 밥, 빵을 곁들인 것
- 모삿카아 : 가지를 엷게 썬것에 민치, 토마토 소스, 기름을 가한 요리

1 STORY

● 이슬람문화권의 이해와 매너

전세계는 종교적 관점에서 보면 크게 기독교 문화와 이슬람 문화 그리고 불교 문화로 나누어 지게된다.

이중 가장 독특한 문화가 이슬람 문화이다.

아시아와 아프리카에 걸쳐 전세계 무슬림은 약 16억명에 이른다.

무슬림은 코란이라는 경전과 알라를 믿으며 철저히 교리를 지키며 생활하고 있다.

이 종교는 이슬람교라고도 불리지만, 마호메트교, 회교 등으로 불기기도 한다.

이들은 이슬람 태음력을 사용하여 목요일과 금요일이 휴일이고 라마단이라는 태음력의 9번째달을 정해 한달동안 금식을 하는 문화를 갖고 있다. 이때 금식의 시간은 해가 떠 있는 동안으로 정해져 있으므로 모든 호텔과

식당은 일몰후에 문을열고 무슬림들은 그때야 식사를 시작하게 된다. 이는 마호메드가 깨달음을 얻기위해 느꼈던 고통과 갈증을 기념하기 위해 하는 중요한 행사이다. 어린이나 군인, 임산부, 병자는 예외로 인정 해준다. 이 시기에는 금식과 섹스, 모든 오락을 금지해야 하며 이를통해 죄를 구원받고 가난한 자들과 나눔을 실천하여 천국으로 갈 수 있다고 믿고 있다.

무슬림은 돼지를 저주받은 동물로 불결하게 여기기 때문에 절대 먹지 않는데, 이는 사막지형의 특성상 돼지를 사육할 수 없는 환경에서 유래 된 것으로 생각되고 있다.

또한 하나님의 이름으로 도살(haral)되지 않은 고기는 먹지 말라는 내용이 경전에 쓰여져 있다. 그외에도 목졸라 죽인것, 때려서 도살하는 것 등은 역시 금기되는 고기이고 마호메트가 금기한 동물도 먹어서는 안된다. 하지만 불가항력적인것은 예외로 허용해준다.

그리고 여성은 가족외의 사람들에게 신체를 보여서는 안된다는 율법에 따라 히잡(머리와 몸을 가림), 부르카(얼굴을 가림), 차도르(머리를 덮음) 등을 사용해야 하며, 모양 색깔등은 지역, 종파, 연령 등에 따라 다르다. 하지만 현대사회에서는 이런것을 거부하는 여성들이 늘고 있고 일부의 이슬람 국가는 이런 여성들의 주장을 인정하고 있는 곳도 있다.

여성은 7세가 되면 남녀유별로 외출시에 베일을 써야 하고,결혼은 대부분 중매결혼을 하며 일부 다처를 허용하고,사촌간의 결혼도 인정하며 모든 사회는 남성위주로 운영되는 바람직 하지 않은 특징을 갖고 있다. 남성인 경우 이교도와의 결혼을 인정하지만 부인을 개종시켜야 하며, 여성은 이교도와의 결혼을 금기시하고 있다.

특히 여자는 처녀로써의 의무를 지켜야 하기 때문에 자유연애나 외간남자와의 동행등이 발각되면 아버지나 오빠에 의해 죽임을 당하는 명예살인이라는 생각 할 수 없는 만행이 자주 일어나기도 한다.

그 외에도 오른손은 행운을 왼손은 불운을 준다는 인식으로 왼손은 화장실에서 외에는 사용을 잘 하지 않는다.

그밖에도 독특한 문화를 가지고 있으며, 기독교문화와는 중세이후 절대적 적대감을 갖고 많은 전쟁과 분쟁을 일으키며 살아가고 있다.

전세계적으로 이슬람 문화를 가지고 있는 무슬림은 지속적으로 증가하고 있으며 이는 국제사회에 많은 영향을 끼치고 있는 상황이다.

19) 이스라엘

이스라엘의 음식은 이집트나 터키음식과도 비슷하지만 독특한 음식들도 많이 있다. 유제품과 야채를 많이 먹으며, 특히 유대교인들은 신성하게 도살한 고기만을 먹는 전통을 가지고 있다.

(1) 슈와르와

이스라엘의 아랍시장을 돌아다니다 보면 히잡을 둘러쓴 아주머니들이 솥뚜껑에 피타빵을 굽고 있는 모습을 흔히 볼 수 있다.
이 피타빵에 구운 칠면조나 닭고기를 넣고 각종 야채와 콩소스인 후무스 등을 넣어 접거나 돌돌 말면, 이스라엘에서 흔히 볼 수 있는 슈와르와가 완성된다.

(2) 팔라펠

겉 보기엔 고로케나 먼치킨 같아 보이지만, 쪽 빚은 병아리 콩을 갈아 동들동글 빚어 튀겨낸 팔라펠를 후무스에 찍어 먹는다.
슈와르와는 대표적인 육식인데 비해 팔라펠은 이스라엘 대표 채식이다.
이 음식은 이스라엘음식이기도 하지만 아랍음식이기도 한 대표 서민음식이다.

2 STORY

● 국제매너중의 팁

예의가 바른 일본인들은 상대에게 팁을 줄때 봉투에 담아주던지, 아니면 흰종이에 싸서 주는 아주 좋은 매너를 갖고 있다.그에 반해 한국인들의 경우 팁 문화에 익숙하지 않아 팁을 줘야하는 상황이 오면 서로 눈치를 보는가 하면 가끔 외면을 하기도 한다.

유럽 여행을 할때 이탈리아의 식당에서 악사들이 나와서 연주를 하고 테이블 주변을 도는경우에 서양인들이나 다른나라 사람들은 자연스럽게 조금이든 많이든 팁을 주는데 한국인들은 익숙하지 않아 겸연 쩍어 하는경우가 많타. 2012년 해외여행객의 연령별 분포를 보면 인터넷과 많은 해외정보를 갖고 있는 20~30대가 48%를 차지하다 보니 팁 문화에도 익숙해진 모습을 볼수가 있다. 팁은 대략 전체금액의 10%~15%가 적당하지만 사정에 따라 정성껏 지불 해주면 될것이다.

● 팁을 지불해야 하는 경우

(1) 호텔, 공항의 포터
(2) 호텔의 벨맨과 룸메이드
(3) 레스토랑의 웨이터 웨이트레스
(4) 택시기사
(5) 구두 미화원과 이발소 미장원
(6) 호텔화장실등에서 타월 서비스를 받은경우등이다.

제2절 글로벌 매너와 금기사항

글로벌시대를 살아가고 있는 현재 우리는 각 나라별로 중요하게 여기는 전통과 금기사항, 매너를 습득함으로써 글로벌시대에 뒤처지지 않는 서비스맨의 모습을 갖출수 있다.

1. 중국

세계 3위의 영토와 13억이 넘는 인구를 가진 중국은 지방마다 다양한 문화와 예의를 가지고 있으며, 중국인의 문화와 예의는 전세계에 넓게 퍼져있다.

중국은 어떤 한지방의 특성으로 중국을 판단 할 수 없는 여러종교와 민족이 어우러져 사는 나라이기도 하다.

[천안문]

(1) 중국을 여행할 때는 타인의 짐을 부탁받으면 안된다. 마약 운반책의 누명을 쓸 수 있다.

(2) 중국에서는 선물을 할 때 백색과 청색을 피하는 것이 좋다. 이 색깔등은 죽음을 의미하기 때문이다.

(3) 중국에서는 매춘이 공식적으로 금지되어 있다. 그러므로 여행시 손님들이 중국법에 저촉되지 않도록 주의를 당부하여야 한다. 매춘이 적발되면 여권에 매춘한 사람이라고 도장을 찍기도 한다.

(4) 위생 : 물은 항상 끓여 마시고, 길에서 파는 생수 · 빙과류 · 청과류는 가급적 먹지 않는다. 손씻을 장소가 거의 없기 때문에 물티슈를 소지하면 매우 유용하다.

(5) 사진촬영 : 군사시설 촬영은 금지되어 있고, 거리에서 인물촬영을 할 때는 상대방의 동의를 얻어야 한다. 관광객도 금지된 곳에서 촬영하면 카메라를 압수당하므로 주의해야 한다.

(6) 위조지폐 : 중국의 돈은 1%가 가짜라고 할 만큼 위조지폐가 많으므로 환전소 · 일반 상점, 특히 택시를 이용할 때 각별한 주의가 필요하다.

(7) 괘종시계처럼 종(鐘)이 달린 시계는 끝낸다(終)는 의미, 죽음의 의미가 있으므로 선물하지 않는다.

(8) 과일 배(梨)도 이별(離)과 발음이 유사해서 이별을 의미한다.

(9) 우리에게 '장수'라는 긍정적인 의미를 갖는 거북이는 발음이 욕설(꿔웨이순즈)과 비슷해 선물하지 않는다.

(10) 우산은 흩어짐(散)이라는 의미하고 말과 발음이 비슷하여 이별을 의미하므로 선물하지 않는다.

(11) 꽃이 '생명이 짧음'을 의미하고 장례식에 사용하기 때문에 선물하지 않는다.

(12) 손수건 역시 슬픔과 눈물을 상징하므로 선물하지 않는다.

(13) 저녁식사나 파티에 초대를 받은 경우에는 먹을 것을 선물로 가져가지 않는다. 식사중 상대방 앞에서 생선을 뒤집는 것은 절교하겠다는 의미이므로 조심하자.

(14) 짝수는 행운, 홀수는 불길하다는 인식이 있어서 결혼 축의금은 짝수, 부의금은 홀수 금액으로 한다.

(15) 길에서 마주치는 사람에게 '웃는 건'은 바보나 하는 짓으로 인식한다.

(16) 노크없이 열려 있는 화장실에 들어서지 말아야 한다. 문을 잠그지 않는 경우가 태반이다.

(17) 중국 남성의 '산책하자'는 얘기는 데이트를 신청하는 것이므로 주의해야 한다.

(18) 중국인의 술문화는 첨잔문화이면, 간빠이는 건배의 의미로 술잔을 다 비워야 하는 것이 매너이다.

(19) 건륭제 이전의 골동품은 반출 금지 품목이다.

2. 홍콩

(1) 식사에 초대를 받고 '감사하다'는 말을 하면 '다음에 또 한 턱 쏘라'는 의미이다.

(2) 흰색, 청색과 백색은 장례식 색깔로 인식하는바 포장지 등으로 사용하지 않는다.

(3) 선물 포장은 빨강색이나 금색으로 한다.

(4) 짝수는 행운을 상징하므로 선물도 두 가지를 하는 것이 좋다.

(5) 식사 때는 밥이나 면을 담은 공기를 손에 들고 먹는다. 젓가락으로 사람을 가르키는 것은 모욕을 의미하므로 주의해야 한다.

(6) 예전에는 연말 회식 때 닭요리의 머리 부분을 사장이 권하면 '내년부터 안 나와도 된다.'는 해고 통보의 의미였다.

(7) 술자리에 있던 일이라고 관용을 베푸는 일이 없는 바 술자리에서의 언행에 주의한다.

(8) 어께에 손이 닿으면 복이 달아난다고 인식하므로 친한 사이에도 금기이다.

(9) 거리에 담배꽁초나 휴지를 버리다 적발되면 6개월 금호형 또는 HKD 5천 $(65만 원)의 벌금이 부과된다.

(10) 시계는 불행을 상징한다고 믿는다. ('시간이 죽음을 향해 간다.'는 의미이다.)

(11) 꽃은 짝수로 선물해야 한다.

(12) 병문안이나 초대 시에는 과일이 무난하다. 귤은 '길(吉)'과 발음이 같아서 좋다.

(13) 문서를 정정할 때 외에 붉은(펜) 글씨를 쓰면 절교하자는 의미이다.

(14) 홍콩인의 숫자 인식

- 좋은 숫자

1(Top), 8(發, 돈을 번다), 13(實生), 18(實發: 반드시 번다), 28(易實發, 쉽게 번다)

- 나쁜 숫자

4(죽음), 7(장례식 사용 숫자. 식사 7품은 장례식 식사로 일반 식사 때는 기피한다.)

3. 몽골

[전통가옥 게르]

한반도의 7배 크기의 영토를 가진 몽골은 대다수의 인구가 라마교를 믿고 있다. 역사상 가장 광대한 영토를 가졌던 대제국이라는 자부심이 강한 민족이므로 전통 문화와 예의에 각별히 신경을 써야 한다.

(1) 타 종교에 배타적인 편이며 불길한 일에 대해 언급하지 않고 칭찬을 많이 한다.

(2) 중국, 러시아와 관련된 정치 이야기는 피한다.

(3) 난로에 물을 붓거나, 우유를 엎지르는 것, 게르 안에서 휘파람을 부는 것, 문턱 · 부뚜막을 밟는 것, 서북쪽에 앉는 것 등은 전통적인 금기이다.

(4) 날고기를 먹지 않으며 시골 사람들은 물고기를 먹지 않는다. 라마교는 물고기를 먹지 않으며 이는 몽고는 바다가 없기 때문이다.

(5) 남자들에게 코담배 '히마린 치마크'를 대접한다. 남자들은 이 코담배를 모두 소유하고 있으며 서로 교환하는데 거절하면 절교하는 것으

로 간주한다.

(6) 우호적인 관계를 가지려면 관습적으로 권하는 아이락(마유주)을 나눠마시는 것이 좋다.

(7) 손가락으로 사람 가리키는 행동은 금기이다. 동물을 가리킬 때 손가락을 사용한다. 사람을 가리킬 때는 손바닥을 위로해서 가리킨다.

(8) 무단 촬영을 삼가야하며 감행하다 돌멩이 세례를 받을 수 있다.

(9) 전통 가옥인 게르와 관련한 주의해야 할 사항이 많다.

- 기둥에 손대면 안된다.
- 제단에 옷가지 등의 물건을 얹지 않도록 한다.
- 손님은 게르 문의 왼쪽으로 다녀야 한다.
- 게르 안의 화로를 향해 발을 뻗지 않는다.
- 화로에 쓰레기 등을 버리지 않는다.
- 화로 주변에 날카로운 물건을 놓지 않는다.

(10) 미성년자와의 성관계는 엄벌에 처한다.

(11) 도시인의 인사는 러시아의 영향을 받아 남녀 구별없이 악수하고 가벼운 포옹을 하는데, 양쪽 뺨을 번갈아 맞대며 친근함을 표시한다.

(12) 노인들은 애정의 표시로 아이들의 이마에 코를 대고 냄새 맡듯 킁킁거리는 독특한 풍습이 있다.

(13) 친구끼리 헤어질 때는 서로 혁대를 교환해서 지닌 후 다시 만나면 본래대로 바꾼다.

(14) 몽고인과 인사할 때는 서구와 달리 모자를 벗지 않고 쓰고 한다. 모자까지 써야 정장 차림을 완성한 것으로 인식한다. 모자를 벗을 일이 있으면 땅에 놓거나 뒤집어 놓으면 안 되고 높은 곳에 얹어 놓아야 한다.

(15) 술을 따르고 마실 때는 손목을 안쪽으로 꺾어야 한다. 따를 때 손목을 밖으로 꺾으면 큰 무례가 되어 뺨을 맞을 수도 있다.

(16) 상대의 팔 목 상단의 관절부위를 잡고 냄새 맡는 인사습관이 있다.

4. 일본

[메이지 신궁]

우리나라와 가장 가까운나라지만 심리적으로는 먼 나라이다. 세계의 경제를 주름잡았다는 자긍심도 가지고 있지만 겉으로는 가장 예의와 정직 그리고 상대방을 존중하는것을 중요시하는 나라라고 알려져있다.세계의 문화에 영향을 준 음식문화, 사무라이 문화 등이 있으며, 자동차, 전자산업등은 선도적 역할을 해온 저력이 있는 나라이다.

(1) 일본에서 숙소를 여관으로 정하였을 때 다다미에서는 슬리퍼를 벗어야 하며, 현관에서는 신발을 벗고 슬리퍼를 신도록 한다.

(2) 뿌리있는 꽃은 병문안 선물로 금기이다.

(3) 칼을 선물하는 것은 관계 단절을 의미한다.

(4) 선물에는 포장지를 흰색을 사용하지 않으며 리본도 사용하지 않는다.

(5) 여우모양의 선물은 번영, 오소리 모양의 선물은 간교를 의미한다.

(6) 김치, 건어물 등의 식품과 인삼, 도자기 종류의 전통적인 선물을 좋아한다.

(7) 음식은 주로 젓가락을 사용하여 먹는다.

(8) 생선요리의 경우 머리쪽부터 먹고 뒤집지 않는다.

(9) 대부분의 식당에는 냅킨 대신에 물수건을 제공하므로 손수건이나 포켓 티슈를 가지고 다니는 것이 좋다. 거리나 역 등의 공중화장실에는 화장지나 페이퍼 타올이 준비되지 않는 경우도 있다. 일본에서는 차는 좌측통행이며, 고속도로는 전부 유료라는 점을 기억하자.

(10) 선물은 짝으로 된 세트를 주는 것이 좋으나 '4개'는 불행을 가져온다고 믿으므로 선물하지 않는다.

(11) 2차 대전, 천황, 종교, 지진 등에 관한 화제는 피하는 것이 좋다.

(12) 개인의 신상에 대한 질문(결혼 여부, 가족 관계, 나이)은 결례이다.

(13) 결혼 선물로 유리 제품을 선물하지 않는다. 유리가 쉽게 깨지는 속성이 있기 때문이다.

(14) 자주, 오랫동안 눈을 마주치는 것은 무례함으로 인식한다.

(15) 식사비는 특별한 경우가 아니면 각자 지불(타데가에)하거나 나누어 낸다. 한국식으로 '내가 내겠다'고 하면 실없는 사람이라고 생각한다. '한 번 찾아갈게.'라는 말은 실례가 되는 말이며 초대받더라도 몇 번은 사양하는 것이 매너이다.

(16) 일본 산 맥주가 다양하고 흔한 만큼 선물하지 않는다.

5. 태국

아시아에서 식민지배를 받지않은 유일한 나라로 고유한 전통과 문화를 잘 보존하고 있다. 하지만 유럽과 일찍부터 교류를 시작하여 동남아시아 국가중에서는 가장유럽의 영향을 많이 받은 나라이기도 하다. 적극적인 관광정책으로 아시아최고의 관광대국으로 성장 하였고, 특히 음식문화는 전세계인들에게 잘 알려져 있어 많은 외국인들이 태국으로 음식관광을 오기도 한다.

[에메럴드 사원의 전통조각]

(1) 태국에서는 신성한 장소인 왕궁이나 사원을 방문하게 되면 긴 바지를 착용하여야 한다. 샌들이나 반바지, 짧은 스커트는 입장이 불허된다.

(2) 머리에 영혼이 있다고 여기고 신성시하므로 함부로 머리에 손을 얹고 쓰다듬지 않아야 한다.

(3) 태국인들은 불교의 종교적 영향으로 온순 · 온화하고 항상 미소를 잃지 않는 국민들로 일상생활에서 서두르거나 급하지 않다.

(4) 와이는 태국 등 불교계 국가의 전통 인사로 손을 합장하여 얼굴로 올린다. 높이 올릴수록 존경의 표현이다.

(5) 식사할 때 나이프를 사용하지 않으며 두 손 또는 수저와 포크, 젓가락만 사용한다.

(6) 국물이 있는 음식을 먹을 때는 마시지 않고 수저로 떠 먹는다.

(7) 식사 초대를 받았을 때는 음식을 조금 남기는 것이 예의이다.

(8) 발은 신체의 가장 낮은 부분으로 천하게 생각하는 바 발로 다른 사람이나 물건을 가리키지 않는다.

(9) 여성 관광객이 승려에게 악수 · 사진 촬영을 요청하거나 물건을 건네주는 것은 금기이다.

(10) 대중 교통의 경우에도 승려의 옆 좌석에 여성이 앉는 것은 금기이다.

(11) 불상을 함부로 만지거나 훼손하는 행위는 절대 금기이다.

(12) 빈부의 차이를 의식하지 않는 문화인만큼 경제력을 과시하는 언동은 결례이다.

(13) 여권(女權)을 존중하는 사회인만큼 여성을 경시하는 행동을 삼가 해야 한다.

(14) 내 · 외국인 막론하고 거리에 담배꽁초나 쓰레기를 버리면 2,000바트(1Baht = 30원 내외)의 벌금이 부과된다.

(15) 법률이나 사회적 관습을 지키지 않는 사람도 왕실에 대한 존경이 대단한 만큼 왕실에 대한 모욕이나 시내 곳곳에서 볼 수 있는 왕과 왕비의 사진에 손가락질을 하는 것은 절대 금기이다.

(16) 불상 · 야생 동물 박제 · 과일 · 야채류는 반출 금지 품목이다.

6. 베트남

외세의 침략과 내전 등으로 수많은 고통속에서 살았지만 특유의 근면성과 강인한 민족성으로 단결하며 국가를 잘 보존하였고, 다양한 외국문화도 자국의 문화화하여 구준한 성장을 하고 있다. 우리나라와는 베트남 전쟁을 계기로 적대관계였으나 90년대 이후 경제문화교류 등을 통해 깊은 관계를 유지하고 있다.

(1) '9자'를 좋아하고 '3, 13'을 액운의 숫자라고 생각하며, 5도 '위험' 이라는 말과 비슷해서 기피하는 숫자이다. '3, 5'가 들어간 날에는 이사, 결혼, 개업 등의 중요한 일을 하지 않는다.

(2) 교통 사고의 책임은 배기량 순이다. 대형차와 소형차가 충돌하면 대형차의 잘못이 많다고 판정한다.

(3) 음주와 관련해서는 중국의 영향을 받아 첨잔 문화이며 편안하게 즐긴다.

(4) 담배, 맥주, 커피는 베트남 남자들의 3대 기호품이다. 흡연에 관대하며 어른과도 맞담배를 한다.

(5) 먹던 젓가락으로 음식을 권하는 것은 정의 표시이다.

(6) 젓가락으로 식사하며 숟가락은 국을 마실 때만 사용한다.

(7) 따뜻한 차를 즐기며, 음식을 다소 남기는 것이 예의이다.

(8) 매춘은 불법으로, 적발 시에는 추방되며 미성년자 관련 성범죄자는 외국인도 중형이다.

(9) 타인의 어깨에 손대지 않도록 주의한다. 수호신이 어깨에 머문다고 믿는다. 아는 척하거나 길을 물으려 상대의 어깨를 두드리다가는 심한 경우 맞을 수도 있다.

(10) 외국인은 원칙적으로 종교의 자유가 있다. 그러나 베트남 풍속. 관습에 심하게 위배되는 집회나 노상에서의 찬송가 합창, 베트남인을 대상으로 한 선교 · 전도 행위는 절대 금지이며 발각 시에는 즉시 추방된다.

(11) 상대를모욕하거나 현지인과 시비에 말려들지 않도록 한다.

(12) 중앙선이 없는 도로가 많다. 오토바이와 자전거가 붐비고 가로등이 없는 경우가 많아서 오토바이 교통사고가 빈발하며 월 1,000명 이상이 오토바이 교통 사고로 사망한다.

(13) 밥그릇을 입에 대고 맛있는 듯이 소리를 내며 먹는 것이 매너이다.

(14) 손톱깍기 등 날카로운 물건은 사랑이 깨짐을 의미한다.

7. 싱가포르

(1) 싱가포르는 외국인에 대해서도 엄격한 도덕성과 행위를 강조하는 국가이므로 질서와 법을 잘 지켜야 한다. 침을 뱉거나 쓰레기를 함부로 버리는 행위, 껌을 씹고 버리는 행위, 대중교통이용시 음식을 먹는 행위, 공공장소에서 담배를 피우는 행위, 공중화장실을 이용하고 물을 내리지 않는 경우 등에는 벌금과 체벌이 가해지므로 특히 주의하여야 한다.

(2) 교통법규를 잘 지켜야 한다. 무단횡당시에는 싱가포르달러로 50달러 이상 벌금을 내야 한다. 또한 교통체계가 한국과는 반대이므로 주의해야 한다.

(3) 얼마전 싱가포르에서 미국의 청년이 장난삼아 길가의 자동차에 페인트로 낙서를 했다가 태형을 선고받아 국제적으로 이슈가 된 적이 있었다. 미국의 관대한 처벌요청에도 태형을 집행하였다. 이러한 점에 비추어 행동을 주의해야 한다.

(4) 공항출입국시에도 주의를 해야 한다. 얼마전 한국의 관광학과 실습을 싱가포르에서 하고 한국으로 출국하다가 목걸이(탄피로 만든 목걸이었음)가 문제가 되어 며칠간 공항수색대에서 조사를 받는 사건이 있었다. 이런한 점을 비추어 의심을 살만한 표적이 되지 않도록 주의해야 한다.

8. 인도

인구가 13억이며 엄격한 계급제도를 갖고 있는 힌두교국가이다. 중동과 아시아의 중간에 위치하였고, 세계 주요문명의 발상지인 인더스강 문화를 일으켰던 국가로써 전통과 종교가 중요시 되고 있다.

(1) 인도인은 관습적 이유로 왼손은 부정하다고 인식하여 식사시나 물건을 건넬 때 사용하지 않는다.

(2) 여행중 설사, 말라리아 등 풍토병에 대비해 준비하여야 한다.

(3) 신분이 낮은 사람에게는 이름을 불러야 하며, 존칭어를 사용하면 같은 부류의 사람으로 생각한다.

(4) 대체로 언변이 좋아서 인도인의 'no problem'은 믿지 않는 것이 좋다.

(5) 여성은 전통 의상인 사리를 입어야 한다.

(6) 외모로 사람을 판단하는 관습이 있어서 복장에 신경을 써야 한다.

(7) 남자와 인사할 때는 악수를 하고 여자에게는 합장을 하면서 허리를 숙이는 나마스테 인사를 하는데, 이는 '당신을 존경합니다.'라는 의미를 지닌 인도의 전통 인사법이다.

(8) 가장 정중한 인사법은 오른손으로 상대 어른의 발등을 만진 후 그 손가락을 이마에 대는 것으로 뿌라남이라 하며 '나는 당신 발의 먼지도 감당하기 힘들다'는 의미이다.

(9) 여성과 단 둘이 대화를 나누거나 여성을 건드리는 행동은 피해야 한다.

(10) 힌두교도는 소를 신성시 하며 쇠고기나 쇠고기 통조림을 먹지 않는다.

(11) 자스민은 장례식에 사용하는 꽃인바 선물하지 않는다.

(12) 시크교도는 터번을 쓰고, 금연하며 쇠고기를 먹지 않는다.

(13) 명함이나 선물을 전달할 때와 악수를 할 때는 오른손을 사용한다.

(14) 여성을 낮게 생각하고 여자가 몸을 보이거나 다리를 꼬는 것을 싫어한다.

(15) 사리 차림의 여성을 촬영하는 것은 실례이고 찍고자 할 경우 반드시 상대방의 동의를 구해야 한다.

(16) 노점상은 거스름 돈이 없는 경우도 많고, 없는 척하며 떼먹는 악덕상인도 많다. 잔돈을 항시 준비해야 한다.

(17) 인도의 힌두교도는 나마스테라고 인사한다.

- 산스크리트 어로 '당신 앞에 절을 합니다.'라는 의미를 지니고 있으며 두 손을 모아 합장을 하며 고개를 숙여 존경을 표시하는 인사법이

다. '나마스카'라고 말하는 것이 더 정중한 인사가 된다.

- 일반적인 인사는 손을 입에 댔다가 떼며 '살라모아'라고 인사말을 하는 것이다.

9. 네팔

에베리스트 산맥의 산악지형을 가진 국가로 세계 산악인들의 성지와 같은 곳이다. 오랫동안 영국의 식민지 였으며 영국군에 용병을 공급하는 용병의 나라이기도 하다. 불교의 성지이지만 현재는 힌두교가 번성하여 인도와 비슷한 종교적 풍습을 가지고 있는 나라이다.

(1) 카트만두 중심가에는 외국인을 상대로 한 마약 구입을 권유하는 행상이 많다. 웅담, 사향 등도 권유하는데 모두 가짜이며 진짜라 해도 반출할 수 없다.

(2) 트레킹의 위험도가 높아서 전문 보조원을 고용해야 한다.

(3) 히말라야 산중에서도 강도를 당하기도 하는 만큼 만반의 주의가 필요하다.

(4) 결혼식에서 지방에선 총을 쏘며 축하하기도 하고, 장례식 때는 시신을 화장한 후 유골을 강에 뿌리는데, 울지 않으며 성수로 인식해서 목욕도 하고 마시기도 한다.

(5) 사원 출입은 시계 방향으로 진행하며 힌두사원은 힌두교도만 출입할 수 있다.

(6) 보행은 우리와 반대로 우측 통행한다.

(7) 골동품 · 천연 약재 · 불화나 불상은 반출할 수 없다.

(8) 어린 아이 등의 머리를 만지는 것은 금기이다.

(9) 소를 신성시하는 만큼 대할 때 주의가 필요하다. 소가 사람을 받으면 보험 처리가 되지만, 자동차를 운전하다 부주의로 소를 죽게 하면 징역 20년에 처해질 수 있으며, 그 전에 소를 신성시하는 현지인들에게 폭행을 당할 수도 있다.

(10) 다른 사람이나 돈 상자를 넘어가는 것은 금기이다.

10. 영국

해가지지 않는 나라라 불리며 세계에서 가장 많은 식민지를 통치하였던 나라이고, 세계의 산업화는 물론이고, 대중문화, 스포츠, 금융 등 다양한 분야에서 선구자적 역할을 하였다. 신사의 나라로 일컬어지며 매너와 에티켓의 산실이기도 하다.

(1) 영국은 한국과 비자면제협정이 체결되어 있는 국가이지만, 출입국수속이 유럽에서 가장 까다로운 편이므로 주의를 요한다.

(2) 영국에서는 풍물인 2층 버스를 이용할 때 제한된 좌석에서만 흡연이 되므로 살펴서 행동해야 한다. 일반적으로 지하철이나 역내에서는 금연이다.

(3) 세계 최고 수준의 시민 의식을 자랑하는 나라이며 복장, 관습에서 전통을 중시하는 보수적인 사회이다.

(4) 오페라, 발레, 연주회에는 반드시 정장을 착용해야 하며 그 밖의 공연은 넥타이를 매는 것으로 정장을 대신한다.

(5) 일반적으로 악수로 인사를 나눈다.

(6) 왕실을 조롱하는 언동이나 애완견을 학대하는 것은 비난의 대상이 된다.

(7) 길에서 침을 뱉는 것은 절대 금기이며, 커피숍에서도 재떨이에 침을 뱉으면 꽁초나 휴지가 쌓여있어도 바꿔주지 않는다.

(8) 걸을 때의 통행 방향이 우리와 반대이며 '레이디 퍼스트'가 생활의 기본인 나라이다.

(9) 사다리 밑으로 지나가거나 방 안에서 우산을 펴면 불길하다고 믿는다.

(10) 길을 걷다가 지나가는 검은 고양이를 보면 행운의 상징이라고 생각한다.

(11) 저녁 약속은 상대방 부인의 양해가 필요하므로 적어도 1개월 전에 신청해야 한다.

(12) 일반적으로 초콜릿이나 꽃을 선물하는데 백합은 죽음을 상징하는 것이므로 피한다.

(13) 식사 예절은 엄격한 편이다. 음식을 권할 때 처음 한 번은 사양하는 것이 예의이다.

(14) 음주를 절제해야 하며 공식 석상에서 돈 얘기를 하는 것은 신사도에 어긋나는 일이다.

(15) 소리내어 웃는 것은 신사가 아니라고 생각한다.

(16) 자신을 'Mr. Kim'으로 소개하는 것은 결례이며 성이나 풀 네임으로 소개한다. 여성은 반대로 성 앞에 'Ms/Mrs'를 사용하는 것이 관습이다.

(17) 식당에서 식사를 하는 경우와 택시를 타는 등 일상적이 서비스를 받으면 통상 10~15%의 팁을 지불하는 문화이다.

(18) 공식 모임 시에 식탁에서 여왕에 대한 건배가 끝나기 전까지는 흡연이 금지된다.

(19) 뇌물에 엄격한 사회로 크리스마스에도 업무와 관련한 선물은 하지 않는다.

(20) 공중 화장실은 유료이다. 지하철 역이나 백화점을 이용하는 것이 좋다.

[타워 브리지]

11. 프랑스

예술과 패션의 나라로 알려져 있으며 자유와 박애의 정신을 가지고 있고, 법의 근원을 제정하기도 한 전통과 역사의 나라이다. 음식문화 하나에도 그들만의 방식을 추구하지만 긍정적인 사고로 예술을 사랑하는 나라이기도 하다.

(1) 파리에서는 개를 애완 동물 이상으로 아끼고, 많이 키우고 있다. 그래서 시내 도처에 개들의 배설물이 많으므로 주의를 요망한다.

(2) 식당 등에서 웨이터나 종사자를 부를 때 "Parden(실례합니다)", "Excusez-moi(실례합니다)" 등의 표현을 써야 한다.

(3) 파리에서는 기본적인 불어를 준비해서 써 보는 것이 좋다. 자국어에 대해 자부심이 많은 국민이므로 참고하자.

(4) 프랑스에서는 특히 레스토랑 이용시에는 보통 사전예약을 해야하며, 복장은 정장차림을 요구하는 경우도 있다.

(5) 화장실을 이용시 돈을 지불하는 경우도 있으므로 잔돈을 준비하고 관광을 하는 것이 좋다.

(6) 남의 물건에 손을 대는 것은 실례이다. 마트에서 생선이나 육류를 살 때도 판매원의 허락을 받고 만져야 한다.

(7) 대화 중에 화가 났더라도 삿대질을 하는 것은 큰 결례이다.

(8) 자신의 감정이나 생각을 솔직하게 표현하는 것을 사회적 덕목으로 인식한다.

(9) 인사는 생활화되어 있으며 친한 사이에는 뺨에 가볍게 키스를 한다. 지역에 따라서는 뺨을 바꿔가며 4번까지 하기도 한다.

(10) 매일 만나는 사람과도 반드시 악수를 할 정도로 스킨십을 좋아한다.

(11) 프랑스식 악수는 손에 힘을 많이 주지 않으며 여성이 먼저 손을 내미는 것이 관례지만 사회적인 지위가 높은 경우는 예외이다.

(12) 관공서나 공공 장소를 갈 때는 정장을 한다.

(13) 와인에 대한 상식을 가지고 있거나 서툰 수준이라도 불어를 하면 친해지기가 쉽다.

(14) 약속 시간보다 이르게 가지 않으며 저녁 식사 등에 초대되었을 때는 10분 정도 늦게 도착한다. 선물은 꽃이나 초컬릿 등으로 가볍게 준비한다.

(15) 꽃을 선물할 때는 죽음을 의미하는 국화를 삼가고, 장미를 피한다. 붉은 장미는 구애를 의미하는 것으로 연인에게 선물하는 꽃이다.

(16) 카네이션은 장례식용 꽃이므로 선물하지 않는다.

(17) 초대받은 다음날에는 감사 카드를 보내는 것이 예의이다.

(18) 영국이나 독일인과는 달리 코를 풀 때도 최대한 조심스럽게 한다.

(19) 식탁에서의 대화를 즐긴다.

(20) 13명이 모여 식사하는 것을 금기시한다.

(21) 식탁에서 소금을 엎지른 것을 불길한 징조로 여긴다.

(22) 에티켓이라는 말의 원조이고 세계 최고 수준의 음식과 와인을 즐기는 나라답게 테이블 매너는 엄격하다.

(23) 거리에서 택시를 세울 수 없고, 지정된 정류장이나 전화를 이용한다. 기사의 옆 좌석은 짐을 싣는 곳으로 앉지 않는다.

[프랑스 레스토랑]

12. 이탈리아

국가전체가 박물관인 고대 유적의 나라이고, 세계의 문화와 예술 그리고 정치와 사회의 발전에 크게 기여한 역할을 하였으며 열정적이고 긍정적인 사고로 아름다움과 사랑을 추구하며 예술을 꽃피운 나라이다.

카톨릭의 본산인 바티칸시를 품고 있어 자유속에서 종교적규범을 중요시하는 모습을 보이고 있다.

[로마의 트레비분수]

(1) 이탈리아에서는 관광시 집시들을 주의해야 한다. 특히 세계적인 관광지 로마에서는 많은 관광객들이 입국하여 관광을 하는데, 집시들의 소매치기가 극성을 부리고 있어서 이탈리아의 이미지에 부정적인 영향을 미치고 있다. 이탈리아 로마는 카톨릭 본산인 교황청이 있어서 이들 집시들에게 자비를 베푼다는 측면에서 경찰이 체포하지 않고 방임하고 있는 것으로 보인다.

(2) 유럽에서는 특히 관광지에 집시들이 많은 곳이 이태리 로마이다. 포로로마로 지역이나 콜로세움과 트레비 분수 등 유명관광지에서 소매치기를 특히 주의하자.

(3) 유럽 내에서 기차여행을 하는 때에는, 특히 이태리 국경이나 역에서 소매치기나 치한을 주의하자. 상대적으로 많은 사고가 나는 지역이라 하겠다.

(4) 식당에서 식사 후에는 팁을 주는 것이 상식이다.
(5) 악수를 할 때 팔꿈치를 붙잡고 한다. 이는 상대방과 함께 있어서 즐겁다는 의미이다.
(6) 프랑스에 대한 화제를 좋아하지 않으므로 삼가한다.
(7) 하루 중의 정찬은 점심이며 식사 예절은 복잡한 편이다.
(8) 테이블에서 빵 접시를 사용하지 않으며 보통 바구니에 빵을 담아준다.
(9) 교회, 성당, 바티칸 등을 방문할 때는 반바지, 민소매는 입장을 금지하는 만큼 노출을 자제한다.
(10) 학력에 대해 과시하는 관습이 있어서 대학 졸업자는 모두 타이틀을 소지하며 명함은 물론 실생활에서도 타이틀을 붙여 호칭한다.
(11) 가정을 방문할 때 국화꽃을 선물하는 것은 장례식용이므로 금기가 된다.
(12) 연고와 외모 · 체면 · 격식을 중시하며 사고의 유연함이 지나친 융통성으로 변질되어 '이탈리아에서는 되는 일도 없고 안되는 일도 없다.'는 말이 생겨났다.
(13) 손가락을 턱에 댔다 떼었다하면 '귀찮다'는 의미이다.
(14) 자신의 귀를 만지는 것은 상대를 모욕하는 행동이므로 주의해야 한다.
(15) 부모 · 자식 · 친족 간의 결속력이 강하며, 가족 전원이 모여 식사하는 것은 엄격하게 지켜야 하는 전통 관습이다.
(16) 시실리의 팔레르모 해변에서는 여성의 누드 해수욕과 일광욕을 허용하지만 남성의 누드 해수욕은 금지되어 있다.
(17) 남부도시 트로페아에서는 '해변 노출 허가제'를 시행하고 있는데 젊고 미모를 갖추어 타인의 눈총을 받지 않을 경우에만 노출을 허가한다.
(18) 전세계에서 즐겨먹는 파스타와 피자의 본고장이기도 하다.

13. 독일

맥주, 자동차, 강인함을 연상케하는 독일은 겉보기는 투박하고 냉정해 보이지만 근면 성실한 국민성을 가지고 라인강의 기적을 이룬나라이다.

(1) 독일은 일반적으로 치안이 안정되어 신변위협 등의 요소는 없다 그러나 공항이나 기차역 또는 번화가 등에서는 간혹 소매치기를 당할 염려가 있으므로 주의해야 한다. 도한 극우파 과격분자나 스킨해드 등이 외국인에게 폭력을 가하기도 한다.

(2) 식사 시 소리를 내어먹지 않도록 주의하자, 소리내어 먹는것은 타인에게 실례가 된다. 또한 트림도 마찬가지이다.

(3) 처음만나면 명함 교환을 선호하는 편이다

(4) 종교나 정치, 전쟁 등의 화제는 피하는 것이 좋고, 축구나 그 고장의 맥주에 대한 얘기를 하는 것이 좋다.

(5) 파티, 공연장을 갈 때만 정장을 하며 복장으로 사람을 평가하지 않는다.

(6) 여성을 존중하는 문화가 철저해서 여성이 방에 들어올 때 일어서며 여성이 서 있는 동안에는 연령이나 지위에 상관없이 남성은 서 있어야한다.

(7) 악수는 강하고 짧게 흔들고 고개를 숙이는 일은 없다.

(8) 꽃 선물은 홀수로 하되 13송이는 삼가하며, 장미나 카네이션, 포장한 꽃은 선물하지 않는다.

(9) 선물을 포장할 때 흰색, 검은색, 갈색 포장지를 피한다.

(10) 감자, 생선을 자를 때 나이프를 사용하지 않고 포크를 사용한다.

(11) 상점, 레스토랑을 출입할 때 인사하지 않으면 무례한 사람으로 인식한다.

(12) 공공 장소에서 껌을 씹는 것, 대화할 때 주머니에 손을 넣은 채 얘기하는 것은 결례가 된다.

(13) 베를린 등의 대도시는 전시회.문화행사가 많아서 관광객 또한 많다. 이러한 행사에는 예약이 필수이나 취소할 경우 위약금이 약 80~90%에 이르는 만큼 주의해야 한다.

(14) 다른 유럽 국가들처럼 화장실은 유로 화장실이 대부분이며 '신사(H. Herren), 숙녀(F. Frauren)' 로 표시된다.

(15) 이국적인 작은 선물 외에는 뇌물이 통용되지 않는 문화이다.

(16) 다른 민족과의 차별의식이 높은 반면 이탈리아, 프랑스 등에 문화

적 열등감이 있다,

(17) 독일인은 칭찬하면 당황하며 칭찬을 받으려고도 하지 않는다.

(18)시간엄수는세계제일이며2~3분 늦는 것도 모욕으로 간주한다.

(19) 성을 함부로 부르지 않으며, 성을 부를 때는 반드시 존칭을 사용하는데 남성은 'Herr', 여성은 'Frau'를 앞에 붙이고 'Dr. Professor' 등 직업명도 함께 사용

(20) 독일에는 대부분의 사우나가 남녀가 수영복을 입지 않고 입장하는 곳이 대부분이니 사우나 입장전에 확인하는 것이 좋다.

[프랑크푸르트 시청광장]

14. 스페인

투우와 플라맹고의 나라답게 정열적이고, 낭만적이며, 아름다움을 추구하는 국민성을 갖고 있으며, 유럽속의 아랍이라는 이슬람 문화도 함께 품고 있는 나라이다.

그러나 너무 여유로움이 큰 단점이기도 하다.

[돈큐호테 동상]

(1) 스페인에서는 낮에(오후 1~4시경까지) 낮잠을 자는 습관을 갖고 있다. 이것은 Siesta라고 한다. 시에스타 시간에는 상점이나 백화점, 사무실에서 업무를 중단하므로 참고하도록 하자.

(2) 스페인에서는 여자 혼자 여행을 하면 다소 부도덕하게 생각하는 경향이 있으므로 삼가는 것이 좋고, 역 주변과 야간열차 이용시 특히 주의해야한다.

(3) 말하기를 즐기는 성격인 만큼 겸손하게 응대하고, 대화를 막으며 일어서지 않도록 한다.

(4) 종교, 여성, 정치, 지역 주의를 화제로 삼지 않는다.

(5) 신발을 벗어 발을 보이는 것은 결례이다.

(6) 재촉해서 해결되지 않는 사회이다. 순서대로 알아서 진행되도록 기다리는 여유가 필요하다.

(7) 스페인 사람들과 약속하면 1~2시간은 기다리는 여유가 필요하다.

(8) 팁은 10%가 아니라 기분에 따라 준다.

(9) 첫 대면인 경우는 친근하고 정중한 태도로 악수를 한다. 친한 사이에는 포옹을하고 볼 키스를 한다.

(10) 남성에게는 시뇨르(Senor), 여성은 시뇨리따(Senorita)를 붙여 호명

한다. 결혼해도 여성은 성을 바꾸지 않는다.

(11) 인맥 형성에 시간이 걸리며 옷을 잘 입어야 대접을 받는다.

(12) 식당은 물론 이발소도 예약을 해야하는 예약 문화권이다.

(13) 초대를 받고 방문할 때 역시 한두 시간쯤 늦게 가는 것이 좋다. 준비할 시간을 주기 위해서이다.

(14) 방문할 때는 간단한 선물을 준비하는데 사탕이나 꽃이 무난하다. 다알리아. 국화는 장례식에 사용하는 꽃이다,

(15) 커피를 마실 때 불거나 소리내는 사람은 교양이 없는 사람으로 생각한다.

(16) 점심식사는 2~4시 사이에 하고 저녁 식사는 9~11시 사이에 하는 데서 알 수 있듯이 늦게 잠들고 늦게 일어난다. 아침에 전화를 하는 것은 큰 결례이다.

(17) 헤어질 때는 반드시 작별 인사를 하며 '볼 키스'가 일반적이다.

15. 포르투갈

(1) 포르투갈의 공중화장실은 큰 역이나 관광명소에 설치되어 있으나 그다지 깨끗하지 않다. 남성용은 오멘(Homens), 여성은 세뇨라(Senhoras)라고 표지되어 있다. 해변,관광지,공원 등에는 주로 유료화장실이 많다.

(2) 최근에는 아프리카 등지에서 유입된 인구의 증가와 생활곤란의 이유로 범죄가 증가하고 있고, 특히 혼잡한 특산물점이나 상가에서는 현금을 소지한 외국인들을 대상으로 한 범죄가 많이 일어나므로 주의해야 한다.

(3) 포르투갈인들은 지리적으로 외국인과의 접촉이 많지 않아 대체로 외국인에게 그다지 호의적이지 않으며, 과거 식민지였던 민족에 대해서는 우월감이 있다. 포르투갈 사람들과 대화시에는 열광적으로 좋아 하는 축구나 포르투갈의 아름다운 경관, 전통음악, 전통음식 등 부드러운 화제를 준비해 두면 좋다.

(4) 레스토랑의 등급은 밖에 표시된 포크 수로 하며 많을수록 고급레스토랑이다.

[왕궁]

(5) 메인 음식 외에 테이블 위의 마가린, 올리브 유를 사용하면 요금이 추가되는 경우가 있으므로 주의한다.
(6) 처음 만날 대도 포옹을 하고 등을 가볍게 두드리며 여성은 양쪽 뺨에 키스한다.
(7) 여성이 먼저 손을 청하면 악수를 한다.
(8) 아주 친한 경우 아니면 이름을 부르지 않고 풀네임에 남성은 'Senor', 여성은 'Dona'를 사용한다.
(9) 시에스타(정오~오후3시, 스페인도 동일) 시간의 약속이나 방문은 결례이다. 요즘은 시에스타를 즐기는 사람들이 줄어들고 있다.
(10) 가족단위의 생활을 중시하므로 저녁 식사 제안은 삼가는 것이 좋다.
(11) 정이 담긴 선물을 교환하는 것을 선호한다.
(12) 교수.공무원은 평소에도 정장에 넥타이 차림을 하는 관습이 있다.
(13) 복장에 관해서 보수적이며 신경을 많이 써서 극장에 갈 때도 자켓.타이 차림을 한다.
(14) 날씨가 더워도 포르투갈인 동료보다 먼저 자켓을 벗는 것은 결례이다.
(15) 10% 정도의 팁을 지불하는 문화를 가지고 있다.
(16) 사회적 지휘, 나이, 빈부와 무관하게 꽃을 선호하는 경향이 있다.
(17) 박물관, 미술관은 사진 촬영이 금지되어 있다.
(18) 거리의 특정인을 촬영할 때는 사전에 양해를 구해야한다.

16. 네덜란드

낮은 땅이라는 의미를 지닌 네델란드는 풍차, 튜울립이 생각나는 나라이다. 낙농국가로 세계적으로 알려졌지만 실용주의적 사고를 가지고 있는 국민들은 외국어에 능통하여 국제무역이 발달한 진짜 글로벌을 추구하는 나라이다.

[네덜란드 잔담의 풍차마을]

(1) 네덜란드는 마약과 동성결혼이 합법화된 나라이다. 그래서 역주변이나 공원 같은 곳을 지날 때 주의하는 것이 좋다.

(2) 사창가나 술집 주면에서 소매치기나 상해사고가 종종 발생하므로 주의해야 한다.

(3) 화장실요금은 시내에서는 보통 받으므로 준비하는 것이 좋다.

(4) 네덜란드인의 토플 성적은 세계 1위이며 상인은 고객의 언어로 응대하는 수준이다.

(5) 부모님 생신 때도 와인 한 병, 꽃 한 다발이 전부일 정도로 적정 수준 이상의 선물을 부담스럽게 생각한다.

(6) 생일 초대를 받으면 간단한 선물을 건네고 음료수를 마시며 대화한 후에 식사는 외식하며 계산은 더치페이를 시행한다.

(7) 유럽의 자전거 왕국으로 1인당 1대 꼴로 자전거를 갖고 있다.

(8) 자기들끼리 황실을 화제로 농담을 하지만 외국인의 화제 참여하는 것은 싫어한다.

(9) 초대 받거나 방문 시에 고가의 선물은 큰 결례가 되며 3~5천 원대의 꽃이나 와인을 선물하는 것이 좋다.

(10) 상대가 이름을 불러도 좋다고 하지 않는 한 이름을 부르지 않는 것이 예의이다.

(11) 명함에 학위, 신분, 계층을 표기한다, 'MR'은 '법학박사 또는 변호사'의 의미이다.

(12) 성(性)에 관대한 개방적 분위기로 인근 국가의 동성애자가 운집해 있다.

17. 스웨덴

(1) 스웨덴의 치안사정은 양호한 편이나 외국난민의 증가로 관광객이 많이 모이는 관광지.역.공항 등에서는 소매치기를 당하는 경우가 발생한다. 범죄발생률은 유럽지역보다 낮으나, 스칸디나 비아제국 중에서는 가장 높은 범죄율을 가지고 있다.

(2) 공중화장실은 대부분 유료화장실이므로 1유로정도 동전을 항상 준비해 두는 것이 좋다.

(3) 호텔이나 식당에서의 팁은 전체금액의 약 10%~15% 정도가 적당하다.

18. 오스트리아

(1) 오페라 극장에 갈 때에는 복장에 신경써야 한다. 청바지. 반바지. 반소매. 복장으로 참석하는 것은 금지되고 있다. 정장차림의 단정한 옷을 준비해 입고 가는 것이 좋다.

(2) 사진촬영시에는 금지구역에서 촬영을 하지 않도록한다. 미술관과 음악회에서는 촬영이 금지되어 있다. 또한 역사적 건물.교회에서는 촬영이 가능하지만, 촬영금지된 종교적 물건이나 미사 중의 사진은 찍지 않아야 한다.

(3) 오스트리아인은 준법정신이 철저해 여행자들도 교통법규 등 제반법규를 준수해야 한다.

(4) 문제발생이나 분쟁시 "I am sorry"라고 말하는 것은 금전적인 책임을 지겠다는 뜻으로 해석되므로 주의해야한다.

(5) 수돗물을 식수로 사용할 수 있으나 여행자들은 상점에서 판매하고 있는 생수를 구입하여 마시는 것이 안전하다. 생수는 탄산수와 생수가 있다.

(6) 오스트리아에서는 나치와 히틀러에 대한 화제를 언급하지 않는 것이 좋다.

(7) 다른 사람과 부딪치거나 실례를 범했을 때 미안하다는 사과의 말을 꼭 해야한다.

19. 체코

동유럽 최고의 예술성을 지닌 나라로 7C경 슬라브족이 이주하여 정착한 나라이다. 신성로마제국으로 번성했던 나라로 지금도 중세의 유적이 잘 보존된 수준 높은 문화국가이다.

(1) 체코는 유레일패스가 통용되지 않는다.

(2) 입국시 예방접종에 대한 특별한 요구사항은 없고, 최소 약 270달러 이상의 체재경비를 보유치 않을 경우 무작위 검사로 입국을 거부당할 수 있으므로 주의해야 한다.

(3) 치안상태는 비교적 양호하나, 간혹 유색인종(아시아.아프리카 등)에 의해 프라하 시내 번잡한 지역에서 강도사건이 있으며, 중국계 범죄단이나 베트남출신 노동자들의 범죄행위가 종종 발생되고 있다.

(4) 운전시 일체의 알콜(맥주포함)은 절대 금지되어 있으며, 시내에서는 시속 50km가 제한속도이다.

(5) 체코, 슬로바키아, 오스트리아 등에 있는 특이한 풍토병으로서 독성이 강한 Tick(거미 모양의 아주 작은 진드기)이 숲 또는 강가 잔디밭 등에 서식하고 있으므로 체고 남부지역, 슬로바키아 북부지역, 특히

블따바강 상류지역 여행시 각별히 주의를 기울여야 한다.

(6) 시내 기차역 근처나 전철.버스 내의 소매치기 범죄단은 주로 집시. 불가리아인.루마니아인들로서 어린이들도 있으며 젊은 여성들이 유혹하는 경우도 있다.

(7) 기본예절을 중시하나 실제 생활에서는 잘 지키지 않는다.

(8) 가정에 초대를 받았을 때는 여주인을 위해 꽃다발이나 초콜릿을 선물하며, 남자 주인을 위해서는 좋은 포도주나 독주를 선물한다.

(9) 체코의 맥주는 품질이 뛰어난 것으로 유명하다. 대화 중의 화제로 좋은 소재가 된다.

(10) 여성을 식사에 초대했을 때는 분위기를 돋우기 위해 전주로 독주를 마신다.

(11) 애주가는 위스키, 코냑으로 식후주를 마시는데 고급 양주의 좋은 향기를 입안에 머금은 채 이별의 키스를 하며 달콤한 인상을 남기려는 의도이다.

(12) 밤 10가 되면 취침하는 사회 분위기인 만큼 심야에는 소음을 내지 않아야 한다.

20. 헝가리

많은 온천과 평야를 가지고 있고 아름다운 부다페스트와 다뉴브강을 품고 있는 중부유럽 최대의 관광국가이다.

[부다 왕궁]

(1) 헝가리에서는 환전후 영수증을 보관하고, 환전액 50%, 최대 100US$까지만 재환전되니 필요한 만큼만 환전하여 쓰는 것이 좋다.

(2) 헝가리 여행사에서는 국영여행사인 Ivusz를 비롯하여 Expressz 등의 여행사를 이용하는 것이 좋다.

(3) 국제열차의 승차권을 구입하고자 하는 사람은 헝가리에서 구입하는 것이 훨씬 싸게 살 수 있고, 특급이나 급행열차는 반드시 예약을 하고 타야 불이익이 없다.

(4) 중국인에 대한 반감 및 이주민 등 외국인에 대한 차별 등이 여행에 대한 위험요소가 될 수 있다.

(5) 부다페스트 시내의 Keleti 기차역에서 여권을 분실하는 경우가 70% 이상이므로 주의가 요망된다.

(6) 맥도날드 등 음식점 및 카페 등에서의 소매치기가 많이 있다. 특히 배낭여행자들을 대상으로 소지품을 절도하므로 음식물을 주문하거나 화장실에 갈 때 소지품관리에 각별히 주의해야 한다. 그리고 야간에 다뉴브강에서 유람선을 탈 때도 소지품에 주의할 필요가 있다.

(7) 도로는 일방 통행이 많으며, 현지인은 난폭 운전의 습관이 있는바 주의한다.

(8) 관광객을 대상으로 호객 행위 등을 통해 바가지를 씌우는 술집이 늘고 있다.

(9) 외세 지배가 많은 역사 탓에 소극적이나 감성 지수가 높은 국민성을 보인다.

(10) 부다페스트 시내에 100여 개의 수영장 겸 온천이 있다. 수영복을 입고 입장하는 온천이므로 주의해야 한다.

(11) 나이든 남녀가 함께 있을 때는 부인에게 먼저 인사한다.

(12) 물건을 사고도 감사의 인사를 한다.

21. 러시아

세계 최대의 영토를 가지고 번성하였으나 사회주의의 실패로 분열과 함께 경제분야에서 후퇴하는 나라가 되었다. 하지만 과거의 명성이 아직도

남아 그 힘을 느끼게 하는 나라이다.

[성 바실리카 성당]

(1) 러시아의 대표적인 여행 위험 지역은 기차역, 지하철역 주변.빈민가 등이며, 자정 이후는 특히 위험하므로 외출을 삼가는 것이 바람직하다.

(2) 러시아에서는 모든 자동차가 영업행위를 하고 있으므로 공용 택시 이외의 일반자동차 이용은 삼가하는 것이 바람직하다.

(3) 러시아에서는 한국인의 경우 인종적 차이점과 비교적 화려한 옷차림, 그리고 과소비 및 현금지참과다 등으로 인해 우범자들의 표적이 될수있으므로 주의하여야 한다.

(4) 기차여행시의 주의사항은 열차에서 취침 중 강도사건이 빈발하는 바, 가능한 여행동행자들과 함께 침대칸(Compartment)를 모두 구입하여 외부인이 Comparment 내에 들지 않도록 하는 것이 좋다.

(5) 값싼 동정심 표시, 금력과시, 러시아정교에 대한 불필요한 비판등 러시아인들의 자존심을 상하게 할 가능성이 있는 언동으로 이들의 반감을 유발하는 일이 없도록 유의하여야 한다. 러시아국민은 현재에는 경제적으로 어려움을 겪고 있으나, 과거 강대국으로서 자존심, 문화.예술.종교면에서의 자부심이 강하다.

(6) 경로 사상이 강하고 가부장적인 사회이다.

(7) 초면인 경우는 악수를 하지만 친한 경우에는 남녀를 불문하고 서로 억세게 껴한는 것을 인사로 삼는다. 가까운 사이에는 볼을 번갈아가며 세 번 볼 키스를 한다.

(8) 통역자를 사이에 두고 얘기할 때도 시선은 상대를 보며 말한다.

(9) 선물을 선호하므로 향수, 라이터, 계산기, 지갑, 카메라 등을 선물하면 좋아한다.

(10) 건배를 할 때 술이 남으면 불신이 남는 것이라고 생각하며, 보드카 1잔을 마신 후에야 마음을 여는 관습이 있다. 보드카는 40% 이상의 독주로 작은 컵 주위에 소금을 묻힌 후에 마시며, 원샷 하는 음주 습

관 때문에 알콜 중독이 야기된다,(1인당 년 60병 소비)

(11) 꽃은 홀수는 축하, 짝수는 애도의 의미를 지니고 있다.

(12) 러시아 마피아는 사회 전반을 장악하고 있으며 정부.경찰도 연계되어 있다. 외국인에 대한 청부살인도 많은바 현지인과 원한을 사는 행위는 금한다.

(13) 근로자는 공무원으로 자존심이 강하다.

(14) 접대는 식당에서의 식사, 서커스.발레 관람 등을 하며, 술을 좋아하므로 선물로는 좋은 술이 적당하다.

22. 폴란드

[크라코프 시내]

(1) 명예와 예절, 격식을 중시한다.

(2) 악수를 즐겨 하며 악수한 후에는 존중한다는 의미로 손등에 키스를 한다.

(3) 초대를 받아 방문할 때는 여주인(꽃, 작은 선물)과 아이(사탕)를 위한 선물을 준비하는 것이 예의이며 꽃을 짝수로 선물하는 것은 금기이다.

(4) 방문할 때는 일찍 도착하는 것보다 5분 정도 늦게 도착하는 것이 에티켓이다.

(5) 연인 사이 외에는 붉은 장미를 선물하지 않는다.

(6) 성인 남성은 '판' 여성에게는 '파니'호칭을 이름 앞에 붙여 부른다.

(7) 소매치기와 환율을 미끼로 접근하는 암달러상을 주의해야 한다. 도난 사고시 폴란드 경찰의 도움을 기대할 수 없다.

(8) 살인, 마약, 밀매, 인신 매매 등의 강력 범죄가 빈발하며 야간에는 도심에서도 강도 사건이 발생하고 차량도난 사고도 잦다.

(9) 교황을 배출한 국가라는 자존심이 강하므로 종교나 교황 관련 농담은 금기이다.

(10) 아이들 돌잡이 풍습이 있으며, 아이에게 신발을 선물하는 것을 죽음을 의미하는 것이라 생각하여 금기시한다.

(11) 경.조사에서 가난한 사람의 자존심을 배려하여 돈을 건네지 않는다.

(12) 화장실을 이용 할 때는 반드시 팁을 지불해야 하며 '붉은색 역삼각형'이 남성 '푸른색 동그라미'가 여성용이다.

[아우슈비츠]

23. 그리스

[파르테논 신전]

그리스는 신화와 크레타문명, 아테네, 스파르타에 이르기까지 우리의 귀에 익은 단어로 상징되는 오랜 역사를 지닌 대표적인 문화국가이다.

(1) 복장 및 의복 관련사항 : 지중해성 기후를 보이고 있다. 여름은 우리 기온과 비슷하고, 겨울은 영하로 내려 가지 않는다. 겨울을 제외한 시기에는 반소매 티셔츠, 반바지, 얇은 긴소매 옷, 모자, 선글라스 등을 준비하고 밤이나 북부지역에서 기온이 내려갈 경우가 있기에 점퍼 한 벌 정도 준비한다.

(2) 팁은 서비스를 받은 내용에 관한 요금의 10%를 지불하면 된다.

(3) 여름철에는 기온이 40도 이상으로 올라가는 경우가 있으므로 탈수. 일사병. 열사병 등에 주의해야 하며, 특히 햇빛이 강해 선스라스. 자외선차단크림을 준비하고, 가급적 병에 든 생수를 마시는 것이 좋다. 미네랄 워터는 meraliko Nero라고 부른다.

(4) 아테네에는 폭력범죄는 적어 비교적 안전한도시이나, 최근 소매치기, 물건바꿔치기 등이 증가하기 때문에 주의할 필요가 있다.

(5) 현지인과 대화시에는 상대방의 말이 끝난 후 자기 말을 하도록 한다.

(6) 구급차(asthenoforo, 아스세노포로)의 호출번호는 166이다. 구급차를 부르면 자동적으로 24시간 운영되는 구급병원으로 안내된다. 구급차와 치료비는 무료이다. 특히응급을 요하는 경우는 100번을 돌린다. 긴급한 경우에는 가입하고 있는 보험회사에 연락하여 조치하도록 한다.

(7) 동양인관광객에게 바가지나 부당요금을 청구하는 경우가 있으므로 주의를 요한다.

(8) 오후 4~6시는 시에스타(낮잠) 시간이므로 방문이나 전화를 삼가며 이 시간대에 소음을 내면 경찰의 제재를 받는다.

(9) 레스토랑에 초대되었을 때 손님이 계산하려하면 모욕으로 생각한다.

(10) 서구 사회와 다른 보디 랭기지를 갖고 있다.

- 작별의 의미로 손을 흔드는 동작은 멸시와 모욕의 의미이다.
- 한 손으로 턱을 쓰담드는 것은 '매력적'이라는 표시이다.
- 손바닥을 펴서 상대를 향해 내미는 것은 '지옥에나 떨어져라'라는 욕이다.
- 머리를 좌우로 흔들면 'Yes'머리를 상하로 끄덕이면 'No'의 의미이다.
- 엄지와 검지를 동글게 하는 OK사인은 동성애자를 의미하는 외설적인 표현이다.
- 턱을 위로 향하거나 눈썹을 치켜 올리면 '아니오'를 의미한다.

(11) 아테네의 '헤로데스 아티쿠스' 야외극장에서는 껌을 뱉지 못하며 여성관광객도 하이힐을 신지 못한다. 뾰족한 구두 굽으로 돌을 손상하는 것을 방지하기 위해서이다.

(12) 그리스 정교회의 성산인 아토스 산은 여성의 입산을 금지하며 남성의 경우도 심사를 거쳐 입산한다.

3 STORY

● 유럽의 미니국가

- 바티칸 시국
  - · 면적(0.44㎢, 세계 최소), 인구(921명, 최소), 통화(유로), 언어(라틴어, 이탈리아어)

[바티칸시국의 베드로 대성당]

  - · 교황이 통치하는 신권 국가이다. 중세 이후 1천년간 절대적인 영향력을 발휘하던 교황의 권위와 세력이 19C 중엽 이탈리아의 통일로 상실되면서 바티칸노 언덕과 평원의 성 베드로 대성당, 시스티나 성당과 바티칸 궁전, 박물관으로 위축되었다.

- 안도라 공국(公國)
  · 면적(468㎢. 1789경위), 인구(71201 명 182위), 안도라인(33%), 통화(유로), 카톨릭(97%)
  · 1278년 건국된, 프랑스와 스페인 사이에 위치하며 프랑스 대통령과 스페인의 주교가 공동 통치자로 되어 있다. 무관세 국가이고 쇼핑과 스키 등의 수입에 의존도가 높으며 온천 휴양지인 깔데, 자동차 박물관, 겨울 스포츠의 명소인 피레네가 유명하다.
- 모나코 공국
  · 면적(1.93㎢, 233위), 인구(35,656명, 210위), 수도(모나크 빌, 몬테카를로)
  · 군주제이나 국가 원수는 총리로 프랑스에서 지명한다. 1419년 건국되었으며 프랑스어를 사용하는 프랑스 포니의 회원국이다. 관광,카지노, F1 그랑프리등의 수입이 주를 이루며 프랑스에 모든 것을 의존하며 현 왕실의 대가 끊기면 프랑스의 보호 자치국으로 귀속된다.
- 리히텐슈타인
  · 면적(160㎢)인구(3만4천명), 통화(스위스 프랑). 입헌군주제, 영세중립국
  · 1719년 건국한 후 1815년 독일에 복속되었으나 1862년 독립하고 1923년 이후에는 스위스에 국방, 외교 등을 위임하고 있다. 와인. 포도. 우표 판매가 국가 수입원의 주를 이루고 있다. 빈부차이가 없고 실업자와 범죄자가 없는 3무(無) 국가이다.

24. 미국

영국문화에 뿌리를 두고 있지만 미국만의 전통과 문화를 발전시킨나라이다.

자유주의를 표방하고 세계모든인종이 함께 모여사는 개방적인 사회이므로 문화가 잘 융합되고 발전되어 미국다운 새로운 매너와 에티켓을 만들어 내고 있다. 다양한 민족이 함께 살기에 다양한 문화와 금기를 갖고 있는 특징도 있다.

[워싱턴 국회의사당]

(1) 미국 입국시에는 비자(visa)소지 여부와 나름대로 까다로운 입국 절차가 기다리므로 주의해야 한다.

(2) 미국에서는 'Lady First'(여성우위사상)가 있으므로 공공장소에서 여성을 배려하여야 한다.

(3) 식당(restaurant)에서는 반드시 종업원의 안내에 따라 좌석에 앉아야 한다. 식사중에 기침과 재채기를 하는 것은 실례이므로 반드시 "Excuse me"(실례합니다)라고 해야한다.

(4) 실수로 인하여 남에게 피해를 주거나 몸이 부딪치거나 했을 때는 반드시 사과해야 한다.

(5) 미국에서도 팁 문화가 정착되어 있으므로 요금의 15~20%에 해당하는 팁을 지급해야 하지만 이런 문화에 익숙하지 않은 사람은 매우 부담스럽다.

(6) 미국 대도시에서는 늦은 밤에 외출하여 걸어 다니는 것을 삼가하는 것이 좋다.

(7) 선물은 받은 자리에서 풀어보는 것이 매너이다.

(8) 호텔, 엘리베이터, 거리에서 미국인과 마주치면 가볍게 인사를 나누

는 것이 매너이다.

(9) 차의 승하차 시에 여성을 돕고 여성의 짐을 들어주는 것이 매너이다.

(10) 신발을 신는 다는 것을 옷의 연장으로 생각하기에 집안에서도 신발을 신는 것은 무례한 것이 아니다.

(11) 초면 인사 직후라도 곧바로 이름을 불러주는 것을 좋아한다.

(12) 약속은 대게 1주일 전에 하는 것이 좋다,

(13) 상대의 명함을 얻고자 할 때는 정중히 요청한다.

(14) 직장에서 정해진 복장 규율 외에는 캐주얼 복장을 선호한다.

(15) 절대 택시 운전자 옆자리에 앉지 말아야 한다.(옆자리는 운전자만의 공간이다.)

(16) 운전 중 경찰에게 적발되어 정차한 경우 경찰의 요구가 있기 전까지는 손을 핸들에 놓고 면허증을 꺼내지 말아야한다.(총기를 꺼내는 것으로 오해받아 피격될 수 있다.)

(17) 남자끼리 손을 잡거나 어깨동무를 하거나, 나이트클럽에서 남자끼리 춤을 추면 게이로 오해받는다.

(18) 백합은 죽음을 의미하는바 선물하지 않는다.

(19) 몸을 접촉하는 인사나 포옹 등의 인사는 잘 하지 않는다.

(20) 남성이 실내에서 모자를 쓰는 것은 예의에 어긋나느 행동이다.

(21) 손님을 집으로 초대해서 파티를 즐기는 경우가 많으니 당황하지 말아야 한다.

(22) 레스토랑에서의 접대는 공식적인 경우에 한다.

(23) 최고급 레스토랑 외에는 'Doggie bag'을 활용한다.(일본은 창피하다고 인식한다.)

(24) 점심은 간단히 하고 저녁을 풍성하게 먹는경향이 있다.

(25) 식사를 할 때 팔이나 팔꿈치를 테이블 위에 올려놓는 것은 결례이다.

(26) 호텔의 나이트클럽은 예약이 필요하고 정장을 입어야 입장할 수 있다.

(27) 미국의 바(bar)는 여 종업원이 없고 주문할 때 마다 현금을 지불하고 음료를 받은 후 빈자리에 앉거나 서서 마시며 식사도 가능하고 21세 이하는 입장할 수 없다.

(28) 겨울철 자동차 위에 눈이 쌓이면 쓸어내고 운행해야 한다. 앞 유리만 쓸어내고 운전하다 경찰에게 적발되면 벌금이 부과된다.

(29) 버스는 지폐로 요금을 받지않으며, 환승권을 받아야만 다른 노선을 갈아탈 수 있다.

25. 멕시코

[멕시코 피라밋]

(1) 외국인 주의사항 : 맥시코 사람들은 참 친철하다. 길을 물어보면 모른다고 하는 경우가 거의 없다. 바쁜 시간이라도 짜증을 내지 않고 친절히 설명해 주며, 잘 모르면 옆 사람에게 되물어 보아서라도 가르쳐 준다. 그런데 잘 모르고 종종 엉뚱한 방향으로 일러주는 경우도 있어 가급적 서로 다른 사람에게 세 번 이상 물어보고 가는 것이 확실하다.

(2) 수돗물을 그냥 마실 경우 설사를 하는 경우가 있으므로 미네랄 워터를 구입해서 마시는 것이 좋다.

(3) 악수를 할 때는 손을 가볍게 잡으면 불신하는 경향이 있는 바 정중하면서도 힘있게 잡는다.

(4) 체면 문화가 발달해서 호칭을 중시한다. 우리나라는 박사가 아닌 경우에는 학위 호창을 하지 않으나 멕시코를 비롯한 중남미 국가나 스페인 등지에서는 반드시 학위를 붙여서 명함을 만들고 이름 역시 학위에 성만 붙여 부르기도 한다.

(5) 이름 앞에 표기가 없을 때는 남성은 '세뇨르', 미혼 여성은 '세뇨리타' 기혼 여성은 '세뇨라'로 부른다.

(6) 첫 대면 시에는 멕시코어로 인사하는 것이 좋다. 직함을 좋아하는 많큼 직함을 부르며 인사한다.

(7) 안면이 있는 경우에는 가족의 안부를 묻는 것이 예의이다.

(8) 보라색은 죽음을 상징하므로 보라색 꽃이나 포장지 등을 이용한 선물을 삼가한다. 노랑꽃도 같은 의미이다.

(9) 마치스모 기질(남성다움을 과시)이 강해서 난폭 운전도 많으며 무기 소지, 과다 음주를 남성다움으로 인식하는 경우가 많다.

(10) 칼은 '단절'을 의미하므로 선물하지 않는다.

(11) 은제품은 값싼 장신구로 인식하므로 선물하지 않는다.

(12) 아이의 머리를 쓰다듬는 등의 신체 접촉은 금기이다.

(13) 식사 시간이 길며 에티켓을 중시하고 식사 중에 많은 대화를 한다.

(14) 공식 파티, 모임 등에는 반드시 정장 차림을 한다.(복장에 따라 대우가 달라진다)

(15) 멕시코 인디언들은 사진을 찍으면 혼을 뺏긴다고 생각하기 때문에 촬영할 때 상대의 동의를 얻어야 한다.

(16) 성직자들을 경멸하는 말이나 태도를 삼간다.

(17) 큰소리를 치거나 욕을 하지 말아야 한다.

26. 브라질

(1) 축구와 정열의 나라, 커피, 아마존, 삼바, 카니발 등 브라질을 상징하는 말들이 많은 나라이다. 남미에서는 가장 큰 나라이며, 브라질에서의 호텔등급은 5등급으로 구분되며, 대도시나 관광지에비해 중소도시가 20~30% 정도 저렴하다, 보통 아침식사가 포함되어 있다.

(2) 대중교통수단으로 시내버스가 있으나. 외국인은 이를 거의 이용하지 않고 주로 택시를 이용한다. 일몰후 특히 혼자 도보로 산책하거나 이동하는 것을 삼가는 것이 좋다.

(3) 권총이나 칼 등 흉기를 소지한 강도에 대하여는 절대 반항하지 말고 시키는 대로 하는 것이 안전하다. 브라질 강도는 미국등과 달리 가지고 있는 금품만 내주면 신체에 위해는 가하지 않으나 만일 저항 또는 반격시는 대부분 총격을 가하고 도주해 버린다.

(4) 시내 보행시 간소한 복장을 착용하는 것이 좋다. 넥타이 등 정장을 하면 외국 관광객으로 인식하여 강도 및 절도의 1차적인 표적이 된다. 브라질에서 생수는 마시지 않도록 하며, 미네랄 워터나 음료수 등을 구입하여 마시도록 한다.

4 | STORY

● 세계 3대 축제

1. 삼바 축제 '리오카니발'

브라질을 점령한 포르투갈은 사탕수수 등의 재배를 위해 아프리카의 흑인들을 강제 이주시켜 노역을 시켰고, 이들의 착취에 힘겨운 삶을 지탱하던 흑인들의 춤과 노래에서 비롯된 삼바가 오늘날 축구와 더불어 브라질을 대표하는 아이콘이 된 것이다. 삼바 축제는 상파울루, 리오데자네이로 등의 대도시를 중심으로 펼쳐진다. 리오 빈민가에 거주하는 뮬리토(흑인 혼혈)들에 의해 1854년 시작된 리오 카니발은 삼바 축제 중 가장 화려한 생사로, 매년 2월 말에서 3월초 사이에 거행되며 전국에서 선발된 팀(팀당 인원은 4천명에 이른다)의 경연이 이루어진다. 토요일부터 4일 간에 펼쳐지는 카니발에 연간 브라질 방문 관광객의 1/3이 찾으며 내국인 관광객이 25만에 이르는 국가적 행사로 자리 잡았으며 브라질인들에게는 축제를 넘어 삶의 의미가 되었다.

2. 뮌헨. 옥토버 페스트

1810년 바이에른의 초대 왕의 결혼을 축하하기 위해 음악제와 함께 시작된 오토버 축제는 이후 6대 메이저 맥주사의 후원에 힘입어 그 화려함이 더해졌으며, 9월 셋째 토요일부터 10월 첫 일요일까지 16일에 거쳐서 진행된다. 3천명을 수용하는 천막 술집과 중세 시대를 재현한 가장 행렬은 축제의 하이라이트이다.

3. 삿포로 유키 마츠리(눈 축제)

1950년 2차대전의 패전을 위로하고 춥고 긴 겨울을 즐겁게 보내기위한 이벤트로 시작된 삿포로의 눈 축제는 2월 5일부터 11일까지 1주일에 걸쳐서 펼쳐진다. 오도리 공원 등 네 곳에서 행해지는 유키 마츠리는 5t 트럭 8000대 분의 눈을 이용해서 3개월여에 걸쳐 만든 눈 조각과 이를 장식하는 40여만 개의 전등이 어우러진 장관을 이루며 전세계 관광객의 발길을 끌고 있다.

27. 호주

[시드니 오페라하우스]

호주는 약 4천만년동안 고립된 땅으로 1700년대 후반에 영국의 식민지가 되면서 영국민의 이주를 통해 지금과 같은 문명국가를 이루게 되었다. 여러인종이 함께 모여사는 호주는 다양한 문화를 호주화 시켜 새로운 문화를 창출하고 있는 나라이다.

여러 가지의 문화와 산업이 발달되어 있지만 특히 교육분야 만큼은 세계수준을 자부하고 있다.

호주는 일찍 교육의 제도와 학문을 발전 시켜 아시아 등 여러나라에 수출을 하고 있으며 호주에서 교육을 받기위해 세계각국의 학생들이 호주로 유학을 가는 경우가 많이 있다.

- 교육제도의 수출의 예) 안산의 신안산 대학으로 호주의 NMIT(노던멜

버른국립대학) 대학이 교육제도의 수출을 통한 복수학위재를 시행하고 있으며 호주에서 교수진이 직접 한국을 방문하여 학생들을 지도하는 것은 물론이고 이 학교 학생들도 매년 호주에서 약 2개월간 교환학생으로 현지의 글로벌 교육을 받고 있다.

(1) 도로의 주행방향이 한국과는 정반대이다. 영국의 영향을 받기 때문이다.

(2) 친절하고 우호적인 호주사람과 조우했을 때 같이 웃어 주거나 간단한 인사를 하는 것은 예의이다.

(3) 호주에서의 복장은 자유스럽다. 고급레스토랑이나 음악회 같은 곳을 제외하고는 반바지나 티셔츠 차림으로 다녀도 무방하다.

(4) 저녁 식사 초대를 받았을 때는 꽃, 와인, 초콜릿 등의 선물을 준비한다.

(5) 초대를 받앗을 때는 약속 시간보다 10~15분 늦게 도착하는 것이 예의이다.

(6) 명함은 악수를 교환하고 자기를 소개한 뒤에 건네는 것이 예의이다.

(7) 다른 사람들이 식사 중에는 흡연을 하지 않도록 하며, 음식물 찌꺼기는 식탁에 놓지 말고 접시 가장자리에 놓는다.

(8) 버스 이용 시 앞좌석은 보통 노약자, 장애인을 위한 좌석으로 비워두는 것이 예의이다.

(9) 캥거루의 뒤에 멍하니 서있다가는 불안감을 느낀 캥거루의 뒷발에 차일 수 있다.

(10) 인사말은 “G’ Day!”라고 한다.

(11) 존칭 없이 이름을 부르는 것은 친근함의 표시이다.

(12) 대부분의 건물과 공공 장소가 금연구역이다.

(13) 보이 프렌드, 걸프렌드의 의미를 우리와 다르게 연인 관계로 해석하는 만큼 사용에 주의해야 한다.

(14) 법적으로 술을 마실 수 있는 나이는 18세 이다.

(15) 재채기를 하게 되면 주위사람들이 “bless you”라고 해주는데 당사자는 ‘thank you’라고 응대한다.

STORY 5

● 호주원주민 애버리지니

"위대한 신이 거대한 섬에 산을 쌓코 강을 만들었다" 이는 호주 원주민들사이에 내려오는 신에 대한 위대함을 일컷는 말이다.

오스트레일리아 토착민(Indigenous Australians)은 흔히 애버리지니(Aborigine)라고 하며 유럽인의 이주 이전에 오스트레일리아에 살았던 최초의 종족이다. 오스트레일리아 본토의 애버리지니와 행정구역 상 퀸즐랜드의 일부인 토레스 해협 제도의 토레스 제도 토착민 및 태즈메니아의 태즈메니아인 등이 있으나, 태즈메니아인은 백인 이주자의 의하여 절멸당하여 그 맥이 끊어졌다. 태즈메이니아 지역의 애버리지니는 호주가 영국의 식민지가 되면서 30년 사이(1803~1833) 영국이주자들과 함께 들어온 질병과 인종탄압, 학살에 의해 인구가 5,000명에서 300으로 급감하였다. 1896년 이후로 역사학자와 과학자, 인류학자들에 의해 애버리지니에 대한 인구조사가 이루어졌으며 '트루가니니' 라는 여성을 마지막으로 순수혈통은 모두 사라졌다. 호주총 인구는 45만 명 가량으로 오스트레일리아 전체인구의 약 2.4%에 해당한다. 이들은 현재 4만~7만 년 전에 처음 호주대륙에 들어온 것으로 추정되고 있으며 이들은 전통목관악기인 디저리두(digeridoo)와 점과 선을 이용한 화려한 전통문향의 그림으로 유명하며, 특히 서호주의 사막지대인 발고(balgo)지역의 그림이 있고 그리고 과학적인 사냥도구인 부메랑을 사용했으며 현재도 그 전통문화를 외국인들에게 보여주는 모습을 볼 수 있다.

하지만 이들은 영국의 식민지하에서 원주민에 대한 무능화정책과 불평등 정책으로 큰 시련과 아픔을 겪었다. 그 예로 1900년부터 약 70년간 도둑맞은 아이들(Stolen Chidren)이라고 부르는 원주민 개화정책으로 약 10만명 정도가 백인 가정에 강제 입양되는 과정을 겪었고 이 과정에서 정신적 충격으로 우울증 등에 시달리는 원주민이 많았다.

이에 대해 최근 호주정부는 정식으로 사과문을 발표하고 또한 피해원주민은 법정투쟁을 통해 정부로부터 보상을 받을 수 있는 길이 열렸다.

28. 뉴질랜드

(1) 뉴질랜드는 여름기간(12~2월)일교차가 대체로 심하므로 스웨터와 같은 긴 옷과 얇은 잠바 정도를 준비하는 것이 좋다.

(2) 뉴질랜드에서는 물이 깨끗하여 수돗물은 마셔도 괜찮다. 그러나 호수나 시골의 목장근처에 흐르는 물은 피해야 한다.

(3) 공공장소에서의 질서는 잘 지켜지고 있으므로 위험한 점은 별로 없다.

(4) 공항에서 주의할 것은 밀수 및 마약단속이 엄격하므로 타인의 짐 또는 소지품따위를 부탁받아 전달하는 것은 주의해야 한다.

(5) 사진촬영 금지구역은 사진촬영 금지 팻말이 붙어 있다 관공서 등은 입구에서 미리 동의를 구해야 한다.

(6) 여행 중 낚시나 해산물(전복.조개 및 각종 패류 등)을 채취할 기회가 있을 경우는 자원보존청에 정한 규정을 사전에 숙지한 현지인 또는 현지사정을 잘 아는 교민의 도움을 받아 규정된 어종별 수량을 초과하거나 크기 미달의 어류를 잡아 처벌되는 일이 없도록 각별히 주의해야한다.

(7) 경비행기는 추락사고가 많으므로 가능한 한 답승을 자제하고, 히치하이커 사고도 자주 발생하므로 가급적 무전승차도 삼가는 것이 좋다.

(8) 차를 많이 마시는 국민이라 직장에서도 두차례정도의 tea time이 있으며, tea time에 초대받을 경우 가볍게 여기면 안된다.

(9) 남쪽으로 내려올수록 춥고, 북쪽은 화산지역이므로 지역별 기후에 주의 해야한다.

(10) 응급환자를 위한 긴급연락처가 잘 되어 있고. 천식 이외에 유행성 감기가 사계절을 통해 있으므로 조심하며, 강렬한 직사광선에 노출된 경우에는 피부암 발생가능성이 높으므로 선그라스와 모자를 꼭 착용하고, 식수는 일반수돗물을 마셔도 된다.

(11) 원주민인 마오리족은 코를 맞대고 비비는 인사인 '홍이'를 한다.

(12) 외국인에 대해 우호적이고, 인구 밀도가 낮아서사람을 만나는 것을 좋아한다. 영연방의 일원으로 신사도가 몸에 배어 있으며, 비즈니스에서는 신용을 중시하며 보수적이다.

(13) 성추행으로 오해할 우려가 있으므로 아이의 머리나 신체부위를 함부러 접촉하지 않도록 한다.

STORY 6

● 뉴질래드의 원주민 마오리(Maori)

이들은 폴리네시아계의 해양종족으로 19세기에 유럽인들이 뉴질랜드를 발견하기 전부터 이섬에 살고 있던 토착민이었다. 매우 용맹스러웠지만 평화를 사랑하는 낭만적인 사람들이었다.

1840년 경부터 영국이 뉴질랜드를 공식적으로 지배를 하게되었고 이후 마오리족은 20~30만명에서 상당수가 감소하는 어려움을 격게 되었다.

이후 영국과 마오리족간의 토지전쟁은 양쪽에 뚜렸한 실익이 없이 흐지부지 끝나는 결과를 가져오게 되었고 이 전쟁이 끝난 1872년 까지만 해도 마오리족이 많은 토지를 소유하고 있었다. 이후 도시화가 진행됨에 따라 마오리들은 도시 문화에 완전히 노출되었다. 그 중 가장 쟁점이 되는 것은 백인과의 결혼이 점차로 늘어난다는 것이다. 특히 마오리족 남자와 백인 여자의 결혼이 늘어나고 있다. 현재 뉴질랜드의 거의 모든 마오리족에게는 유럽인들의 피가 섞여 있다고 해도 과언이 아니다. 하지만 마오리들은 유럽인들보다는 동양인과 더 많이 닮았으며, 그들도 서양인들보다는 동양인들에게 더 친근감을 보이는 성향을 띠고 있다.

현재 마오리는 그들의 언어를 가르치고 있는 뉴질랜드의 공식언어인 영어로 교육을 받는 관계로 영어와 마오리어를 동시에 사용하고 공식적인 전통행사에서는 마오리어를 사용한다.

우리나라에서도 '연가' 라는 제목으로 잘 알려진 노래인 "포카레 카레이나" 는 뉴질래드 마오리의 전통노래이며 이 노래에는 타우포호수 인근에 살던 마오리족인 히네모아와 투타네카이의 아름다운 사랑과 전설이 담겨있다. 당시 이 두 부족은 서로 사이가 좋지 않은 상태였다. 히네모아는 상사병을 앓다가, 어느 추운 겨울밤 섬으로 헤엄쳐 가 서로의 사랑을 확인하고 끝내는 결혼을 하게 된다. 이 일로 두 부락은 서로 화해를 하게 된다는 전세계의 많은 전설과 비슷한 또 하나의 전설이다.

우리나라에는 6.25전쟁 중 뉴질랜드 병사들이 불러서 알려지게 되었고 1960년대에 이후 널리 알려지기 시작하였다.

마오리족의 홍이(hongi)라는 인사법은 처음 만나는 사람과 서로 코를 비비면서 키오라(kiaora)라고 말하며 인사를 한다.

29. 이집트

인류문명의 발상지라고 표현되는 가장 오랜 문명을 지닌 나라로 역사의식이 매우 강하다. 문명의 발상지인 나일강 주변과 피라미드, 미이라 등이 상징하듯이 건축, 의학, 문화 등 모든 분야에서 인류 최초의 문화 국가임을 자부하는 나라이다.

[피라미드와 스핑크스]

(1) 이슬람교를 비난하는 행동이나 언사를 하지 말아야 한다.

(2) 이슬람여성들과는 대화를 자제해야 한다.

(3) 이집트는 개방된 이슬람국가이나 지방에서는 아직까지 많은 여성들이 Hijab을 사용한다.

(4) 이슬람교는 1일 5회 예배를 실시하는 바. 예배 중인 사람을 방해하는 것은 실례가 된다.

(5) 사막에서는 일교차가 심하므로 건강에 주의해야 한다.

(6) 선글라스: 호기심 강한 이집트인들의 시선도 피하고, 강한 햇빛, 모래먼지로부터 눈을 보호한다.

(7) 물: 생수를 필히 사 먹고, 수돗물은 먹으면 안된다.

말라리아 예방약 : 안먹어도 되는 것 같지만 의학적으로는 말라리아 위험지역이다.

(8) 만나거나 헤어질 때 현장의 모든 사람과 악수를 한다.

(9) 선물을 주거나 받을 때는 반드시 오른손을 사용한다.

(10) 손님을 환대하는 관습이 있다. 초대를 받으면 최상의 예의로 감사를 표하고 간단한 선물을 준비하는 것이 좋다.

(11) 상대가 차, 청량음료를 제공할 때 거절하는 것은 큰 결례이다.

(12) 화려한 보석, 인삼 등을 선물 받는 것을 좋아한다.

(13) 남성은 결혼해서 살 집을 준비해야 하며 여성은 정절을 지켜야 하며 사촌 간의 결혼을 우선한다.

(14) 가족 구성원을 비방하는 것을 참을 수 없는 모욕으로 생각한다.

(15) 가정을 방문해서 어떤 물건에 대해 세 번 이상 칭찬하는 것은 그 물건을 달라는 뜻으로 받아들여서 돌아갈 때 그 물건을 싸준다.

(16) 부인에 대하여 '아름답습니다.' 라는 칭찬은 그 부인을 갖고 싶다는 의미로 받아들이므로 주의해야 한다.

(17) 이슬람 외의 타종교를 선교하는 것은 금기이다.

(18) 술과 마약은 정신을 흐리게 하는 것으로 간주되어 금기시되고 있다.

(19) 공공의 장소에서 포옹이나 키스를 하는 것은 금기이다.

(20) 여성에게 사진을 찍자고 요청하거나 임의 촬영하는 것은 금기이다.

(21) 이집트 여성들에게 말을 건넬 때는 극히 조심해야 한다. 대화 내용이 불순할 경우 경찰이 출동한다.

(22) 이집트를 여행하는 외국인 여성 관광객도 현란하거나 노출이 심한 복장은 삼간다.

30. 터키

유럽과 아시아의 중심에 있는 터키는 양 대륙의 문화를 갖고 있으며 천혜의 자연환경과 고대의 유적을 가진 매우 특별하고 다양한 모습으로 살아가는 국가이다.

(1) 터키 공화국을 설립한 '무스타파 케말 아타튀르크' 를 신격화하며 이를 비판하거나 초상을 훼손하는 등의 행동은 금기이다.

(2) 이스탄불, 앙카라 등의 대도시는 서양식 에티켓, 지방은 동양식 예절을 따른다.

(3) 친근한 사이에는 악수 후에 포옹하며 양 볼을 맞대고 인사한다.

(4) 손님이 방문하거나 손님을 초대했을 때, 예의를 갖추어 차를 대접하고 코란의 교리대로 후대하지 않는 것은 가문의 커다란 불명예라고 생각한다.

(5) 방문자는 꽃이나 사탕, 과일 등을 준비한다.

(6) 전통차 차이(cay)는 천천히 마셔야 하며 빨리 마시면 계속 부어준다.

차를 그만 마시고 싶을 때는 차수저를 반대로 눕혀 찻잔 위에 올려놓으면 되고, 반잔쯤 남겨두면 부어주지 않는다

(7) 식사 관련 매너

저녁식사에 초대한 경우에는 풍성하게 음식을 준비하는데 남길 경우 큰 결례이다.

- 음식을 먹을 때 소리를 내는 것은 결례가 된다.
- 음식에 코를 대고 냄새를 맡지 않는다
- 음식을 식히기 위해서 입으로 불지 않는다.
- 상대방 앞에 있는 빵의 조각을 먹지 않는다.
- 식사 중에 사망자나 환자에 대해 언급하지 않아야 한다.
- 여성은 음식을 준비할 뿐 서빙은 남성이 한다.
- 식사 후에는 부인에게 정중하게 감사를 전한다.(대부분 아랍 국가에서는 식탁에서 여성의 얼굴을 볼 수 없다)

(8) 돼지고기는 먹지 않지만 하루에 한 끼는 육류를 먹는다

(9) 고개를 하늘로 쳐다보며 혀를 차는 소리를 내는 행위는 금기이다.

(10) 이슬람 사원의 내부에 들어갈 때는 신발을 벗어야 한다. 여성의 경우에는 머리, 팔, 어깨를 가리고 무릎 길이의 치마를 입는다.

(11) 손가락으로 사람을 가리키거나 신발 한 쪽을 상대에게 향하는 행동은 결례이다.

(12) 공공 장소에서 코를 풀거나 키스나 포옹하는 등의 행동은 매우 무례한 일로 생각한다.

(13) 종교와 정치가 분리되어 있어 다른 이슬람 국가에 비해 생활에 융통성이 있어 음주는 자유이며 라마단 역시 엄격하지 않고 합법적인 카지노도 있다.

(14) 인사를 할 때는 항상 명함을 교환한다.

(15) 저녁 식사는 9시부터 두 시간 정도에 걸쳐 전 가족이 모여서 하므로 이시간에 약속을 피해야 한다.

(16) 유적을 촬영할 때 플래시를 사용하는 것은 금기이며 군사 시설을 촬영하거나 출입하는 것은 금지된다.

31. 이스라엘

(1) 이스라엘의 관광지에서는 치안상태에 대해서 안전한 것으로 평가하고 있으며, 여행자가 텔아비브나 예루살렘의 번화가를 야간 활보하는데에도 큰 문제가 없으나. 간혹 외국인관광객이 피살되는 사례가 발생하고 있어서 주의가 요망된다. 또한 여행자들도 과격회교분자들의 불특정다수 민간인을 대상으로 한 테러위협, 특히 사람들이 많이 모이는 시장이나 번화가 또는 버스에 대한 자살폭탄 테러 등에 노출되어 있으므로 일반대중이 많이 모이는 곳의 출입은 삼가는 것이 필요하다.

(2) 정통 유대인들은 한여름에도 검정 모자와 검은 외투, 검정 구두를 신고 귀밑 머리를 기르는 전통이 있다.

(3) 이스라엘 사람들은 마음이 담기지 않은 인사를 경멸한다.

(4) 종교 복장을 착용한 사람을 촬영할 경우에는 사전 양해가 필수이다.

(5) 수치에 밝고 계약 관계가 분명하다.

(6) 모스크나 성전산(Temple Mount)에 갈 때는 여자는 반드시 천으로 머리를 가리고 남자는 긴 바지, 여자는 긴 치마나 바지, 양말을 착용해야 한다. 촬영금지 구역이다.

(7) 이스라엘의 정장 개념은 어두운 색상의 옷을 의미한다.

(8) 대화 중에 어떤 경우라도 여성을 언급하지 않는다.

(9) 전쟁과 종교 얘기는 화제로 삼지 않는다.

(10) 식사는 종교적 제약을 받는다. 유대인은 유제품과 육류를 같이 먹을 수 없고, 부정한 새나 생선도 먹지 못한다.

(11) 생선을 절대로 회로 먹지 않는다.

(12) 아가미가 없는 해산물을 먹지 않는다.(오징어, 문어, 낙지 등)

(13) 피가 든 음식은 먹지 않으므로 동물을 도살할 때 는 피를 전부 제거한다.

(14) 돼지고기도 먹지 않는다.

(15) 예루살렘은 유태교.기독교.이슬람의 공동 성지인 바 종교적 갈등을 일으키지 않도록 주의해야 한다.

(16) 예루살렘의 '통곡의 벽'을 입장할 때는 남녀가 별도 입장을 하게 되고, 남성은 키비(종이 모자)를 빌려 쓰고 입장하며 반바지, 민소매 차림은 입장할 수 없다, 축제일에는 사진 촬영이 금지된다.

[사해]

32. 사우디아라비아

(1) 외국인도 음주를 엄금하며 외국인 여성도 외출 시에는 아바야를 착용해야한다

(2) 간음. 매춘. 음주. 돼지고기 판매 .이자 놀이 등은 생활의 금기이다

(3) 부정하다고 생각하는 왼손으로 물건(선물 등)을 건네거나 악수,식사를 하지 않는다

(4) 윗사람을 공경하고 손님을 극진히 접대하는 전통을 갖고 있다.

(5) 인사를 할 때 '앗살라무 알라이쿰(당신에게 평화가 있기를...)' 하면 '와 알라이쿰 살라(당신에게도 평화가...)'라고 답례한다.

(6) 무슬림은 상대보다 인사를 길게 하는 것이 미덕이라고 생각하는 만큼 지루해도 받아 주는 것이 예의이다

(7) 알라 외에는 고개를 숙이지 않으므로 인사 동작은 악수로 하며 악수 후에는 오른손을 왼쪽 가슴에 얹어 친밀감을 표시한다.

(8) 만나고 헤어질 때 악수하며 명함을 교환한다.

(9) 발끝이 보이면 무례하다고 생각한다.

(10) 방문객을 길까지 배웅하는 것이 예의이다.

(11) 어른 앞에서 다리는 꼬거나 발바닥을 상대에게 보이는 행동은 무례함으로 인식한다.

(12) 침을 뱉는 행위는 금기이다

(13) 하품은 사탄이 자극해서 내는 소리라고 생각하는 만큼 실례가 된다.

(14) 무슬림은 남자끼리 목욕이나 수영을 할 때도 허리와 무릎은 가린다.

(15) 교리에 따라 용변을 볼 때도 메카 방향을 피하며, 옷에 소변을 흘리면 지옥의 벌을 받는다는 믿음이 있다.

(16) 어떤 물건을 오래 쳐다보며 관심을 보이면 선물해야 하는 관습이 있으므로 주의한다.

(17) 손가락으로 사람을 가리키는 것은 절대 금기이며, 기분이 좋거나 의견이 같을 때는 오른 손바닥을 내밀기도 하는데 이 때는 손바닥을 쳐주어 답례한다.

(18) 마약 소지는 공개 참수형이며 음주 행위는 어떤 장소에서건 불법이다.

(19) 하루 5회의 쌀라(기도) 시간에는 백화점, 식당도 모두 영업을 중지하는데 문을 열게 하려고 문을 두드리는 행위는 금기이며 기도하는 사람의 앞을 가로지르지 말아야 한다.

(20) 라마단 기간 중 첫 번째 예배 시간부터 네 번째 예배 시간까지 모든 식당이 영업을 중지한다. 이 시간에는 남의 집을 방문하지 않는다.

(21) 식사예절

- 집으로 초대받을 경우 세 번 이상 거절하는 것은 결례가 된다. 반드시 답례해야 한다.
- 식사 전에는 반드시 손을 씻는다.
- 음식은 미리 차려져 있다.
- 식사 전에 '비즈밀라(Bismillsh. 알라의 이름으로...)'라고 말한다. 그렇지 않으면 사탄이 같이 자리한다고 믿는다.
- 식사는 반드시 오른손으로 한다. 사탄이 왼손으로 먹는다고 믿는다.
- 차(가흐와)는 컵의 반만 따르고 리필하여 홀수의 잔을 마시는 것이 예의이다. 다 마셨을 때는 빈 잔을 옆으로 흔든다. 권하는 찻잔을 거

부하는 것은 무례한 행동이며 주인을 모욕하는 행위로 인식한다. 차를 마시는 것은 단순 음료 접대가 아닌, 존경의 표현이며 '아흘란와 사흘란(환영합니다)' 라는 인사로 사교의 기본이다.

- 음식이 뜨겁다고 입으로 불어 식히는 것은 결례이다.
- 싫어하는 음식이 있어도 내색하지 않으며 제공된 음식은 비우는 것이 예의이다.
- 이쑤시개의 사용은 무방하다.
- 식사 후의 트림에는 관대한 문화이다. 트림을 하게 되면 '비스밀라(Excuse me, 알라의 이름으로)' 라고 한다.
- 선물을 주면 받는 것이 예의이며 주인의 요청이 없으면 나중에 뜯어본다.

(22) 여성과 관련한 금기 사항은 이슬람 전통의 엄격함을 보인다.

- 여성들이 왕래하는 순간에 허락 없이 촬영하면 시비의 대상이 될 수 있다. 불필요한 응시나 말을 건네는 것은 금기이다.
- 식사 초대는 주로 호텔 식당에서 이루어지며 대게 저녁 식사 초대에는 여성을 제외하고, 가정에 초대했을 경우에도 주인의 아내는 다른 곳에서 따로 식사한다.
- 가정에 초대를 받고 저녁 식사를 마치면 지체 없이 집을 떠나야 한다.
- 여성은 전신을 검은 아바야로 몸을 가려야 하며 여성의 운전은 금지되어 있다.
- 여성들은 가족석이 별도로 마련되지 않은 식당에는 출입할 수 없다.
- 여성들을 볼 수 있는 것은 가족들뿐으로, 사우디 여자는 외출 시에 자신의 정숙함을 보호하려고 베일(아바야)을 사용한다.
- 여성은 외출 시에 혼자 걷지 않는다.
- 여자 가족의 안부를 묻거나 관심을 표하는 것은 절대 금기이다.
- 버스의 1층 뒤편에 여성 전용 좌석이 별도로 마련되어 있으나, 여성 혼자 버스를 이용하는 경우는 없다.

33. 케냐

[마사이족의 전통가옥과 의상]

(1) 부족에 따라 어머니의 성을 따르는 경우가 많다

(2) 마사이 족은 출신 가문, 부족을 성에 표시한다.

(3) 마사이족은 방문객에게 아이들이 침을 뱉는 환영 행사를 한다. 물이 부족한 지역으로 침으로 손님을 맞이하면 최대의 환영 표시가 된다.

(4) 가장의 권위가 막강하며 남자는 백수로 지내며 모든 경제 활동.가정 생활은 여성의 부담으로 물을 긷고 땔감을 준비하며 농사도 여성이 짓는다.

(5) 모든지폐에 현직 대통령의 사진이 들어가 있으며 'President' 칭호는 대통령만 사용한다.

(6) 성인식(할례)의 관습이 있다.

(7) 나이로비 외에는 말라리아 예방약을 미리 접종하는 것이 좋다.

(8) 열대지만 일교차가 심하며 12~1월 7~8월이 여행 적기로 야생 동물을 관찰할 좋은 기회이며 해변에서의 휴양에도 적합하다.

(9) 전통 사회는 일부다처제로 부인들은 가정 경제를 분담한다.

- 죽은 형제의 아내를 맞아들이는 관습이 있다.
- 임신을 부정한 것으로 인식해서 음식을 나르거나 요리하는 것도 금지한다.
- 사람이 죽으면 음식, 무기, 담배, 의복 등을 함께 묻는다, 과거에는 부인을 순장하는 관습이 있었다.

(10) 얼룩말, 타조, 악어, 물소 등을 석탄에 구어먹는 냐마초마 등의 토속 음식이 있다.

제3절 전통인사와 보디랭귀지

1. 전통인사와 Body Language

1) 전통인사

(1) 중국

- 오른손을 가볍게 주먹을 쥔 채 왼손을 포개는 포권을 하고 허리를 숙인다.
- 옷소매 속으로 손을 넣은 채 팔의 관절부위를 잡고 허리를 숙인다.

(2) 태국 : 와이(Wai)

- 두 손을 합장하며 상대에 대한 존경을 표시하는 인사로 불가에서 전래된 인사법이며 인근의 불교권 국가에서도 같은 인사를 한다.
- 상사나 웃어른을 아랫사람이 인사를 할 때 합장으로 답례하나 머리를 숙이지 않는다.
- 같은 서열일 때는 합장한 양 손의 높이가 코 부위를 넘지 않는다.
- 서열을 모를 때는 합장한 양 손의 끝이 목에서 코 부위의 높이에 이르도록 한다.

[와이]

- 손아래 사람은 어른을 보면 코 높이로 합장을 한 후 머리를 숙이며 인사한다.

(3) 몽골

상대의 팔 목 상단의 관절 부위를 잡고 냄새를 맡는다.

(4) 티베트

자신의 귀를 당기며 혓바닥을 길게 내밀어 친근감을 표현한다.

(5) 말레이시아

모자를 벗고 머리에 손을 얹는 것으로 존경을 표시한다.

(6) 네팔

'나마스테' 라고 말하며 합장한 양 손을 이마에 대고 허리를 숙인다

(7) 아랍 지역

- 오른쪽으로 가슴, 이마를 차래로 만진 후 손을 더 높이 들어 바깥쪽을 향해 올리고 머리를 숙이는 인사와 함께 '살람 알라이쿰(평화가 함께 하기를!)' 이라고 말한다.
- 남성간의 인사법으로, 포옹을 하는데 오른쪽부터 시작해서 왼쪽으로 서로 어긋나도록 한다. 포옹 후에는 어깨에 얼굴을 기대거나 볼 키스를 하기도 한다.
- 오른손을 가슴의 중앙에 대어 상대에 대한 존경을 표시한다. 가슴에 손을 대는 인사를 한 후에는 자기보다 어른에게도 악수를 청할 수 있다.
- 서아이사의 무슬림들은 악수한 손을 가슴에 가져다 댐으로써 존경을 표한다

(8) 이스라엘

'샬롬 샬롬' 이라는 인사말과 함께 상대의 어깨를 주물러 준다.

(9) 아프리카의 마사이족

- 반가움의 표시로 서로의 얼굴에 침을 뱉는다. 아프리카 지역은 물이 부족하고 열악한 탓에 침을 뱉어 환영을 표하는 상징적인 인사법이 등장한 것으로 보인다.
- 키쿠유족은 손에 침을 뱉으며, 동 아프리카에서는 발에 침을 뱉는다.
- 아프리카의 산족은 할아버지가 어린이를 만나면 머리를 쓰다듬으며 '좋은 일이 있기를…'이라는 축원을 하는 인사를 한다.
- 세네갈의 왈로프족은 어른에게 인사할 때 상대의 오른손을 가져다 자신의 이마에 대는 것으로 존경심을 표시한다.
- 나이지리아의 요루바족은 어른을 만나면 땅에 엎드려 인사한다.

(10) 하와이 원주민

- '알로하 알로하'라고 말하며 서로 포옹을 한 후에 양 볼을 맞대는 볼키스를 한다.
- 남녀간에는 친밀한 경우에 남성은 여성의 허리를 안고, 남성은 여성의 목 부위를 잡고 인사한다.

(11) 알레스카 원주민. 이누이트 에스키모

- 반가움의 표시로 상대의 뺨을 때리고, 친한 경우에는 마주보며 코를 비벼 댄다. 이때 반가운 정도에 따라 뺨을 때리는 강도가 더해진다.
- 두주먹을 코에 붙인 채 서로 끝을 비벼댄다. 이 때 남성은 '브덴니' 여성은 '으응' 이라는 인사말을 나눈다

(12) 미국

무기가 없음을 보여주기 위해 악수를 했고, 현재 가장 대중적인 인사법이 되었다.

(13) 유럽

- 유럽 여성의 전통적인 인사법은 스커트의 가장자리를 가볍게 들어올리며 한 발을 뒤로 빼고 고개와 허리를 숙이며 무릎을 살짝 굽혔다가 일어나는 것으로 왕족, 귀족에 대해 행하던 인사법이다.
- 유럽인의 경우 북유럽과 독일, 영국 등의 경우는 신체 접촉을 꺼리는 편이어서 악수 위주의 인사를 하며 프랑스, 스페인, 이탈리아인 등의 경우에는 포옹과 키스를 병행하는 등 신체 접촉을 통해 친근감을 표시하며 인사 시간도 길다.

(14) 프랑스

가벼운 포옹과 함께 양 볼에 볼을 맞대는 볼 키스를 2회 한다. 비주(vi-sou)라 하며 격식을 갖추어야 하는 어려운 자리가 아닌 경우에 대중적으로 시행하는 인사법이다.

(15) 스페인

연인이나 가족인 남녀간에 행하는 인사로, '부아레스디아스' 하며 포옹을 하고 가벼운 키스를 나눈 후 포옹 상태로 여성을 안고 한 바퀴 돈다.

(16) 터키

양 손으로 가슴을 비비면서 머리를 숙이는 것이 전통 인사이며 가벼운 키스로 대체하기도 한다.

(17) 유럽의 키스

- 볼 키스를 할 때 연인 외에는 소리만 낸다.
- 동유럽권의 경우에서는 친한 사이에는 남성끼리도 입에 가벼운 키스를 한다.
- 영국인들은 볼 키스를 하는 시늉만 하며 입으로만 소리를 내는 미스키스를 한다.
- 프랑스인들은 양 볼을 교차하며 볼 키스를 한다.

- 네덜란드, 벨기에는 양 볼에 볼 키스를 3회 이상 시행한다
- 라틴계 유럽인과 남미의 일부 국가는 여성이 내미는 손등에 키스를 하며 존경을 표시한다

(18) 남미

- 콜롬비아. 아르헨티나 등의 중남미 국가는 포옹한 후 가벼운 키스를 나누고 상대의 어깨를 토닥이는 '아브라조' 인사를 시행한다
- 남미의 와이카족: 상대의 얼굴과가슴을 쓰다듬으며 볼을 부빈다

(19) 뉴질랜드 마오리족

- 코를 맞대고 비벼대는 인사인 '홍이'를 한다.
- '키오라'라는 인사말과 함께 악수를 한 채 코를 2회 부딪치는데, 이때 실수로라도 3회를 부딪치면 청혼하는 것으로 간주되었다.
- 공동체 인사법인 포우히리(powhiri)가 있다. 외부인이 오면 창을 들고 다가가 눈을 부라리고 혀를 최대한 빼문 채 무서운 표정을 보인다. 외부인이 공격할 의사가 없는 것으로 판단되면 환영 인사로 양 손으로 가슴과 허벅지를 두드리고, 여성은 노래를 부르며 흰 눈자위만 보이도록 하며 발을 구르는 하카(haka)의식을 한다.

(20) 파푸아 뉴기니

오랜만에 만난 기쁨을 표현하는 인사는 팔을 떨어가면 통곡하는 것이다.

2. 사인

(1) V자 사인

- 유럽, 우리나라 : 손바닥을 바깥쪽으로 향한다.
- 영국 : 손등이 상대를 향하면 심한 욕설이 된다.
- 그리스 : 손바닥이 자신을 향하는 것이 승리이고 손바닥이 바깥을 향하는 것은 욕설이 된다. 두 손을 다 쓸 때는 최대의 모욕을 주는 행동

이다.

(2) OK 사인(엄지와 검지를 연결)

- 한국, 일본 : '돈'을 의미한다.
- 대부분의 나라 : '승인' 이나 '긍정'의 의미이다
- 프랑스 남부 : '아무것도 없음'의 의미이다
- 그리스 터키, 중동, 아프리카 일부, 러시아, 브라질 : '동성애' 등 외설적인 표현이다

(3) 엄지 세우기

- 대부분의 나라 : '최고'를 의미한다
- 그리스 : 모욕하는 행동으로 인식한다
- 나이지리아, 중동, 파키스탄 : '음란한 행위'를 의미한다.
- 오스트레일리아 : '거절, 무례함'의 표시이다.
- 독일은 '1', 일본은 '5'의 의미이다.

(4) 검지 구부리기

- 유고슬라비아, 말레이시아 : 동물을 부를 때 사용한다.
- 베트남 : 하인이나 아랫 사람에게 사용한다.
- 일본, 오스트레일리아 : 외설적 행위를 의미한다.

(5) 윙크

- 인도, 대만, 오스트레일리아 : 모욕을 주는 것으로 이해한다
- 나이지리아 : 저속한 행동으로 인식한다
- 과테말라 등 일부 라틴국가에서는 '죽음'을 의미한다.

(6) 손가락 교차하기

- 유럽 : '행운'을 기원하는 의미
- 파라과이 : 상대를 모욕하는 의미이다.

(7) 머리 끄덕이기

- 대다수의 나라에서 수긍의 의미인 'yes'를 의미한다.
- 불가리아, 그리스 유고슬라비아, 터키에서는 'no'를 의미한다.

(8) 손가락 꺽기

- 프랑스, 벨기에 : 천박한 행동이다
- 브라질: 상대를 위협하는 행동이다

(9) 눈꺼풀 당기기

- 유럽, 라틴 아메리카 : '조심해라', '내가 보고 있다.'는 의미
- 유고슬라비아 : '실망, 슬픔'의 의미이다

(10) 귀 잡기

- 인도 : 후회, 실수에 대한 사과를 의미한다.
- 브라질 : '이해한다.', '잘 먹었다.'는 의미이다.

(11) 검지로 코 때리기

- 영국 : '비밀'을 의미한다.
- 이탈리아 : '우정의 충고'라는 의미이다.

(12) 뺨에 손가락 누르기

- 이탈리아 : '칭찬'하는 행동이다.
- 독일 : '미친짓'이라는 의미이다.

(13) 검지로 볼 두드리기

- 그리스, 이탈리아, 스페인 : '매력적이다'라는 의미이다.
- 유고 : '성공'을 의미한다.

(14) 턱 두드리기

- 이탈리아 : '흥미 없다'는 의미이다.

– 브라질 파라과이 : '모르겠다'는 의미이다.

(15) 머리에 원 그리기

– 유럽, 라틴 아메리카, 한국 : '미쳤다'는 의미이다.

– 네덜란드 : '지금 전화중이다'라는 의미이다.

(16) 엄지와 중지사이에 검지 끼우기

– 유럽, 한국 : 심한 욕설이다.

– 브라질, 베네수엘라 : '행운'을 상징하는 동작이다.

(17) 팔짱끼기

– 필란드 : '오만과 자존심'의 표시이다

– 피지 : '경멸'을 의미한다.

(18) 갑자기 머리 쳐들기

– 남부 이탈리아, 그리스, 튀니지 : 'No'의 의미이다

– 인도 : 'Yes'의 의미이다.

– 독일 스칸디나비아 : 남을 부를 때 사용한다.

(19) 손으로 입술 당겨 휘파람

– 유럽 : '조롱'의 의미이다.

– 미국 : '찬성'의 의미이다.

(20) 기타

– 엄지로 코 밀기 : 유럽인들이 '경멸'의 의미로 사용한다. 양손이면 더 심한 뜻이 된다.

– 어깨 으쓱하기 : '글세, 괜찮다'는 의미로 사용되며 양 손을 들어올리기도 한다.

– 눈썹 치켜 올리기 : 페루에서는 '돈을 달라'는 의미다.

– 귀 튕기기 : 이탈리아에서는 '남자가 여자 같다'는 의미다.

- 자신의 코에 댄 OK사인 : 콜롬비아에서는 대상이 '동성애자'임을 의미한다.
- 코 비틀기 : 프랑스에서는 술에 취했음을 의미한다.
- 코 파기 : 시리아에서는 '지옥에나 가라'는 의미이다.
- 머리를 뒤로 젖히기 : 파라과이에서는 '잊어 버렸다.'는 의미이다
- 손바닥으로 다른 손등을 털기 : 네덜란드에서 '저 사람은 동성애자'라는 의미이다.
- 손 키스 날리기 : 유럽, 라틴 아메리카에서 대상을 찬미하는 의미로 사용한다.
- 양 손의 검지 끝을 2~3회 부딪치기 : 이집트에서 상대를 성적 유혹할 때 사용한다.
- 중지 세우기 : 이탈리아에서는 외설적인 동작으로 인식한다.
- 손을 펴서 앞뒤로 흔들기 : 페루에서는 '이리 오라'는 의미이다.
- 손짓하기 : 손가락 하나로 사람을 부르는 것은 무례한 일이다. 손바닥을 아래로 해서 손가락 부분을 움직인다.
- 검지로 가르키기 : 대부분의 중동, 극동 지역에서 무례한 일이다, 말레이시아, 인도네시아는 엄지로 가리킨다.
- 양 손을 V자로 만들어 귀 쪽에 대고 까닥이기 : 남아공과 서구 사회에서는 자신이 거짓을 말하고 있다는 사인으로 쓰인다.
- 턱 어루 만지기 : 아랍 남자들이 여성에 대한 관심을 표현할 때 사용한다.

STORY 7

● 각국의 아기탄생 기념 축하 풍습

① 중국

중국에서는 아기가 태어난 지 한달이 지나면 "첫 달 축하"라는 잔치를 벌인다. 갖가지 음식을 차리고 친지나 친구를 불러 성대하게 탄생을 축하한다. 이날 잔치상에 빠지지 않고 오르는 것이 있는데 빨갛게 물을 들인 완숙달걀이다. 형편이 안 되서 첫 달 축하를 갖지 못하더라도 주변 사람들에게 빨간 완숙 달략만을 돌리는 경우가 많다. 빨간색은 중국인들에게 행운의 색이며 완숙달략은 새 생명이 완숙됐다는 의미이다. 그리고 이 날 아이의 머리를 빡빡 밀어주면데 머리카락이 예쁘고 탐스럽게 자라기를 원하기 때문이다.

② 독일

독일에서는 아이가 태어난 지 한 달 정도 됐을때 세례식을 하는 것이 전통이다. 세례를 받음으로서 아이는 신의 축복을 받게 된다.

교회에서 성직자에 의해 치러지는데 아이는 하얀옷을 입고 식이 끝난 후 가족들은 세례 식사라 부르는 음식을 나눠먹는다.

③ 헝가리

헝가리 사람들도 아이가 태어난 지 몇 주가 지나면 세례식을 갖는다. 그들은 세례를 받지 않으면 아이가 해를 입거나 악마로부터 고통을 받는다고 믿는다. 또한 아이의 첫번째 목욕을 중시하는데 욕조의 물 속에 부와 건강을 상징하는 돈과 약초를 넣고 그 물로 아이에게 첫 목욕을 시킨다.

④ 미국

미국 사람들도 아빠는 직장동료들이나 친구들에게 선물을 돌린다. 남자아이일 경우 It's a boy(사내아이입니다.)라고 인쇄된 시거(cigar), 여자아일 경우는 캔디를 돌린다. 아주 일반적이어서 시중에는 이 기념품을 파는 전문점도 있다. 이외에 탄생 통지카드를 구입해서 친척과 친구들에게 우송한다.

TIP

● 세계 주요국의 통화단위

대륙	국가명	통화명
아시아	대만	달러 Taiwan Dollar(TWD)
	말레이시아	링기트 Malaysia Ringgit Dollar(MYR)
	베트남	동 Vietnam Dong(VND)
	브루나이	달러 Brunei Ringgit Dollar(BND)
	싱가포르	달러 Singapore Dollar(SGD)
	인도	루피 India Rupee(INR)
	인도네시아	루피아 Indonesia Rupia(IDR)
	일본	엔 Yen(JPY)
	중국	유엔 Chinese Yuen(CNY)
	필리핀	페소 Philippinese Peso(PHP)
	태국	바트 Baht(THB)
	홍콩	달러 Hong Kong Dollar(HKD)
미주	멕시코	페소 Mexican Peso(MXN)
	미국	달러 US Dollar(USD)
	브라질	레알 Brazilian Real(BRL)
	칠레	페소 Chilean Peso(CHP)
	쿠바	페소 Cuba Peso
	캐나다	달러 Canadian Dollar(CAD)
	파라과이	과라니 Guarani
	페루	누에보 솔 Nuevo Sol
대양주	뉴질랜드	달러 New Zealand Dollar(NZD)
	피지	달러 Fijian Dollar(FJD)
	오스트레일리아	리알 Australian Dollar(AUD)
중동	사우디아라비아	디나르 Saudi Arabia Rial
	요르단	파운드 Jordan Dinar(JD)
	이집트	뉴 세컬 New Sgekel(ILS)
	이스라엘	리라 Turkish Lira(TRL)
	터키	란드 South Africa Rand
아프리카	남아프리카 공화국	디람 Dirham(DH)
	모로코	디나르 Algerian dinar(DA)
	알제리아	달러 Zimbabwean Dollar(ZD)
	케냐	실링 Kenya Shilling(KSH)
	탄자니아	실링 Tanzanian Shilling(YSH)
유럽	노르웨이	크로네 Norsk Krone(NOK)
	덴마크	크로네 Dansk Krone(DKK)
	스위스	프랑 Switzerland Franc(CHF)
	스웨덴	크로나 Ssedish Krona(SEK)
	영국	파운드 Great Britain Pound(GBP)
	유럽연합	유로 Euro(EUR)

GTM
국제매너와 에티켓

제2장

매너의 개념

제1절 글로벌 매너와 에티켓

매너(manner)라는 말은 'manuarius'라는 라틴어에서 파생되었다. 'manuarius'의 'manus'란 손이라는 뜻과 사람의 행동 · 습관 등의 뜻을 내포하고 있으며, 'arius'는 방식 · 방법의 의미를 나타내는데, 사람마다 갖고 있는 독특한 습관이나 몸가짐으로 해석할 수 있다.

반면에 에티켓은 영어로 'etiquette'로서 예의 · 예법 등을 의미한다. 그러나 에티켓은 프랑스어 'Estiquier'로 그 의미는 말뚝에 표기되어 출입금지를 나타냈다고 전해지고 있다. 이는 베르사유 궁전을 보호하기 위해 궁전 주변의 화원에 말뚝을 박아놓아 화원에 들어가지 못하도록 표시를 붙여놓은 것이 에티켓의 기원이라고 할 수 있다.

이런한 에티켓이 프랑스에서 정착되기 시작했으며.1503년 에라스무스(Erasmus)의 저서인 "소년들의 예절론"이 베스트 셀러가 되며 에티켓(예법)에 관한 인식이 새로워 지기 시작하였다. 그 후 루이 14세때(1643-1715)오늘 날과 같이 정립이 되었으며 나폴레옹 시절에 많은 발전을 이루었다.

오늘 날의 관광산업중 가장 중심적인 산업인 호텔산업의 매너와 에티켓에 관한 기초는 당시의 프랑스 궁성의 매너와 에티켓이 근본이 되어 발전되어 온 것이다.

따라서, 오늘날의 에티켓은 반드시 지켜야만 되는 규범이로서 이것을 지키지 않으면 상류층으로 대접을 받을 수 없는 불문율을 의미하지만, 매너란 얼마나 세련되고 품위있는 방법으로 행동하는가를 중요시한다.

에티켓에 부합되는 행동이라 할지라도 매너가 올바르지 못하면 품위있는 사람으로 대접받기 어려울 것이다.

에티켓은 공동체 생활 속에서 더불어 살아가는 지혜로서 단순히 형식적이고 표면적인 예의범절만을 의미하는 것이 아니라, 자신의 위치를 낮추면서 상대방의 인격을 존중하고 상황에 알맞도록 기분을 헤아려주는 마음을 상대방에게 전달하는 방법이라고 할 수 있다. 즉, 에티켓은 상대방의 인격과 품위를 반영하는 것이며, 더불어 살아가는 사회의 행동규범인 것이다.

중국의 영향을 받은 동양의 문화권은 2500년전 공자의 예기(禮記)에서 가르친 예절과 관련된 오랜 전통을 가지고 있다. 우리나라도 고려시대후기에 유교를 받아들이면서 유교의 종교적 사상보다 학문적 사상을 더 중요시했고 이런 현상은 조선을 동방 예의 지국으로 자리를 잡는데 큰 사상적 역할을 하였다. 일본은 우리나라와는 조금 달리 예절이 변형 발전 되었다 이는 지정학적인 위치인 섬나라이기도 하고 작은 내전으로 서로에 대한 긴장감의 표출이기도 하여 항상 낮은 자세로 인사를 하고 상대방과 주변사람들을 불편하게 하는것을 가장 불명예스럽게 생각하는등 극도로 섬세하고 날카로운 예절을 갖고 있다. 우리나라는 붓의 예절이요 일본은 칼의 예절이라는 말이 이 두나라 예절의 모습을 단편적으로 표현하는것 같다.

이러한 사회적 도리를 동양의 문화권에서는 예(禮)라 하고 서양에서는 에티켓(Etiquette)이 라고 이야기 하고 있다.

이런전체적인 이론을 바탕으로 보면 매너는 대인적 속성을 갖고 있으며, 자의적 속성과 습관의 표출이라고 할수 있고 에티켓은 공공적 속성과 의무적 속성 그리고 이질적, 가변적, 행동적속성을 갖고 보편성을 함께 가지고 있어야 하는 특성을 갖고 있다.

가장 국제적인 관광환대산업인 호텔, 항공사, 여행사, 레스토랑 등 에서는 국제적인 매너와 에티켓을 중요시하고, 종사원들에게 이런교육을 통해 글로벌 관광인으로 만들어 산업을 발전시키기 위해 시간과 비용을 투자하여 적극 노력하고 있다.

항공사와 호텔의 서비스 교육은 다른산업에도 영향을 주어 많은 기업에서 서비스, 매너 교육을 의뢰하는 실정이다.

제2절 글로벌 매너와 이미지

1. 매너의 필요성

현대는 개인을 중요시하는 사회로 점차 바뀌어가고 있는 추세이기 때문에 더불어 살아야만 하는 사회에서는 자발적으로 지켜야 할 규범이 요구되고 있다. 또한, 개인적인 생활을 보다 품위있는 수준으로 유지하기 위해서는 상대의 품위를 손상시키지 않는 범주 내에서 행동해야 한다.

매너는 사람이 살아가면서 일정한 질서를 유지하고 품위있는 삶을 영위하기 위해 반드시 필요하다.

역사적으로 우리 민족은 고유한 미풍양속과 도덕윤리를 바탕으로 더불어 사는 지혜를 터득해온 민족이다. 비록 가난한 생활 속에서도 인간의 도리를 지키기 위한 노력을 아끼지 않았으며, 끊임없는 외부의 간섭과 침략으로 인한 핍박의 시대에도 기본적인 윤리와 규범을 지켜왔다.

인간사회에서 우리가 지켜야 할 행동규범이 없다면 필경 동물의 세계와 무엇이 다르겠는가? 이러한 세상에서는 법이나 도덕이 존재할 수 없기 때문에 사회의 질서와 믿음도 없어질 것이므로 마치 동물의 세계처럼 힘세고 험악한 사람만이 활보하는 세상이 될 것이다.

따라서 우리는 잠시라도 이 시대에 살아가는 모든 사람들의 보편적이고 타당성 있는 예의와 매너의 정신세계를 벗어날 수 없다. 특히 시간적으로 또는 물질적으로 풍요로운 시대에 정신적으로 윤택한 삶을 영위하기 위해서는 매너를 생활화하지 않으면 안 된다.

왜냐하면 규제와 통제는 개인적으로는 다소 불편하겠지만 내가 먼저 질서를 지키고 널리 인정된 행동규범을 솔선수범했을 때 비로소 사회는 일정한 질서의 틀 내에서 신뢰와 사랑을 바탕으로 더불어 살아갈 수 있기 때문이다.

2. 매너와 사회생활

최근에는 성숙하면서도 건전한 사회환경을 위해 일상생활은 물론이거니와 직장에서도 우리가 지켜야 할 에티켓이 강조되고 있다. 회의나 파티, 여행, 방문, 전화 등 사회생활을 해나갈 때 에티켓을 지키지 않으면 서로가 불편할 뿐만 아니라 혼란스러운 분위기가 연출될 수 있다.

즉, 사회생활을 하면서 자신이 타인으로부터 존경받고 간섭을 받지 않기 위해서는 상대방을 존중하고 자신을 낮출 수 있는 슬기로운 지혜가 요구된다는 것이다.

이와 같은 행동은 곧 무질서의 자유로운 사회환경 가운데 질서를 유지하기 위한 모든 사람들의 약속이라고 할 수 있다. 선진국일수록 자신을 보호받기 위해서는 항상 남을 배려하는 마음의 자세를 중요하게 생각하고 있다.

따라서 매너는 안정된 사회생활을 하기 위해 반드시 필요한 수단으로서, 스스로의 생활을 아름답게 꾸미고 사회의 질서유지를 위해 존재하는 윤활유 역할을 하는 가장 기본적인 요소인 것이다.

또한 매너는 자발적인 행위로서 사회생활을 쾌적한 환경으로 만들어 건강한 사회를 유도하는 매개체이기 때문에 법률적 통제 이상의 의미를 부여하고 있는 것이다.

3. 글로벌 매너를 위한 10가지 행동

1) 존중(respect)

새로 접하는 문화권을 존중하는 것이 무엇보다 선행되어야 한다. 자기문화에서 익숙하지 않는 사항들에 대한 자기문화의 잣대로 판단하려는 마음을 최대한 유보해야 한다.

2) 공감(empathy)

타문화를 접할 때, 그 문화권의 일반적 감성 및 정서에 몰입하는 것을 말한다. 제도, 환경, 세계관이 다른 사람들은 일상생활에서의 정서도 다르기 때문에 그들을 제대로 이해하기 위해서는 그들의 감성과 정서에 들어가서 그들의 생활에 대해 심사숙고해 보는 자세가 필요하다.

3) 호기심(curiosity)

타문화에 대한 진정한 호기심이 있어야 한다. 새로운 것을 즐기며 그것에 대해 이해하고, 자신의 원래 속했던 문화권과 다른 상황에 적응해 보겠다는 일종의 도전 의식이 있어야 한다.

4) 유연성(flexibility)

이는 경직성과 반대되는 개념이다. 또한 다원주의적 사고와 밀접한 관련이 있다. 문화적 우월감, 극단적 민족주의, 인종주의에 빠져 있는 사람은 자기문화중심의 일원론에 빠져 있을 뿐 아니라 자신의 것만이 옳다는 감정적 판단에 몰입된 사람이다.

5) 관용(tolerance)

불쾌하거나 이해되지 않는 것에 대한 인내심을 관용이라고 한다. 타 문화를 접하면 당연히 어느 정도의 불쾌감 또는 오해가 있을 수 밖에 없다. 하지만 그 문화에 대해 경험을 더욱 쌓기 전까지는 그러한 속마음을 드러내지 않는 것이 좋다. 새로운 것에 대한 경험이 축적되면 지적으로, 감성적으로 그것에 익숙해지게 되는데 적응의 한계치에 도달 할 때까지 관용을 훈련해야 비로소 새로운 것에 대한 본격적 이해를 시작할 수 있다.

6) 자발성(spontaneity)

이것은 타 문화에 적응하려는 주체의 기본적 태도에 대한 것이다. 또한 모든 일은 자발적으로 하는 것이 바람직하다는 평범한 진리와도 맞물려 있다. 타문화와 부딪혀야 하는 이유가 여러 가지 있을 수 있겠지만, 그러한 어색할 수 있는 상황을 회피하지 않고 적극적으로 체험하려는 마음이 이문화권에서 성공하려는 사람들에게 꼭 필요하다. 이 사항 역시 도전 의식과 밀접한 관련이 있다.

7) 개방성(openness)

이는 유연성과 유사한 개념이다. 유연성이 자기문화에서 형성된 잣대를 충분히 수정하려는 태도라면, 개방성은 그것보다 한 걸음 더 나아가 백지 상태에서 이문화를 받아들이고 적극 교류하려는 태도를 뜻한다. 이것 역시 다원주의적 세계관과 관련이 있다. 자기문화와 여타 타문화가 동등한 수준에 있다는 열린 태도가 개방성과 다원주의의 핵심이다.

8) 사교성(sociability)

이 부분은 관계성을 중시하는 태도를 의미한다. 나와 다른 사람들을 비하하거나 회피하지 않고 그들을 통해 보완을 시도하려는 자세가 무엇보다도 필요하다. 최근 사회과학계에서 중시되고 있는 사회 자본 개념이나 사회 연결망 이론에 따르면 관계 자체가 사람들에게 경제적 이익 및 삶의 만족을 제공하는 원천이 될 수 있다고 한다. 이러한 원칙은 특정 문화속에서뿐만 아니라 타문화들 간의 교류 상황에서도 적용된다.

9) 자신에 대한 긍정적인 이미지(positive image)

자기문화권 내에서도 남들과 화목하게 지내기 위해서는 자신에 대한 긍정적인 이미지를 갖고 유지할 수 있어야 한다. 타문화와의 접촉 과정에서는 이러한 자세가 더욱 중요하다. 자신에 대한 이미지는 다른 사람에게 투사되는 경향이 있다. 대인 관계가 좋지 않은 사람들의 상당수가 열등감과 같은 자신에 대한 부정적 이미지에 갇혀 있기 때문이라는 것은 상담학, 심리학 정신의학 등에서 이미 잘 밝혀놓았다. 따라서 어색한 부분이 자기문화보다 많은 타문화를 접촉할 때에는 자신에 대해 긍정적인 이미지를 강화하여 타문화적 상황에서 더욱 안정된 자아상을 바탕으로 행동할 수 있도록 준비하는 지혜가 필요하다.

10) 겸손(courtesy)

자신을 낮추는 태도 존중, 유연성, 개방성, 다원주의적 사고 등 여러 다른 사항과 관련이 있다. 최근 자기 PR이 일종의 덕목으로까지 중시되는 가운데 많은 현대인들이 자신감, 당당함은 중시하면서도 겸손함을 놓치는 경우가 많다. 하지만 항상 자신을 낮추는 자세를 견지하는 습관을 기른다면 만나는 누구에게나 더욱 좋은 인상을 줄 수 있으며, 특히 다른 사람들이 다가오기에 좋은 상황을 제공하는 밑거름이 된다. 적극적인 태도, 긍정적인 이미지를 중시하다가 겸손이 결여된 태도를 보이는 우를 범해서는 아니 됨을 기억하자. 겸손을 잃으면 다 잃는 것이다.

이러한 내용들을 구체적인 행동으로 옮기기 위해서 필요한 지식이 바로 매너와 에티켓이다.

제3장

글로벌 관광인의 기본 매너와 이미지관리

Global Tourism Manners

제1절 인사

1. 인사의 중요성

인사는 인간관계를 형성하는데 있어서 가장 기본이 되는 에티켓이다.

특히 고객을 대상으로 하는 관광업종에 근무하는 사람에게는 더욱 더 중요한 요소라 할 수 있다.

즉, 인사는 자신의 교양과 인격을 표현하여 상대를 존경한다는 상징적인 것이기 때문에 마음에서 우러나오는 인사가 되도록 해야 하며, 정성과 감사하는 마음으로 정중하고 상냥하게 이루어져야 한다.

밝은 미소와 정중한 인사가 때로는 상대방을 감동시키는 경우도 있다.

동양에서의 인사는 상대방에게 경의를 표하는데 반해 서양에서는 상대방에게 친근감과 반가운 마음을 전하려 하는데 또다른 의미가 있다.

러시아의 대문호 톨스토이는 어떠한 경우라도 인사하는 것은 부족하기보다 지나친 편이 좋다. 라고 인사의 중요성을 강조하였다.

2. 인사의 종류

인사는 종류에 따라 인사방법도 달라지는데 정중한 인사일수록 허리를 굽히는 각도는 커지며 인사의 속도는 늦어진다. 인사를 할 때 양손의 위치는 남자의 경우 가볍게 주먹을 쥔 상태로 바지의 재봉선에 대고, 여자의 경우는 왼손으로 오른손을 감싸서 아랫배에 가볍게 대도록 한다. 상황에 따른 인사의 종류는 다음과 같다.

1) 반경례

가벼운 인사의 경우 허리를 굽히는 각도는 약 15° 정도로서 공공장소나 통로 등에서 고객과 마주칠 경우, 또는 동료나 상사 등에게 하는 인사이다. 가벼운 인사가 적용되어야 할 경우는 다음과 같다.

- 직장 내에서 동료나 상사를 만났을 때
- 이웃사람들을 만났을 때
- 손아랫 사람의 인사에 답례하는 경우

2) 보통례

보통 인사의 경우 허리를 굽히는 각도는 약 30°정도로서 고객을 일상적으로 맞이할 때의 인사이다. 두 다리를 모으고 손은 가볍게 쥔다음 팔을 아래로 내려 몸에 가볍게 댄 상태에서 허리를 굽히는 인사이다.

- 거래처의 고객을 처음으로 만나서 인사를 나눌 경우
- 서비스를 제공받기 위해 영업장을 방문하는 고객을 맞이할 경우
- 비슷한 나이의 동료를 처음 만났을 경우
- 나이가 비슷한 선배를 만났을 경우

3) 정중례

정중한 인사시의 허리를 굽히는 각도는 약 45° 정도로 귀빈이나 행사의 의식 등에서 인사나 사과를 할 경우에 한다. 남자의 경우는 차렷자세에서 허리를 굽히고, 여자는 두 손을 모아 가운데로 포개 잡고 가볍게 허리를 굽혀 인사한다. 정중한 인사가 적용되는 경우는 다음과 같다.

- 직위가 높거나 저명인사일 경우

- 환영의 인사를 할 경우
- 사과의 메세지를 전달할 경우
- 공식석상의 여러 사람 앞에서 자신을 소개할 경우
- 상대방을 정식으로 소개받았을 경우

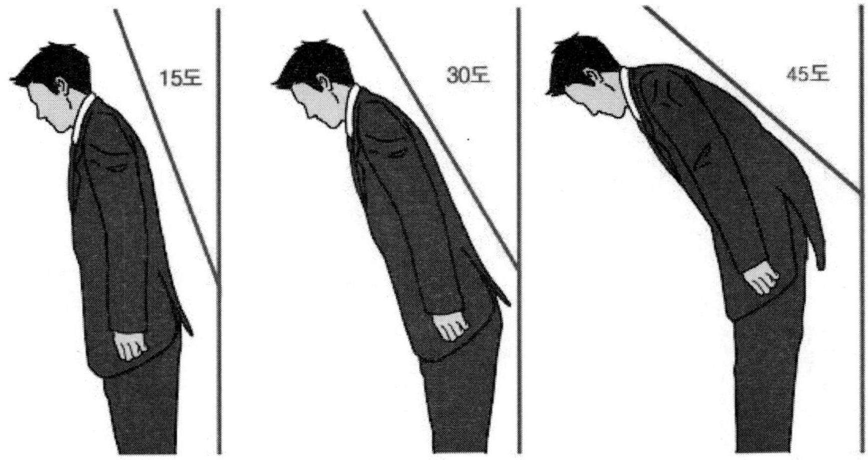

[반경례] [보통례] [정중례]

3. 인사의 요령

일상생활에서 사람을 응대할 때나 영업장을 찾은 고객을 맞이할 때 가장 기본이 되는 것은 인사로서, 예의바른 인사는 주위 사람이나 고객에게 호감을 주고 긍정적인 관계를 유지하는 데 최상의 방법이다. 인사는 정성어린 마음가짐으로 밝고 상냥하게 그리고 정중하고 공손한 자세로 해야 한다.

1) 인사의 중요성

인사는 일상생활에서 갖추어야 할 기본적인 예절로서, 상대방과의 만남에 있어서 처음과 마지막을 장식하는 서비스 기법이다. 따라서 서비스를 제공하는 사람은 물론이거니와 사회생활을 하는 데 있어서 인사는 아무리 강조해도 지나치지 않을 것이다. 인사의 중요성은 다음과 같은 내용을 함축하고 있다.

- 인사는 서비스의 주요 기법이다.
- 인사는 상대방과 만남의 첫 단계이다.
- 인사는 상대방에 대한 마음가짐의 표현이다.
- 인사는 상대방에 대한 존경심의 표시이다.
- 인사는 상대방의 마음을 열어준다.

2) 인사하는 마음

인사는 상대와의 만남과 헤어짐을 표현하는 수단이기 때문에 상대를 존중한다는 마음자세가 전제되어야 한다. 즉 인사는 마음에서 우러나오는 진정한 마음으로 겸손을 표현하는 상징으로서, 다음과 같은 마음가짐이 요구된다.

- 정성과 감사의 마음을 가져야 한다.
- 예절 바르고 정중함이 표현되어야 한다.
- 밝고 상냥한 미소를 곁들여야 한다.
- 경쾌하고 겸손한 인사말이 있어야 한다.
- 상황에 따라 일정한 격식을 갖추어야 한다.

3) 인사의 방법

인사는 국가의 관례나 전통적인 문화에 따라 다양한 형태가 있다. 인사의 방법에는 나라마다 차이가 있으며 보편적으로는 이해가 안가는 형태의 인사법을 가지고 있는 나라들도 있다. 하지만 이런 모든 인사의 기본적인 자세와 마음은 상대를 존중하며 반가움의 표시라는건 명확한 사실인것 이다.

글로벌 관광인으로써 우리의 전통과 관습도 이해해야 하지만 글로벌시대의 국제적인 인사예절도 알아 두어야 할 것이다.

- 인사를 할 때에는 상대방의 눈을 응시한다.
- 등을 편 상태에서 허리를 직선으로 숙이고 정중하게 머리를 숙인다.

- 손은 양옆에 가볍게 붙이고 몸은 자연스럽게 앞으로 숙인다.
- 허리를 굽혀 잠깐 멈추고 펼 때에는 조금 느린 속도로 몸을 일으킨다.
- 인사를 할 때 너무 경직된 상태보다 자연스러운 자세를 취한다.
- 내가 먼저 인사를 하는 것이 더욱 좋다.
- 세계 각국의 인사예법을 알아두어야 한다.

4) 바른 인사의 자세

우리나라의 전통 인사방법과 세계각국의 인사의 방법중에서 보편적인 방법을 기준으로 구체적인 행동을 보면 다음과 같다.

- 부드럽고 온화한 표정과 신뢰를 담은 시선으로 상대를 본다
- 턱은 살짝 당기며 어깨와 팔은 자연스럽게 위치하며
- 엉덩이는 너무 뒤로 내밀거나 하지 않코 고개는 반듯하게 들어준다
- 발꿈치는 붙이는것이 좋으며 목부터 허리무릅으로 내려오는선은 자연스러운 직선을 유지 하는것이 좋다.

대체로 이러한 인사법은 동양적인 규범에 준한것이고 서양적기준으로는 허리를 굽히는 인사법등에는 익숙하지 않으나 친근함과 반가움 그리고 상대에 대한 준중이 담긴 행동으로 인사를 건네는 경우를 접 할 수 있다.

5) 바르지 않은 인사의 자세

- 상대방을 응시하지 않고 인사하기
- 고개만을 끄덕이는 인사
- 아무 말 없이 하는 인사
- 상황에 어울리지 않는 인사
- 미소가 없는 인사
- 계단 위에서 상급자에게 인사
- 윗사람에게 “수고했습니다”라고하는 인사

오늘날 인사의 예절도 많이 변형되고 있다.

허리를 굽혀 하는 인사도 중요하지만 분위기에 맞는 인사역시 중요하다. 요즘 페밀리레스토랑등 외식 산업체에서는 정중한 인사보다 발랄하고 명쾌한 인사를 주로 하는곳이 많다.

예를 들면 손님을 입구에서 맞이 할때 허리를 굽혀 하는 인사보다는 간단한 목례만 하며 큰소리로 "안녕하십니까?"(Hi?), "몇분이십니까?"(How many in your party?), "10분 기다리셔야 하는데요"(a ten minute waite, OK?), "안내해드리겠습니다"(Guide you through) 등으로 맞이하는 외식업체가 많이 있다.

이런 형식은 서양의 페밀리레스토랑이나 가벼운 식사를 하는 장소등에서 보여주는 인사법으로 현재 전세계적으로 많이 통용되고 있다.

특히 지역에 지역에 따라 그 지역에서만 사용되는 단어로 인사를 건네는 경우도 많이 있다.

하와이의 경우 "Aloha"라고 인사를 하는것이 일반적이다.

■ 문화군에 따른 다양한 인사방법

· 에스키모 : 반갑다는 표시로 서로의 빰을 가볍게 치며 인사
· 티베트 : 서로의 귀를 잡아 당기며 혀를 길게 내밀며 인사
· 마오리족 : 코를 서로 비비며 인사
· 태국, 캄보디아 : 불교식으로 합장을 하고 인사
· 유럽, 남미 : 서로 포옹하며 양볼에 입맞추는 인사
· 아프리카 마사이족 : 만나거나 헤어질때 존경, 친근의 표시로 얼굴에 침을 뱉는 인사

4. 악수매너(Shaking hand)

사회생활을 하는 데 있어서 악수는 만남에 대한 중요한 수단이 되고 있다. 악수는 서로간의 인사, 감사의 뜻, 존경의 뜻, 우정을 표시하기 위해

[악수]

서로의 손을 맞잡는 것이다. 그러나 악수에도 일반적인 법칙과 예의가 있기 때문에 상황에 알맞은 방법을 선택하여 적용해야 한다.

악수는 본래 앵글로 색슨족의 남자들이 만났을 때 오른손에 무기를 감추고 있지 않다는 것을 행동으로 보여주기 위해 서로 악수를 했다고 전해지고 있다.

그러나 악수도 나라의 습관이나 문화에 따라 그 형태가 다양하다. 예를 들면, 중동지역의 사람들은 악수를 한 다음에는 진정한 마음을 표현하기 위한 수단으로 반드시 자신의 오른쪽 손을 가슴의 심장 부분에 가볍게 갖다 대는 경우도 있으며, 악수 후에 상대의 가슴을 껴안는 경우도 있다. 악수에 대한 일반적인 사항은 다음과 같다.

1) 악수의 방법

- 오른손으로 가볍게 잡고, 시선은 상대방의 눈을 향하며, 상체를 가볍게 숙인다.
- 이성간에는 여성이 손을 먼저 내밀었을 때 악수를 한다.
- 지위가 높거나 나이가 많은 사람이 먼저 악수를 청할 때 악수를 한다.
- 실내에서는 반드시 장갑을 벗고 악수를 한다. 단, 여성은 장갑을 벗지 않아도 무방하다.(예외 : 여성이 꼭 장갑을 벗어야 하는 경우는 승마 장갑을 낀 경우 내지는 청소용 장갑을 착용했을 때)
- 악수를 할 때에는 가벼운 인사말을 건넨다.
- 악수를 진심과 호의로 해야 한다.
- 악수는 한 손으로 한다.
- 악수는 청결한 상태의 손으로 한다.
- 악수는 가슴 높이 정도에서 적당히 상대의 손을 쥐면서 한다.
- 유럽이나 남미 일부의 국가에서는 악수를 할 때 가벼운 포옹이나 손등에 키스를 하는 경우도 있다.

2) 악수할 때의 주의사항

- 상대방의 손을 너무 꽉 쥐거나 너무 가볍게 쥐어서는 안 된다.
- 지위가 낮거나 나이가 적은 사람이 손을 흔들어서는 안 된다.
- 악수하는 동안에는 상대의 시선을 응시한다.
- 파티의 호스트(host)는 남성이라도 여성에게 먼저 악수를 청할 수 있다.
- 상대방의 손바닥을 손가락으로 긁어서는 안 된다.
- 특별한 경우가 없는 한 왼손으로 악수를 청하지 않는다.
- 손에 물기가 있거나 오물이 묻어 있는 상태로 악수를 하지 않도록 한다.
- 정중한 인사를 할 경우에는 굳이 악수를 하지 않아도 무방하다.
- 악수의 형식은 관습이나 문화에 따라야 한다.
- 일반적으로 조문을 할 경우에는 악수하지 않는다.

5. 소개매너(Introduction)

사회생활을 하기 위해서는 많은 사람들을 소개받고 많은 사람들에게 자신을 소개하여 서로의 관계를 유지한다. 서비스 기업에서는 서비스 실명제의 도입으로 모든 서비스를 제공하는 데 있어서 자신을 소개하는 것이 일반화 되어 있으며, 특히 상품이나 서비스를 위한 판매촉진이나 고객을 유치하기 위한 업무에 종사하는 사람들은 잠재고객을 대상으로 자신을 소개할 기회가 점점 증가하고 있는 추세이다. 따라서 자신을 소개하거나 소개받을 경우에는 정중한 마음으로 자신을 소개하고, 제3자를 소개받을 경우에도 진정어린 마음으로 맞이하도록 해야한다. 이처럼 사람을 소개하는 데에는 다음과 같은 일정한 절차와 방법이 있다.

1) 소개방법

(1) 동성간

- 직위가 낮은 사람을 직위가 높은 사람에게 먼저 소개한다.
- 후배를 선배에게 먼저 소개한다.
- 미혼인 사람을 기혼자에게 먼저 소개한다.
- 젊은 사람을 연장자에게 먼저 소개한다.
- 상대의 이름과 직함을 정확하게 소개한다.

(2) 이성간

일반적으로 남자를 여자에게 먼저 소개하지만, 남자가 높은 지위이거나 파티 또는 행사 등과 같은 특별한 경우에는 여자를 먼저 소개하는 경우도 있다. 이성간의 소개는 여성의 자존심과 여성 우선 원칙을 바탕으로 신중하게 해야 한다.

2) 소개시의 주의사항

상대를 소개할 경우나 소개받을 경우에는 만남의 상황이나 장소의 분위기를 고려하여 소개하고자 하는 사람의 성함, 소속단체의 직함, 그리고 관련사항을 간략하게 소개한다.

소개할 때 주의해야 할 일반적인 사항은 다음과 같다.

- 소개는 일어서서 한다. 단, 앉아 있는 여성은 앉은 채로 해도 무방하다.
- 친한 사람을 새로운 사람에게 먼저 소개한다.
- 도열해 있는 상태에서 차례로 악수할 경우에는 서 있는 차례대로 소개한다.
- 단체와 개인일 경우에는 개인을 단체에게 먼저 소개한다.
- 단체의 소속원을 소개할 경우에는 직위가 높은 사람부터 소개한다.

제2절 언어

언어는 사람의 인격이며 지적인 수준을 측정할 수 있는 수단이다. 언어는 상황에 따라서 긍증적이거나 부정적인 분위기를 연출하기 때문에 사회생활을 하면서 가장 신중을 기해야 하는 요소인 것이다. 언어의 수단을 이용하여 성공하는 사람이 있는가 하면 잘못 사용하여 인생의 방향이 부정적으로 바뀌는 경우를 주위에서 흔히 볼 수 있다.

이와 같이 대화시의 언어는 자기의 의사와 생각을 표현하는 것이기 때문에 자신의 언어가 상대방에게 어떠한 영향을 미칠 것인가를 고려해야 할 것이다.

학창시절에는 동료들과 같이 생활하는 기회가 빈번하기 때문에 대화 할 때 사용하는 언어가 많은 영향을 미치지 않을지 몰라도, 사회에 진출하면 다양한 계층의 사람들과 대화를 하고 사교생활을 해야 하기 때문에 초면인 상대와 만나는 기회가 점점 증가하면서 자신의 첫인상에 적지 않은 영향을 미칠 수 있는 언어구사력이 매우 중요하게 된다.

학창시절에는 동료들과 같이 생활하는 기회가 빈번하기 때문에 대화할 때 사용하는 언어가 많은 영향을 미치지 않을지 몰라도, 사회에 진출하면 다양한 계층의 사람들과 대화를 하고 사교생활을 해야 하기 때문에 초면인 상대와 만나는 기회가 점점 증가하면서 자신의 첫인상에 적지 않은 영향을 미칠 수 있는 언어구사력이 매우 중요하게 된다.

따라서 상대방에게 호감을 줄 수 있는 재치 있고 상황에 어울리면서도 격식을 갖춘 언어의 사용은 사회생활을 하는 데 있어서 인정을 받으면서 교양의 수준을 높이는 수단이 된다고 할 수 있다.

1. 경어

우리나라 사회에서는 경어의 사용이 매우 중요하게 취급되고 있다. 관례적으로 정해진 경어를 사용하지 않으면 상대방의 기분이 나빠질 수 있으며, 자신을 스스로 낮추는 결과를 초래할 수 있다. 따라서 사회적 신분이나 직위 또는 연령의 차이에 어울리는 적당한 경어를 사용할 수 있도록 노력해야 하겠다.

1) 존경어

존경어는 이야기 상대, 즉 이야기를 듣고 있는 상대방과 대화 중 등장하는 인물에 대한 경의를 나타내는 말로서, 해당 인물의 소지품이나 행동에 대해서 사용하는 언어이다. 업무를 위한 만남이나 사교를 위한 만남에 있어서 지켜야 할 존경어는 필수적인 수단이다. 존경어의 예로는 다음과 같은 것들이 있다.

- ○○○ 선생님
- 전무님이 말씀하셨습니다.
- ○○○ 귀하
- 저기에 계시는 저분
- 온당하신 말씀이십니다.

2) 겸양어

겸양어는 말하는 자신의 입장을 낮추고 대화의 상대방이나 화제의 등장인물에게 경의를 나타내는 말이다.
겸양어를 나타내는 예로는 다음과 같은 것들이 있다.

- 저희들
- 우리들
- 제가
- 제 자식
- 뵙다
- 여쭙다

3) 공손어

공손어는 말하는 사람의 품위를 고려할 때나 상대방에게 공손한 마음으로 표현할 경우 사용되는 것이다.

공손어의 예로는 다음과 같은 것들이 있다.

- 알려주십시오.
- 말씀드리겠습니다.
- 지시대로 따르겠습니다.
- 보고 드립니다.
- 전화를 드리겠습니다.

2. 목소리(Voice)

같은 말을 하더라도 그 사람의 마음과 정성을 담아서 말을 전달하게 되면 공감할 수 있는 부분이 많게 될 것이다. 대화시 목소리의 중요성은 의사전달과정의 38% 차지할 정도로 매우 중요하다.

목소리는 외모와 함께 첫인상을 좌우하는 중요한 변수이기도 하다.

시각적 이미지가 노력에 의해서 변화되어 질 수 있는 것처럼 목소리 또한 본인의 노력여하에 따라 좋은 방향으로 전환이 가능하다.

1) 표정 있는 목소리 관리(Voice Training)

TV에서 보는 성우나 아나운서를 떠 올려 보자. 정환한 발음, 적당한 속도, 표정이 묻어나는 목소리로 시청자나 청취자들로부터 공감과 감동과 신뢰를 준다.

듣기 좋은 목소리란 듣기에 밝고 건강하며, 자신감이 묻어나고 전달력이 있는 목소리이다.

대화를 할 때에 나를 돋보이게 하는 목소리의 관리법으로 Voice Training에 대하여 알아보도록 하자.

(1) 복(腹)식 호흡

Voice Training의 기본은 복식 호흡이다. 복식 호흡은 가슴(胸)이 아닌

배(腹)로 호흡하는 것으로, 숨을 쉴 때 가슴에 공기가 들어가 어깨가 움직이는 것이 아니라 아랫배에 힘이 들어가는 호흡법이다. 코로 숨을 들어 마시면서 7초 정도를 세고, 잠시 숨을 정지한 상태로 다시 7초 정도를 센다. 마지막으로 아랫배에를 수축하여 숨을 입으로 내 뱉으며 7초 정도를 센다.

(2) 좋은 목소리를 내기 위한 발성법

좋은 목소리를 발성하기 위해서는 먼저 마음의 안정이 중요하다. 그래야만 떨림이 없는 목소리를 낼 수 있다. 말을 할 때의 자세는 다리를 벌리고, 시선은 약간 높은 곳을 바라보는 것이 좋으며 조음기관인 혀, 입술, 턱의 운동을 주기적으로 실시하는 것이 좋다. 혀의 운동은 혀를 내밀고 좌우로 힘껏 뻗어주는 것을 교대로 실시하며, 입술은 앞쪽으로 쭉 내밀어 오른쪽으로 왼쪽으로, 턱은 아래턱만 움직여 '가'음을 소리 내어 연습을 해본다. 자극성이 강한 음식을 피하는 것이 좋으며, 충분한 수분공급도 좋은 목소리를 내기 위한 방법이다.

적당한 말의 속도는 1분에 100단어 정도이다. 말의 속도가 너무 빠르면 상대방이 알아 듣기가 힘들고 매우 불안한 느낌을 주게 되며, 속도가 너무 느리면, 지루함과 산만해지기 싫기 때문이다.

일반적으로 복잡한 사건이나 사고를 요하는 내용을 말하고자 할 때에는 평소보다 약간 느린 속도로 말을 하는 것이 효과적이며, 쉽고 편이한 얘기나 나의 주변 얘기를 할 때에는 조금 빠른 속도로 얘기를 하는 것이 좋다.

(3) 발성연습

- 발성연습은 정확한 발음을 내는 데 도움이 된다.
- 가슴을 펴고 입을 크게 움직여 뱃속으로부터 나오는 목소리를 낸다.
- 풍부한 표정 연출을 위해 아래턱과 위턱의 균형을 유지하여 움직인다.
- 처음에는 입을 크게 벌리면서 명확하게 발음한다.
- 익숙해지면 말의 명확성을 유지하면서 4초 정도에 한 줄을 읽을 정도로 속도를 빨리 한다.

3. 호칭 매너

직장에서나 사교 모임장소에서 많은 사람들과 인간관계를 형성함에 있어 호칭은 상대방을 존중하고 호감을 표시하는 언어가 된다. 호칭은 나이에 따라, 성별에 따라, 직종에 따라, 신분에 따라, 문화수준에 따라 영향을 받게 된다. 우리나라에서의 호칭법은 다소 까다로운 편이나, 제대로 된 호칭법을 숙지한다면 원만한 인간관계과 원활한 업무수행에 많은 도움이 될 것이다. 호칭매너는 각나라마다 차이는 있으나 기본적 개념은 흡사함을 알 수 있다.

먼저 우리나라의 호칭에 관한 매너를 알아보도록 하자.

1) 일반적인 호칭

먼저 나 스스로에 대한 호칭에 대해 알아보기로 하자. 같은 또래이거나 손아랫사람일 경우에는 "나"라고 지칭하고, 상사나 웃어른일 경우에는 "저는, 제가"라고 호칭을 한다.

나이와 지위가 다르더라도 상급자로 부터 어떻게 불러달라는 말이 있게 되면 그에 따라 호칭하도록 한다.

직업사회에서는 일반적으로 성 앞에 직책을 함께 사용하여 호칭을 한다. 국제사회에서도 호칭은 매너의 매우 중요한 요소이므로 글로벌 서비스맨이 되기 위해서는 각별히 호칭에 유의해야 한다.

(1) 상급자일 경우

- 상사의 성과 직위 다음에 '님'자를 붙인다.
  - · 박 부장님
- 성명을 알지 못하는 경우에는 직위에만 '님'자를 붙인다.
  - · 부장님
- 상관에게 자기 스스로를 지칭할 때는 '저' 또는 성과 직위, 직명을 사용한다.
  - · 이과장입니다, 총무부장입니다, 제가 만든 계획안입니다.
- 상급자이나 직함이 없을 경우에는 선배님이라고 한다.

– 외국영화를 보면 아랫사람이 윗사람의 이름을 부르는 경우가 있는데 이것은 서로가 양해된 호칭이라고 이해하면 될 것이다.

(2) 동급자나 하급자일 경우

– 성과 직위 또는 직명을 사용한다.
  · 박 부장, 총무부장
– 직급은 같으나 먼저 입사한 선임자일 경우 '님'자를 붙인다.

(3) 최상급자에게 상급자를 호칭할 경우

– 최상급자에게 상급자가 결과를 보고 할 경우에는 직책 혹은 직위만 호칭하면 된다.
  · (최상급자 김상무) : 박 부장은 어디 가고 자네가 왔는가?
  · (김대리) : 박 부장님은 외출하셨습니다.(O)
  · 박 부장님께서는 외출하셨습니다.(X)
  · 극존칭어 "께서" 를 사용하지 않음.

(4) 주의해야 할 호칭

– 상사에 대한 존칭은 호칭에만 사용한다.
  · 회장님 실(X), 회장실(O)
– 문서에는 상사의 호칭을 생략한다.
  · 회장님 지시(X), 회장지시(O)
– 본인의 참석 하에 지시를 전달할 때는 '님'자를 붙인다.
  · 회장님 지시사항을 전달하겠습니다.
– 자신보다 낮은 직위의 사람을 부를 때는 '님'자를 생략한다.
  · 김 과장님(X), 김 과장(O)
– 나이차가 5년 이상 날 경우에는 '씨'라고 하는 것보다 "선배님" 을 사용하는 것이 좋다.

2) 글로벌 호칭 표기법

(1) 이름의 구조

서양은 우리나라와는 다른 이름의 구조가 되어 있어 다소 혼돈되는 경우가 있으므로 주의가 필요하다. 보통 아래와 같이 3가지로 구성되어 있다.

– Christian Name 혹은 First Name

  · 맨 앞에 놓여지는 세례명 혹은 본명으로 우리나라의 성을 제외한 이름에 해당한다.

– Middle Name

  · 제2 혹은 제3의 이름으로 중간에 들어간다.

– Surname 혹은 Family Name

  · 가족의 성으로 맨 마지막에 위치한다.

상황에 따라 미들네임이나 퍼스널 네임을 생략을 하기도 하며, 영국식은 성 이외의 것은 전부 생략가능하다. 미국식은 퍼스널 네임이나 미들네임 중 하나만 생략가능하다.

하지만 지위가 높은 상사일 경우는 이름 전체를 부르는 것이 예의이다.

■ 서양인의 이름구성

예) Andy (First name) sun (Midde name) William (Surname) 으로 구분한다.

Andy	sun	William	
First name	Midde name	Surname	으로 구분한다.

이런 경우

영국인은 A.S.William 이라고 성 만을 표시하고, 미국인은 Andy .S.William 이라고 표시하는것이 일반적인 것이다.

(2) 일반적인 호칭

미국에서는 친구나 직장 동료 등 대등한 위치의 사람이거나, 직급과 나이가 있음에도 불구하고 상대방 측에서 이름을 불러달라는 요청이 있을 경우에는 호칭을 사용하지 않고 이름을 부르는 것이 일반적이며, 전문직 종사자나 고위 공직자 등 사회적으로 지위가 높은 사람들에게는 그에 맞는 경칭을 사용하는 것이 예의이다.

여성이 결혼을 하게 되면 남편의 성을 따르게 되는 서양의 풍습으로 인해 여성의 호칭은 결혼, 이혼, 사별 등으로 구분되어진다.

결혼을 하게 되면 남편의 성을 붙여 호칭이 되며, 사별을 했을 경우와 이혼을 했을 경우에는 이름을 그대로 사용 할 수도 있고 변경 할 수도 있다.

(3) 일반인에 대한 경칭

- Mr(Mister) - 남성에게 사용하며 관직명에 사용하기도 한다.

  ex) Mr. President, Mr. Nickson
- Mrs.(Mistress) - 기혼여성의 이름 앞에 사용한다.
- Miss - 미혼 여성의 이름 앞에 붙인다.
- Master - 소년에 대한 경칭이다.

예) 남자는 Mr. William 이라고 부르고,그의 부인은 Mrs William 이라고 호칭한다.

(4) 그 외 경칭

영국의 경우에는 'Esq(Esquire/원래 준 남작에 속하는 Gentry, 즉 신사라 할 수 있는 신분에 대한 경칭)' 라 하여, Mr보다 더 심오한 존경의 뜻을 담은 경칭을 사용하기도 한다.

Esq는 상대방의 이름 뒤에 붙여 상용을 하나, Mr나 학위, 직급 등과는 절대로 함께 사용할 수 없고, Full Name에만 사용한다. 미국의 경우에는 영국과 달리 약자가 아닌 Esquire로 사용하며(Henry Baker, Esquire 식으로 호칭함), 이름에 Mr, Dr 등이 붙을 경우에는 사용하지 않는다. 주로 공사 이상의 외교관이나 재판소 서기장 등 고위 공직자들에게 사용한다. Dr는 의사나 박사학위를 취득한 사람에게 남녀불문으로 사용할 수 있다.

Sir은 남자에게 사용하며, 이는 말하는 사람이 스스로 지위를 낮춤으로

써 상대방에게 경의를 표하는 것으로, 나이나 지위가 비슷한 사람끼리는 사용하지 않는다. 또한 여성에게는 사용하지 않으며, 여성은 상대방이 아무리 지위가 높다하더라도 동년배의 남성에게는 사용하지 않는다.

[표 1] 그 외 주요 호칭

국왕내외	Your Majesty
공화국 대통령	Mr. President, Your Excellency
부통령	Mr. Vice President
수상	Your Excellency, Mr. Prime minister
국무총리	Mr, Prime Minister
장관	Mr. Minister(영국식), Mr. Secretary(미국식)
시장	Mr. Mayor
의사	Doctor ○○○(Family name)
변호사	Mr. ○○○(Family name)
대학 교수	Dr. ○○○(Family name), 혹은 Professor ○○○(Family name)
교황	Your Holiness, Most Holy Father
신부	Father ○○○(Family name)
목사	Mr. ○○○(Family name), Pastor ○○○(Family name)
스님	Reverand ○○○(Family name)

- 현대사회와 국제매너(김은희 외 2인) 인용-

4. 대화매너

"저 사람과 말하기가 싫어. 대화가 되어야 말이지"라고 한번쯤 느껴본 상대가 있을 것이다. 대화는 혼자 하는 것이 아니라 대상이 있어야 하므로 상대방의 나이와 직책, 상황에 맞게 입장을 고려하여 신중하게 대화를 하는 것이 중요하다. "아" 다르고 "어" 다르다는 옛말이 있듯이 같은 말을 사용한다 하더라도 대화매너를 잘 지켜서 사용한다면 원활한 인간관계를 형성하는 것은 물론이요, 긍정적인 이미지를 형성하는 데 도움이 될 것이다.

대화매너는 동서양 어디에서든 매우 중요하게 여겨지는 것이고 대화를 통해 상대를 판단하는 기준이 되기도 한다.

1) 좋은 대화의 포인트

(1) 시선을 맞춘다.

시선을 상대방의 얼굴에 두는 것이 좋다. 상대방의 눈과 눈 사이를 보되, 오랫동안 한곳만 응시하게 되면 상대방이 불편함을 느끼게 되므로 적절한 시기에 시선의 위치를 조금씩 옮겨 주는 것이 좋다. 보통 남자의 경우에는 넥타이 V Zone 정도까지가 적당하며, 여자의 경우에는 아래턱선 까지가 좋다. 시선이 그 아래로 머물게 되면 실례가 되므로 주의한다.

(2) 경청(傾聽)한다.

말을 하는 것도 중요하지만 듣는 것은 더 중요하다. 대화에 있어 중요한 방법에는 한 번 말하고 두 번 듣고 세 번 맞장구 하라는 뜻이다.

옛말에 귀가 둘이고 입이 하나인 까닭을 들어 남의 말을 잘 들어 주는 것이 큰 턱목이라 여겼다. 경청의 청(聽)자를 살펴보면, 마음(心)과 눈(目)과 귀(耳)와 임금(王)자가 들어가 있다. 이는 경청의 의미를 한마디로 압축한 것으로 마음과 눈과 귀를 합쳐 남의 말을 임금님을 섬기는 자세로 정성을 다해서 들으라는 의미로 해석할 수 있다. 맞장구는 고개를 끄덕이거나, "어머, 그렇군요", "세상에…", "아" 등의 추임새를 적당히 사용함으로써 상대방에게 대화 시 흥을 돋우게 하는 배려의 일종이다.

[표 2] 경청하는 자세(FAMILY 기법)

F	Friendly(친근하게)
A	Attention(주위 깊게)
M	Me Too(맞장구 치고)
I	Interest(관심을 갖고)

L	Look(눈을 바라보며)
Y	You Are Centered(너의 입장에서)

(3) 상대방을 배려하며 긍정적인 태도로 듣는다.

상대방의 입장에서 생각하고 말을 하기 위해서는 효과적인 대화기법을 이용하는 것이 좋다.

① 완충 화법을 활용한다.

완충 화법은 고객에게 의뢰를 할 때나 고객의 뜻과 다른 경우, 요청을 거절해야 할 경우에 사용하면 효과적이다.

예를 들어, 죄송합니다만~~, 공교롭게도~~, 실례합니다만 등이 있다.

② 부정문보다는 긍정문으로 대화를 한다.

'지금은 안 됩니다'라고 단호하게 말하는 것보다 "조금은 기다려 주시면 바로 도와 드리겠습니다"로 긍정적 언어를 사용한다.

③ 명령형보다는 청유형을 말한다.

"이거 하십시오"라고 말하기보다 "이것 좀 해 주시겠습니까?" 하고 하는 것이 듣는 사람의 입장에서는 부드럽게 들리고, 일을 도와주고 싶은 마음이 생기게 된다.

④ 칭찬법을 사용한다.

- 소유물 칭찬법 : 상대방의 소유물이나 가족들을 칭찬하는 기법이다. 예) 아이가 참 똑똑하게 보입니다. 강아지가 너무 예뻐요 등
- 비유 찬사법 : 유명인이나 좋은 것을 비유해서 칭찬하는 기법이다. 예) 눈이 호수처럼 맑군요, 탤런트 ○○○를 닮으셨군요 등
- 감탄 찬사법 : 감탄사를 이용해 칭찬하는 기법이다. 예) 역시 대단하십니다. 정말 너무 멋지세요 등
- 단순 찬사법 : 있는 그대로 눈에 보여 지는 대로 칭찬하는 기법이다. 예) 넥타이가 너무 멋지세요. 등

STORY 8

● 듣는 지혜를 터득하라!

오프라 윈프리 이야기

1시간 동안 진행되는 토크쇼에서 그녀가 말을 하는 시간은 대략 10여분 정도다. 남은 50여분 동안 오프라가 하는 일은 상대방의 눈을 맞추고 고개를 끄덕이며, 이야기가 끊이지 않도록 질문을 던져주는 정도다. 그리고 항상 초대 손님과 포옹은 빼놓지 않는다. 한때 객관성을 유지해야 할 진행자답지 않다는 평도 들었지만, 결과적으로 보면 '모든 사람에게 따뜻하다' 는 이미지를 심어주기에 충분했다. 토크쇼를 진행하는 동안 오프라의 눈은 입 대신의 역할을 한다. 오프라는 말을 하지 않는 대신 끊임없이 상대방을 관찰한다.

영화나 드라마를 클라이맥스를 떠올리면 예외 없이 화면에는 대사를 전달하는 사람이 아닌 울고 웃는 상대 배우의 얼굴이라는 것을 알 수 있다. 이는 관객들에게 정서적 반응을 이끌어 내려는 영화의 기본 속성이다. 이는 사람의 표정과 몸짓만으로도 이미 많은 의미가 전달되고 있음을 뜻한다. 단순한 제스처 몇 가지만으로도 얼마든지 의사소통을 하는 유인원만 봐도 이러한 사실을 알 수 있다.

일부러 배우지 않아도 상대방이 머리를 긁적이면 우리는 그가 난처한 상황에 빠져 있다는 것을 느낄 수 있다. 쉬지 않고 전후좌우로 움직이는 눈동자에서는 불안함을, 입을 가리고 웃는 모습에서는 쑥스러움을 느낀다. 그리고 상대방의 이야기에 수긍이 가면 자연스럽게 고개가 끄덕여지기도 한다. 무의식적으로 우리의 몸은 끊임없이 소통을 위한 메세지를 내보내고 있는 것이다.

물론 신체적 언어가 음성적 언어만큼 정확하거나 정교할 리 없다. 하지만 감정을 가장 원초적이고 근본적으로 드러내는 것은 역시 말이 아니라 몸이다. 거짓말을 하게 될 경우 자신도 모르게 올라가는 심장박동 수가 이를 증명한다.

오프라처럼 사람의 마을을 읽는 능력을 가지고 싶다면 무엇보다 사람에 대한 관심과 애정을 갖도록 하자. 그리고 상대방의 신체적 언어가 주는 무언의 메세지에 귀를 기울이는 연습을 하자, 경청에는 인간관계의 폭을 넓히는 것은 물론 정보를 수집하고 상대방의 입장을 역이용할 수 있는 힘이 있다. 이것이 바로 '말하는 방법'이 아닌 '듣는 지혜'를 터득해야 하는 이유이다.

다른 나라 사람들은 오프라의 인기를 쉽게 이해하지 못한다. 금발의 8등신 미녀들이 득실득실한 여네계에서 유색 인종에 뚱뚱하기까지 한 오프라에 왜 열광하는 것이냐이다. 그 비밀 중 하나는 그녀의 솔직한 감정 표현이다. 오프라 윈프리는 작은 일도 생략하거나 넘겨짚지 않고 진지한 반응을 보인다. 재미있는 일을 발을 동동 구르며 웃고 슬픈 일을 얘기하는 사람과는 함께 눈물을 흘리며 감정을 표현한다. 감정의 솔직함은 자기 노출만큼이나 사람에게 친근감을 준다. 작위적인 모습이었다면 많은 시청자들의 관심을 오랫동안 받지 못했을 것이다.

토크쇼 방송 초기 그녀는 초대 손님이 아픈 이야기에 함께 손을 잡고 울어주며 아줌마 팬들을 사로 잡았다. 그렇게 시간이 지남에 따라 오프라는 개인의 신변잡기를 떠나 여성의 건강과 사회적 문제 나아가 자연재해, 민족학살, 전쟁폐해 등을 다루며 다양한 계층의 팬들을 확보했다. 그녀는 초대 손님에게 매우 솔직한 뿐만 아니라 설교나 훈계가 아닌 친구로서의 조언을 아끼지 않는다. 이것이 바로 오프라의 소통방식이다. 그리고 사람들은 자신의 소신을 거침없이 쏟아내는 그녀의 말에 진심이 담겨 있다는 것을 안다. 그리고 꾸밈없고 솔직한 그녀의 모습에 환호한다.

듣는 지혜를 터득하라_오바마처럼 연설하고 오프라처럼 대화하라 / 오프라 윈프리

제3절 이미지 관리

1. 이미지와 표정

1) 이미지

Image의 어원은 라틴어 Imago에서 유래된 것으로 사람들의 마음속에 떠오르는 모습을 의미한다.

어떤 대상을 생각했을 때 직접 혹은 간접적으로 느껴지는 그 사람 혹은 사물에 대한 생각, 생김새와 말씨 태도, 형상이 만들어지는 것을 이미지라고 하며, 이미지 메이킹은 자신의 이미지를 상대방 혹은 일반인에게 각인 시키는 일 혹은 자신이 원하는 대상이나 목표에 닮아가려고 노력하는 과정이라고 정의할 수 있다.

현대 사회에서 이미지 메이킹은 경쟁력이다. 사람들은 이미지 메이킹에 시간과 돈을 투자하고 상대방에게 좀 더 좋은 이미지를 주기 위해 많은 노력들을 하고 있다. 그만큼 대인관계에 있어 실질적으로 이미지 메이킹의 중요성을 느끼기 때문이다.

이미지 시대에 살고 있는 우리는 자신의 삶을 성공적으로 이끌기 위해 자신의 이미지 관리에 좀 더 신중을 기해야만 한다.

개인의 이미지는 타고나는 것이 아니라 자신이 원하는 데로 보여주고 싶은 이미지를 스스로 만들어가야 한다.

Image란 실상과 허상, 균형과 조화이다. 즉 외형의 모습과 마음가짐, 매너가 조화를 잘 이루었을 대 가장 성공적인 이미지를 창출해 낼 수 있다. 성공을 위해서는 뛰어난 실력만 중요한 것이 아니라 그에 걸맞게 요구되는 이미지 연출 전략이 중요하다. 이미지 연출도 실력이다. 성공적인 이미지 연출이야 말로 성공에 도달하기 위한 가장 바른 지름길이 될 수 있다.

이미지는 내적 이미지(Personality)와 외적 이미지(Appearance)로 구분되어진다. 내적 이미지는 인간관계, 상대방에 대한 이해력과 배려심, 개인의 성격 등으로 나누어 볼 수 있으며 외적 이미지는 표정, 목소리, 걸음걸이, 체형, 제스처 헤어스타일과 메이컵 등으로 시각적으로 쉽게 판단이 가능한 요소들로 구분해 볼 수 있다.

2) 첫인상

심리학자이자인 Albert Mehrabian 교수에 의하면 사람과의 커뮤니케이션에서 시각적인 요소, 즉 체형 표정 옷차림 태도 제스처 등 외적인 요인이 55%를 차지하고 , 청각적 요소 38%, 언어적 요소 7%를 차지한다고 하였다.

첫 인상이란 '첫눈에 느껴지는 한 사람에 대해 마음에 남는 느낌'을 말하며 이러한 첫인상이 결정되는 데 걸리는 시간은 보통 3~8초 정도라고 한다. 그런데 이렇게 받은 첫인상을 바꾸는 데는 많은 노력과 시간이 필요하다고 한다.

첫인상이 중요한 것은 처음에 각인된 이미지가 오랫동안 기억 속에 남기 때문이다. 첫인상이 좋지 않을 때 다시 좋은 인상으로 바꾸려면 적어도 연속해서 7시간 내지 40시간을 투자하고 노력하여야 회복할 수 있다는 실험결과가 있다.

3) 표정

인간의 표정은 첫인상 또는 이미지를 결정짓는 데 직접적인 영향을 미치며, 밝은 표정은 인간관계에 있어서 긍정적이고 정감 넘치는 분위기를 자아내기 때문에 인간관계의 기본이라고 할 수 있다. 전문가들의 연구에 의하면 첫인상은 처음 대면 후 5초 내외에 80%가 결정되고, 첫인상이 좋아야 그 이후의 대면이 호감을 느끼면서 이루어진다고 한다.

흔히들 서비스 기업에서 근무하기 위해서는 타고난 성격과 사람을 부드럽게 할 수 있는 좋은 인상의 얼굴 표정이 전제되어야 한다고 한다. 이러한 이야기는 사람을 상대하는 데 있어서 거부감을 주지 않고 편안한 느낌을 주어 서비스의 질을 향상시키기 위한 기본적인 요소를 의미하는 것이다.

그러나 성격과 호감 가는 인상을 타고 나는 경우도 있으나 후천적으로 교육훈련을 통하여 과학적인 방법으로 교정하는 경우는 있다.

즉, 개인의 성향에 따라 체계적인 치료처방으로 자신의 표정을 바꿀 수 있다는 것이다.

따라서 서비스 기업에서는 대부분 종업원을 선발하여 일정한 기간동안 소정의 서비스 교육과정을 이수하도록 하여 개인의 성격과 표정관리를 실시하고 있다.

(1) 얼굴 표정

얼굴의 형상은 부모님으로부터 물려받지만 얼굴의 표정은 자기 노력에 의하여 개인적인 이미지를 형성할 수 있다. 얼굴의 표정은 상대방과 무언의 대화를 하고 있다는 증거이므로 상대방에게 여러 가지의 의미를 나타낼 수가 있다.

영업장에서 고객을 상대로 서비스 상품을 판매하기 위해서는 상품자체의 가치뿐만 아니라 서비스 제공자의 얼굴 표정에서 풍기는 따뜻한 분위기도 서비스 상품의 가치를 높일 수 있기 때문에 서비스 제공자의 얼굴 표정은 대단히 중요하다. 또한 얼굴의 표정은 사람의 감정에 따랄 다양하게 변화하기 때문에 서비스 상품을 취급하는 사람은 긍정적인 얼굴 표정을 표출하여 상품의 가치를 향상시키도록 노력해야 한다.

따라서 대부분의 서비스 기업은 상품의 부가가치를 높이기 위해 서비스 제공자의 얼굴 표정 관리에 대한 교육을 실시하고 있다. 예를 들어, 찡그리는 얼굴상으로 고객에게 서비스를 제공하면 서비스를 제공받는 고객의 마음은 매우 부담스러울 것이다.

항공사나 호텔, 여행사 등의 환대산업에 종사하는 종업원들은 자신의 얼굴에 대한 표정을 철저히 관리하여 제공하는 서비스 품질의 가치를 향상시켜서 고객들이 기대한 서비스 수준을 능가하기 위한 교육을 실시하고 있다.

① 부드러운 얼굴 표정

사람의 얼굴에는 약 80여 개의 근육이 있어서 7,000가지 이상의 표정을 표출할 수 있다고 한다. 따라서 얼굴의 근육을 활용하여 움직이는 모양에 따라 표정의 내용이 바뀐다는 것을 의미한다.

얼굴의 근육을 풀어서 표정을 부드럽게 만들기 위해서는 눈썹을 위아래로 움직이는 연습과 입의 크기를 변형하면서 상하좌우로 움직이는 연습을 반복하는 것이 효과적이다. 입을 적당히 움직이는 것이 아니라 정확하게 움직이면서 발음을 한다.

특별한 문제에 민감하게 반응을 하는 사람은 얼굴에 즉각적으로 표출되기 때문에, 내면의 감정을 얼굴에 긍정적으로 표현하여 부드러운 표정을 창출하기 위해서는 항상 긍정적인 사고와 적극적인 마음자세가 요구된다.

② 부드럽지 못한 얼굴 표정

얼굴의 근육을 잘 활용하지 못하고 움직이지 않는 표정을 지으면서 딱딱하게 느껴져 상대방에게 부드럽지 못한 표정을 나타낼 수 있다. 특히, 고객을 대상으로 서비스 상품을 취급하는 종업원은 얼굴의 근육을 적절히 움직이는 연습으로 자신의 얼굴 표정을 관리해야 한다.

ⓐ 무표정

얼굴의 근육을 전혀 사용하지 않는 표정으로서 무표정한 얼굴은 상대방이 인간미를 느끼지 못한다. 대개 차가운 표정이 여기에 속한다. 이러한 표정은 서비스업에서 어울리지 않으므로 자신의 지속적인 노력으로 교정하도록 해야 한다.

ⓑ 눈썹의 주름

상대방이 화가 나 있거나 짜증스런 표정으로 오해할 수 있으며, 어두운 표정으로 느껴질 수 있고, 답답하게 느껴지기도 한다. 또한 상대방에게 불쾌한 감정을 줄 수 있기 때문에 이러한 사람은 의도적인 치료방법으로 얼굴의 표정을 관리해야 한다.

ⓒ 입술을 굳게 다문 표정

상대방에 대한 불만족을 표현하는 것처럼 보여 두려움을 느낄 수 있는 표정으로서, 상대방이 회피하게 된다. 다라서 입술의 근육에 힘을 제거하고 가볍게 다물어 자연스런 모습을 유지하도록 스스로 거울을 보면서 교정하도록 해야 한다.

③ 얼굴의 표정관리법

ⓐ 온화한 표정

상대방에게 매력적인 얼굴 표정을 연출하기 위해서는 얼굴 전체에 부드럽고 온화한 모습을 나타낼 수 있어야 한다. 상기된 표정의 얼굴이나 근심이 있는 표정보다는 평화로운 모습의 표정으로 여유를 나타낼 수 있어야 한다.

ⓑ 상황에 어울리는 표정

무표정한 얼굴은 상대와 대하를 하거나 대면을 할 경우 답답한 감정을 줄 수 있기 때문에 대화의 내용이나 분위기에 알맞은 표정을 연출해야 한다. 즉, 고객을 상대할 때에는 슬픈 상황의 대화, 엄숙한 공식행사의 상황, 기쁠 때의 상황 등의 다양한 상황에서 대화가 이루어진다. 따라서 얼굴의 표정은 상황에 따라 적절히 감정을 표출해 내어야 한다.

그러나 이와 같이 상황에 어울리는 표정은 자연스러우면서도 부드럽게 연출되어야만 하지만, 인간은 감정의 동물이기 때문에 자신이 처해 있는 상황에 따라 표정이 다양하게 표출되므로 고객을 대상으로 서비스를 제공하는 사람은 언제나 자신의 입장보다는 고객의 입장에서 분위기에 알맞은 표정을 지을 수 있도록 평소에 연습을 해야 한다.

ⓒ 턱의 자세

턱을 의도적으로 끌어오리면 어색한 표정이 될 수 있으므로 턱을 자연스럽고 반듯하게 유지한다. 특히, 남성의 경우 턱을 앞으로 당겨 고객에게 서비스를 제공하기 위한 자세가 되어 있다는 느낌을 줄 수 있도록 한다.

ⓓ 진지한 표정

마음에서 우러나오는 것이 아니고 의도적으로 짓는 얼굴 표정은 상대방에게 가식적으로 보일 수 있으므로 진지한 표정을 지어야 한다.

④ 눈의 표정

흔히들 어린아이의 눈을 맑고 청순함으로 표현한다. 눈의 표정은 사람의 심리상태를 숨김없이 반영한다는 의미일 것이다. 즉 사람의 속마음을 눈의 표정으로 나타낸다는 것이다. 따라서 상대에게 마음을 진지하게 전할 수 있는 눈의 표정을 아름답게 나타내기 위해서는 마음의 수양이 필요하다.

심리학자들의 연구에 의하면, 사람의 눈동자는 자신이 처해 있는 상화에 따라 형상이 달라진다고 한다. 또한 눈동자를 통하여 상대의 모든 정보를 뇌에 전달하고 판단하기 때문에 그 판단 결과는 눈동자를 통하여 표출된다는 것이다. 따라서 눈동자의 형태에 따라 마음을 읽을 수 있기 때문에 상대를 가벼운 마음으로 응시하도록 해야 한다.

대화할 때에는 상대의 눈을 응시하면서 메시지를 전달해야 한다고 교육을 하는 것도 바로 상대의 마음을 읽어가면서 대화를 진행하라는 의미일 것이다.

ⓐ 매력적인 눈의 표정

- 대화중에는 상대의 미간을 응시한다.
- 정직하고 다정한 시선을 위해 눈 주위의 근육에 힘을 가볍게 가한다.
- 대화의 상황에 따라 동공의 크기를 적절히 조절한다.

ⓑ 삼가야 할 눈의 표정

- 눈을 자주 깜박이는 행위
- 안구를 좌우로 굴리는 행위
- 상대방을 아래위로 훑어보는 행위
- 눈을 흘기는 행위
- 곁눈질하는 행위

· 상대방을 뚫어지게 응시하는 행위
· 눈가의 근육에 힘을 가하는 행위
· 눈을 위로 치켜 뜨거나 아래로 뜨는 행위

(2) 밝은 표정의 효과

① 밝은 표정은 내 기분을 좋게 한다.
② 내 기분도 상대의 기분도 좋게 한다.
③ 웃음과 밝은 표정은 건강을 증진시킨다.
④ 표정은 내것이지만 내가 보는것이 아니라 상대방에게 비쳐지는 것이다.

4) 미소

인간이 대화를 하든 하지 않든 얼굴에서 풍기는 분위기는 그 사람의 감정을 읽을 수 있는 수단이 된다. 따라서 자신의 얼굴을 상대방에게 노출시킬 때에는 처해진 상황에 따라 다르겠지만 상대방에게 좋은 감정을 전달하기 위해서 노력해야 하는데, 슬픈 상황이나 두려운 상황이 아니라면 얼굴에 미소가 있어야 한다.

즉, 미소는 경우에 따라서 말은 하지 않지만 상대의 이야기에 동의 한다는 무언의 대화를 의미하기도 한다. 특히 환대산업의 경우 고객을 대상으로 서비스를 제공하는 데 있어서 서비스 제공자의 미소(smile)가 빠진다면 서비스의 핵이 없는 것과 다름이 없다.

위와 같은 이유로 미소는 서비스의 가치를 높여주는 역할과 함께 지속적인 서비스의 구매로 연결되는 중요한 역할을 한다.

따라서, 서비스를 제공하는 사람은 항상 얼굴에 가벼운 미소로 고객을 응대하여 고객이 편안한 마음으로 서비스를 구매할 수 있도록 해야 한다. 예를 들면, 고객이 비위에 거슬리는 언행으로 불쾌하게 했을지라도 가벼운 미소와 함께 기교와 재치로 응대할 수 있는 아량이 있어야 한다.

아무리 잘생긴 선남선녀라 할지라도 얼굴의 표정이 어두우면 상대방에게 호감을 줄 수 없다. 미소는 어떠한 상황에서도 강력한 무기의 역할을 할 수 있으며, 어느 사람에게도 잘 어울릴 수 있는 수단이다. 미소는 상대방에게 편안한 기분이 들도록 해주고 , 자기 자신에 때한 호감을 갖도록 해준다. 또한 미소는 좋은 이미지 가운데 인간관계를 유지시켜주어 결과적으로 자기 자신의 마음도 즐거워진다.

유교적 전통이 있는 우리나라에서는 얼굴의 무표정을 정상적인 표정으로 간주하기도 하나 외국에서는 무표정을 불만족이나 반감 등으로 이해한다. 또한 우리나라에서는 웃는 사람은 싱거운 사람으로 이해하고 있는 반면 외국에서는 웃는 얼굴을 친밀감을 나타내는 표현이라고 생각한다. 세계화를 추구하고 있는 현시점에서 표정관리에 대한 사고전환이 필요하다.

1) 미소가 있는 입의 표정

표정 연구가에 의하면 미소짓는 입의 표정은 입 꼬리가 위로 올라가는 형태를 취해야 한다고 한다. 즉, 입 꼬리가 위로 올라가도록 웃는 얼굴은 매력적이며 상대방에게 호감을 줄 수 있다. 무심코 지나쳐 버릴 수 있는 미소지을 때의 입 표정은 평소에 훈련에 의해서 매력적인 형태로 만들 수 있다. 입가의 근육은 나이가 들수록 처지는 경향이 있으나 젊은 사람일수록 입 꼬리의 근육에 탄력이 있어 연습에 의해서 아름다운 모습의 미소를 연출할 수 있다.

2) 입의 근육

눈 언저리의 근육보다 입 언저리에 표정근이 집중되어 있기 때문에 입 언저리 표정근의 모습으로 상대의 기분을 파악할 수 있다. 따라서 서비스를 제공하는 사람은 항상 기쁜 마음으로 서비스를 제공하고 있다는 표정과 함께 미소를 지을 수 있도록 평소에 아름다운 입 꼬리의 형태가 표출될 수 있도록 노력해야 한다.

3) 미소 훈련

(1) 웃는 얼굴을 위한 발성법

웃는 얼굴을 만드는 연습에서는 입 언저리의 근육을 부드럽게 하기 위해 다음과 같이 발성연습을 한다.

제일 먼저 '하, 히, 후, 헤, 호' 연습을 한다. 기존 입 주위 근육운동은 '아, 에, 이, 오, 우'로 많이 했지만 '아' 대신 '하' 발음을 이용하면 운동 폭이 훨씬 강해진다. 사람들이 웃음소리가 주로 '하하하', '후후후', '호호호'이므로 이렇게 연습하면 보다 실제적이다.

하하, 후후, 호호는 품위 있는 웃음소리다. 하지만 히히, 헤헤는 그 반대이므로 이런 웃음소리는 내지 않는 것이 좋다. 하지만 입 꼬리 올려주기 근육운동에는 꼭 필요한 소리이므로 주의 깊게 발음해보자.

(2) 미소 근육운동

미소짓는 아름다운 입술을 위해서는 입술 근육운동을 해야 한다. 매일 입술 근육을 단련시키면 입 언저리의 주름도 방지하고 매력적인 입매를 만들 뿐 아니라 입 꼬리의 모양을 단정하게 하는 효과가 있다.

· 입 꼬리 누르기 : 두 집게손가락과 가운데손가락으로 입 꼬리를 누르고 입술을 앞으로 내민다. 입 꼬리가 느슨해지는 것을 방지한다.
· 볼 당기기 : 입술은 긴장을 풀고 다문 채로 두 손을 볼에 대고 가볍게 귀 방향으로 끌어 올려주듯 당긴다.
· 볼 당겨 '후후' 소리내기 : 손은 볼 당기기 상태대로 손의 힘을 빼지 말고 '후' '후' 하고 몇 번 더 뒤풀이하여 소리낸다.

(3) 웃는 얼굴을 유지하는 연습

· 크게 웃는 얼굴에서의 연습 : 크게 웃는 얼굴을 한 상태에서 입꼬리를 두 집게(검지)손가락으로 고정시킨다. 입매의 근육이 원래대로 돌아가지 못하게 손가락 끝으로 입 꼬리 근육을 꾹 누른다. 이 때 입매 근육을 제외한 다른 얼굴 근육은 최대한 풀어준다. 손가락 끝으로 입매의 근육이 움직이는 것을 확인하면서 초간 이 상태를 유지한다.

· 보통 웃는 얼굴에서의 연습 : 크게 웃는 얼굴에 보통 웃는 얼굴(1/2 크기 웃음)로 돌아간다. 두 집게손가락은 떼지 말고 그대로 입 꼬리를 고정시킨다. 원래의 모습으로 돌아가려고 하는 입매 근육의 움직임에 저항하기 위해서다. 이때도 손가락 끝으로 근육의 움직임을 확인하면서 10초간 웃는 얼굴로 있도록 한다.

· 작게 웃는 얼굴에서의 연습 : 보통으로 웃는 얼굴에서 작게 웃는 얼굴로 돌아간다. 이때도 집게손가락을 떼지 말고 10초간 웃는 얼굴을 유지한다.

· 입술을 다문 상태에서의 연습 : 입술을 다문 상태에서 10초간 집게손가락으로 입 꼬리를 고정시킨다.

· 입을 최대한 오므린 상태에서의 연습 : 입꼬리를 집게손가락으로 고정한 채로 입을 최대한 오므린다. 크게 웃는 얼굴에서 여기저기 손가락 끝으로 근육의 움직임을 확인하고 그대로 10초간 유지한다.

이러한 훈련은 하루 4~5회 정도 해주는 것이 좋다. 안면운동을 할 때 가장 염두에 두어야 할 점은 평상시에 잘 사용하지 않는 근육을 움직여주는 것이다. 또 마음을 편안하게 가져 스트레스(stress)가 없는 상태에서 하는 것이 좋다.

9 STORY

● 이미지와 성공

중국과 동남아시아는 물론 전세계를 휩쓸고 있는 한류 열풍의 핵심은 아이돌 스타와 드라마이다.

한국의 많은 연예인들이 각자가 가지고 있는 장점과 잘 갖추어지고 만들어진 이미지로 전세계를 사로잡고 있다.

우리나라 한류의 주역은 역시 드라마인 "겨울연가"라고 해도 과언이 아니다.

여기에 나온는 주연배우들의 아름다운 이미지와 따뜻한 미소 그리고 서로를 사랑하는 순수한 눈빛등이 일본의 중장년층의 여성들에게 감성을 자극하여 한류라는 큰 물결을 이루게 하였다.

여기에 방송기술의 발달등으로 영상의 아름다운 이미지는 이런 분위기를 더욱 고취시키는데 더욱더 큰 역할을 하게 되었다.

이후 겨울과 눈이 없는 동남아시아인들에게는 겨울연가와 아름다운 설경 그리고 아름다움과 사랑으로 이미지업(image up)이 되어 있는 주인공들이야 말로 새로운 세계로 보이기 시작 하였다.

이런 한류의 현상은 우리나라의 서비스 산업에 크나큰 영행을 미쳤고, 겨울에는 비수기였던 남이섬과 춘천등의 관광지가 성황을 이루었고 동남아시아 사람들이 눈을 보기위해 한국을 겨울에 찾는 이변이 일어나는 계기가 되기도 하였다.

또한 최근의 싸이라는 대중가수는 우리나라 문화와는 다른 미국등의 서구국가에서 새로운 독특한 이미지로 또다른 형태의 한류를 이끄는 문화대사가 되기도 하였다.

이와같이 많은 노력으로 갖추어진 이미지와 잘 연출되고 홍보된 이미지는 전세계의 문화를 이끌어 나갈수 있는 힘(Power)가 있음을 보여주는 좋은 예이기도 하다.

하지만 또 다른면을 보면 자기의 재능만 믿고 함부로 행동하고 공인으로써의 이미지를 관리하지 못한 많은 연예인들은 점점 대중의 마음에서 멀어지며 잊혀지게 된다.

글로벌 서비스맨으로써 성공하기 위해서는 내적 외적 이미지를 갖추어 나간다면 한류스타들처럼 많은 주위사람들에게 사랑받고 인정받는 인재로 성장 할 것이다.

2. 용모와 복장 연출의 중요성

우리가 사람을 대할 때 가장 먼저 눈이 가는 곳은 '얼굴' 이다 얼굴을 의미하는 '용(容)' 을 중심으로, 겉으로 드러나는 전체적인 모습을 용모라고 한다. 시각적 감각기관인 눈길이 처음 가는 곳이 얼굴이라고 한다면 현대인들에게 있어서 용모의 관리는 더 없이 중요한 경쟁력이다.

용모는 타고나는 것이지만, 개인의 관심과 노력에 따라 개선할 수 있다. 단정함과 청결을 바탕으로 자신의 개성을 표출하려는 노력이 필요하다.

단정한 용모를 유지하기 위새서는 철저한 자기관리와 지속적인 노력이 요구되는 것이다.

그리고 복장이란 체온의 유지와 위험으로부터의 보호 역할뿐만 아니라 대인관계에서 상대방에 대한 최소한의 예의의 표시이기도 하다.

바람직한 복장의 요건은 청결 조화, 개성의 세 가지로 요약할 수 있다. 사회활동에 잘 어울리면서 자기의 개성도 살리는 옷차람을 연출하면 주위 사람들에게 좋은 인상을 줄 수 있다. 따라서 시간, 장소, 상황에 맞추어 품위 있고 단정하며 세련되게 입어야 한다. 용모와 복장의 기본적인 포인트를 정리하면 다음과 같다.

- 자신의 개성을 나타내는 것은 좋으나 너무 튀거나 촌스러워서는 안 된다.
- 항상 단정함과 청결을 유지한다.
- 업무관리에 효율적인 용모와 복장이 되도록 한다.
- 자신의 인격 및 회사의 이미지를 고려한다.
- 지나치게 화려한 복장과 유행의 맹목적인 추종은 지양한다.

용모와 복장의 전략적인 연출로 기대할 수 있는 효과로는 다음과 같은 것들이 있다.

- 새로운 마음으로 자신감을 갖고 긍정적으로 자신의 일을 시작할 수 있다.
- 첫인상을 좌우한다.
- 타인, 즉 고객에게 신뢰감을 형성한다.
- 직장의 전체 분위기 및 이미지를 좌우하며 제고시킨다.
- 일의 성과에 영향을 미친다.
- 기분을 전환시킨다.

3. 헤어(hair)

1) 남성

- 앞머리는 이마를 가리지 않아야 한다.
- 옆머리는 귀를 덮지 않아야 한다.

- 뒷머리는 셔츠 깃에 닿지 않도록 한다.
- 빗질을 하거나 헤어 제품을 사용하여 단정한 모양을 유지한다.
- 머리가 지나치게 길거나 유행을 따르는 머리는 피한다.
- 지나치게 튀는 염색이나 헤어스타일은 피한다.

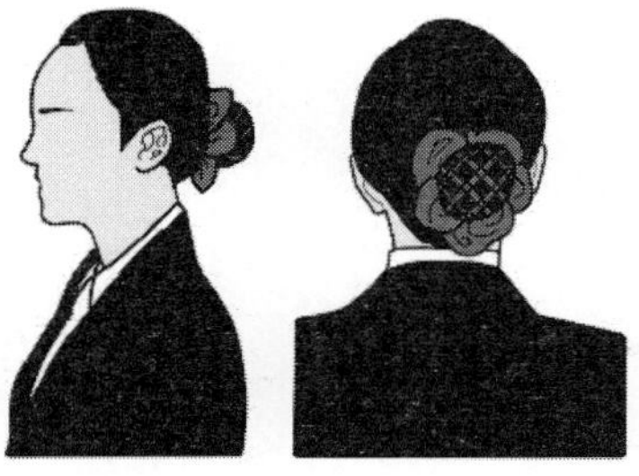

2) 여성

- 앞머리는 눈을 가리지 않는다.
- 지나치게 화려한 머리 장식은 피한다.
- 지나친 파마나 염색 등은 피한다.
- 머리가 흘러내리지 않도록 헤어 제품으로 고정 시킨다.

4. 메이크업(Make up)

1) 글로벌 서비스맨의 Make up

· 펄이 지나치게 많이 들어 있거나, 너무 흐리거나 검정색이 도는 색조 화장은 하지 않는다.

· 너무 진한 화장도 곤란하지만, 전혀 화장기가 없는 맨 얼굴로 근무에 임해서도 안 된다.

· 진한 향이 나는 향수는 사용하지 않는 것이 좋으며, 화장품도 향이 강한 것은 사용하지 않는다.

· 색조화장의 경우 색상선택을 잘 하는 것이 중요하다.

2) 유니폼에 어울리는 Make up

사복을 입었을 때 어울리는 색상이라고 하더라도 유니폼을 입었을 때 전혀 어울리지 경우를 종종 볼 수 있다. 따라서 유니폼 색상에 맞추어서 지정된 다음의 색상 중 본인에게 어울리는 것을 선택하도록 한다.

■ 메이크업의 셀프 체크

1. 자신의 피부타입을 정확히 알고 기초 메이크업을 하는가?
2. 베이스 메이크업(bace make up)은 잘 되었는가?
3. 페이스 라인(face line)과 목과의 파운데이션(foundation)연결은 자연스러운가?
4. 얼굴형에 어울리는 깔끔한 눈썹인가?
5. 아이섀도(eye shadow)의 색과 톤(tone)이 잘 어울리는가?
6. 아이 라인(eye line)은 깔끔하게 그려졌는가?
7. 마스카라(mascara)는 뭉치지 않고 깨끗하게 발라졌는가?
8. 볼 화장은 자연스럽게 되었는가?
9. 입술 선이 깨끗하게 그려졌는가?
10. 복장에 어울리는 메이크업인가?

5. 복장

1) 남성복

(1) 슈트(suit)의 개념과 종류

슈트(suit)는 '세트', '갖춤'의 의미로, 아래와 위를 같은 소재로 지은 남성복 한벌이나 여성복 한 벌을 의미하는 것으로 정장을 대표한다.

직장인 남성의 경우 슈트는 단순히 옷이기 이전에 비즈니스맨의 매너와 품격을 상징하는 것이다.

- AMERICAN STYLE : 가장 실용적인 형태의 슈트로 활동성에 주안점을 두어 넉넉하고 편안함을 강조한 스타일이다. 보수적이고 유행에 흔들리지 않는 스타일이다.
- EUROPEAN STYLE : 각이 진 어깨선과 좁은 소매, 가슴에서 엉덩이까지 꼭 맞는 스타일로 허리선을 최대한 살려 실루엣을 강조한 스타일이다. 마른 체형의 사람에게 잘 어울리며 유행에 민감한 스타일이다.

[Britsh style]

- BRITSH STYLE : 영국의 전통적인 스타일이다. 몸의 흐름을 따라 흐르는 자연스러운 선을 강조하며 부드러운 허리선과 어깨에 패드를 넣지 않으면서도 각이 지게 만든 어깨선이 특징이다. 또한 사이드 벤트(뒤트임)와 주름이 들어간 바지 등이 특징인 고전적인 스타일이다.

[italisn style]

- ITALIAN STYLE : 최근에 유행하는 스타일로, 아메리칸 스타일의 편안함과 유럽형 스타일의 곡선미 그리고 브리티시 스타일의 균형미를 조화시킨 스타일이다. 어깨의 폭이 넓고 허리선이 약간 들어가는 스타일로 착용 시 편안하고 세련된 느낌을 준다.

(2) 색상에 따른 슈트의 특징

① 청색계열 : 가장 기본이 되는 색상으로 비즈니스 웨어로 적당한 색이다 다소 차가운 인상을 줄 수도 있지만 깔끔하면서도 생동감을 준다.

② 회색계열 : 회색은 청색과 어울러 슈트의 기본 색상이다. 회색계열의 슈트는 차분하고 지적인 분위기와 자신감 있는 모습을 연출한다.

③ 검정색계열 : 정중하고 성실해 보인다. 예의를 차려야 하는 자리에 어울리지만 색상 자체가 강하기 때문에 타이의 색과 무늬를 신중하게 선택해야 한다. 경조사 시에도 착용할 수 있는 색상으로 반드시 갖추고 있어야 할 슈트다.

④ 밤색계열 : 부드러운 느낌과 함께 세련된 멋을 풍기지만 연출하기가 어려워 초보자에게는 적당하지 않다.

(3) 올바른 착용법

① 양복

- 체형에 맞춰 색상, 옷감의 패턴을 선택한다.

- 키가 작은 사람은 밝은 색상, 줄무늬를 살린 패턴을 선택한다.
- 뚱뚱한 사람은 커다란 체크무늬의 옷을 피한다.
- 상의 주머니에는 가급적 소지품을 넣지 않는다.
- 무릎이 튀어나온 바지는 입지 않는다.
- 허리띠를 반드시 맨다.

② 드레스 셔츠

- 흰색 또는 옅은 색깔에서 크게 벗어나지 않는 것이 좋다.
- 목 단추까지 모두 채워 착용한다.
- 팔 길이는 양복 소매밖으로 1~2cm 정도 나오는 것이 좋다.
- 화려한 디자인이나 무늬는 지양한다.
- 여름철에도 긴소매 드레스셔츠를 입는 것이 원칙이다.

③ 타이

- 길이는 벨트의 버클을 약간 덮을 정도가 좋으며 안쪽 넥타이가 바깥쪽 넥타이보다 길지 않아야 한다.
- 조끼 착용 시는 넥타이가 조끼 밑으로 나오지 않는 것이 좋다.
- 넥타이 매듭이 중앙에 와야 하며 느슨하지 않도록 한다.
- 색깔은 양복색에 맞추어 선택하는 것이 좋다.

④ 벨트

- 색상은 양복이나 구두의 색깔과 동색 또는 어울리는 색이 좋다.
- 지나치게 요란한 버클 장식은 피한다.

⑤ 구두

- 지저분하지 않도록 항상 잘 닦는다.
- 뒷굽이 많이 닳은 구드는 신지 않는다.
- 양복의 색깔과 맞춘다.
- 구두의 뒤축을 구겨 신지 않는다.
- 한 켤레 이상의 구두를 장만하여 번갈아 가며 신는다.

⑥ 양말

- 바지나 구두 중 색이 진한 쪽으로 선택한다.

- 목이 지나치게 짧은 양말은 피한다.
- 정장 착용 시 흰색 양말은 피한다.

2) 여성복

남성복과 달리 여성복은 상의와 하의, 즉 재킷과 스커트가 같은 재질로 만들어 진 것 또는 재킷과 블라우스 그리고 스커트가 한 세트로 이루어진 것을 슈트라 한다.

(1) 슈트의 구성

■ 직장인에게 어울리는 슈트의 구성

① 재킷 - 무늬가 단순하고 단색이거나 단색에 가까운 디자인의 슈트는 한 벌의 재킷으로 다양한 연출이 가능하며 실용적이다.

② 스커트 - 비즈니스 정장의 스커트는 무릎 아래 길이, 죽 샤넬라인이다.

가. 타이트(tight) : 가장 기본적인 스타일

나. 플레어(flare) : 키가 작은 사람이 폭넓은 플레어를 입으면 키가 더욱 작게 보인다.

다. 플리츠(pleats) : 살찐 체형의 여성이 굵은 주름의 플리츠스커트를 착용하면 더 살쪄 보인다.

③ 바지 - 바지는 스커트보다 체형 커버에 유리하다.

(2) 체형에 따른 슈트 선택

■ 체형에 따른 슈트 선택

① 키가 크고 뚱뚱한 체형: 키가 크고 뚱뚱한 체형은 대담한 디자인이 어울린다. 이 체형은 일자형 주름스커트가 좋으며, 어두운 색은 가급적 피한다. 베이지나 연한 회색 슈트가 부드러운 이미지를 준다.

② 키가 작고 뚱뚱한 체형 : 키가 작고 뚱뚱한 체형에게는 단순한 디자인이 좋으며 부피감 없는 심플한 소재를 선택한다. 무늬는 중간 크기가 좋으며 키가 커 보이는 단색을 입도록 한다. 이 때 신발, 스타킹까지 같은 색 계통으로 코디하면 전체적으로 키가 커 보이는 효과가 있다.

③ 키가 작고 마른 체형 : 이 체형은 무겁거나 늘어지는 소재 혹은 큰 무늬는 체형을 더 작고 말라보이게 하므로 피하는 것이 좋다.

(3) 올바른 착용법

① 스커트

- 지나치게 짧은 것은 피한다.
- 과도한 주름이나 화려한 주름이나 화려한 색상은 피한다.

② 스타킹

- 옷과 구두의 색상과 조화를 이루어야 한다.
- 화사한 색상이 좋지만 무늬가 들어있는 것은 피한다.
- 주름이 잡히거나 올이 터지지 않도록 한다.

③ 구두

- 청결하게 유지한다.
- 의상과의 조화를 이루는 색상을 선택한다.
- 걸음걸이를 균형 있게 유지할 수 있는 구두를 선택한다.
- 출근 후 사무실에서 샌들로 바꿔 신는 것은 피한다. 불가피한 경우는 굽이 낮고 편한 정장용 구두를 선택한다.

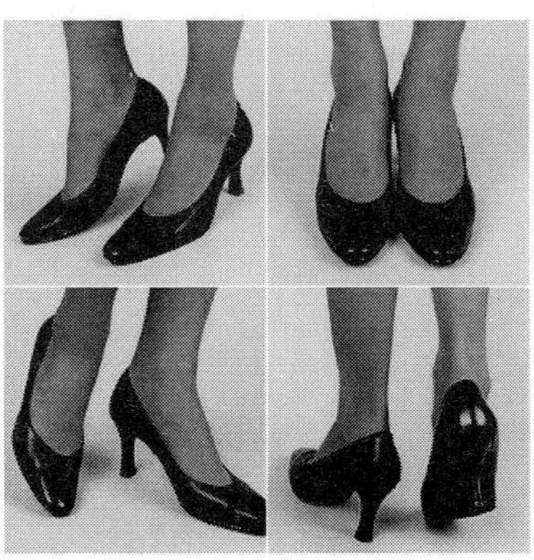

④ 액세서리

- 간결한 것이 좋고 나이, 신분에 맞도록 착용한다.
- 자신의 경제 사정을 고려한다.
- 포인트만 주고 너무 산만하지 않도록 한다.

6. 향수

1) 향수의 사용법

① 좁은 사무실 내에서 많은 사람들이 장시간 함께 생활한다는 점을 고려하여 향이 지나치게 강한 것을 뿌리지 않도록 주의한다.

② 신입사원일 경우 상큼하면서도 은은한 향으로 신선한 이미지를 준다.

③ 데이트 시의 향은 달콤한 프루티 노트나 섹시한 향, 순수하면서도 분위기 있는 향을 선택한다.

④ 파티석상에는 화려하고 섹시한 계열인 플로럴 계열과 오리엔탈 계열의 향수를 선택하여 강렬한 이미지 메이킹을 시도한다.

⑤ 주로 맥박이 뛰는 손목 안쪽, 귀 뒤, 목덜미 등에 뿌려는 것이 효과적이며, 향수는 알코올이 함유되어 있으므로 아래쪽으로 뿌려 두는 것이 지속력도 좋아지고 향이 잘 펴진다.

⑥ 향수는 땀이 많은 부분인 머리나 겨드랑이 등에는 뿌리지 않는 것이 좋다. 땀 냄새와 향수 냄새가 혼합되어 불쾌한 냄새를 유발하기 쉽기 때문이다.

⑦ 향수는 본인의 취향에 따라 사용하는 것이긴 하나 여름에는 아쿠아 제품을, 겨울에는 약간 달콤한 플로랄 부케 향을 사용하는 것도 좋은 방법이다.

⑧ 향수는 휘발성 제품으로 오랜 시간이 지나면 용량이 줄어들고 색도 변하게 되므로 장기간 보관보다는 적절하게 사용하여 소모될 수 있도록 하는 것이 좋다.

2) 향수의 종류 및 특징

향을 의미하는 용어로 오더(Odour), 오더런트(Odorant), 퍼퓸(perfume), 센트(scent), 프래그런스(Fragnance), 플레이버(Flavour) 등으로 구분할 수 있다. 의미상으로는 특별한 차이가 없는 것으로 보이나 실제적으로는 용어가 쓰이게 된 배경이나 용어의 쓰임새 등에 따라 다소 차이가 있다.

향수는 향료의 비율이 20~30% 정도 되는 경우에 지칭하며, 농도에 따라 향수, 오데퍼퓸, 오데투알렛, 샤워코롱으로 불리어진다.

· 샤워 코롱(Shower Colonge) : 원액의 함량이 2~5%로, 샤워 후에 가볍게 사용하면 좋다.

· 오 드 코롱(Eau de Colonge) : 원액의 함유량이 3~5%로, 자극적인 냄새는 없으나 향이 금방 사라진다는 단점이 있다.

· 오 드 투와렛(Eau de Toilette) : 이름에서 느껴지는 이미지로 인해 화장실에 사용되는 것으로 오인을 하는 경우가 있으나, '화장수' 란 의미로 6~8%의 향료가 함유되어 있고, 향의 지속시간은 3~4시간이다. 향수를 진한 향이 부담스러울 경우에 사용하면 된다.

· 오 드 퍼퓸(Eau de perfume) : 향의 지속시간이 7시간 전후이며, 퍼퓸과 오드 투와렛의 중간 형태이다. 원액이 10~25% 함유되어 있다.

· 퍼퓸(Perfume) : 알코올 70~80%에 원액이 약 15~25% 함유된 것이며, 향의 지속시간은 12시간 정도이다.

7. 용모와 복장의 표준

1) 유니폼 및 복장

(1) 남성의 경우

① 상의, 바지의 주름은 잘 잡혀 있는지 확인한다.

- 유니폼은 항상 깨끗하고 지정된 유니폼을 착용해야 하며, 맵시가 있

어야 한다.

- 포켓이나 주머니에 물건을 넣어 불룩하게 보이지 않도록 한다.

② 드레스 셔츠 깃이나 소매에 때가 끼지 않아야 한다.

- 매일 새 것으로 갈아 입는다.

③ 헤지거나 낡아 떨어진 부분이 없어야 한다.

- 헤진 부분은 반드시 수선을 한 후 입는다.

④ 단추가 떨어진 것은 없는지 확인한다.

- 소매단추까지 다 채우고, 떨어진 단추가 있으면 반드시 수선한 후 입어야 한다.

⑤ 상의, 하의, 넥타이 등 얼룩진 부분이 없어야 한다.

- 수시로 체크한다.

⑥ 바지의 길이는 짧거나 길지 않아야 한다.

- 구두 뒷굽이 시작되는 부분에 바지 끝이 닿도록 한다.
- 사무실 등에서 사복을 착용할 경우 몸에 꼭 붙는 바지는 착용하지 않는다. 특별한 경우가 아니라면 청바지나 스키니진은 피한다.

⑦ 벨트를 착용한다.

⑧ 드레스 셔츠 소매길이는 짧거나 길지 않아야 한다.

- 악수를 할 때 드레스 셔츠 소매 끝이 손목뼈에 와야 한다.

⑨ 넥타이 길이를 조정한다.

- 넥타이를 매었을 때 넥타이 끝이 벨트의 버클 끝에서 2~3cm 내려오는 것이 적당하다.

(2) 여성의 경우

① 치마의 길이는 유니폼의 규정대로 유지하여야 한다.

- 개인 취향에 따라 임의로 줄이거나 늘려서는 안 된다.
- 사무실 등에서 사복을 착용하는 경우 무릎 위 10cm 이상은 올라가지 않아야 한다.
- 근무 시 발목까지 내려오는 긴치마는 입지 않는다.

② 속옷을 입어 살아 비치지 않도록 한다.

- 속옷이 밖으로 보이지 않아야 한다.
- 속옷은 겉옷과 동일한 색상이어야 한다.
- 근무 시 소매 없는 옷을 입지 않는다.

③ 블라우스 깃이나 소매에 때가 끼지 않아야 한다.

- 적어도 하루에 한 번 이상은 갈아입습니다.

④ 헤지거나 낡아서 너덜해진 부분이 없어야 한다.

- 헤진 부분은 반드시 수선을 한 후 입는다.

⑥ 단추가 떨어져 있는지 확인한다.

- 소매단추까지 다 채우고, 떨어진 단추가 있으면 반드시 수선한 후 입어야 한다.

⑦ 블라우스 착용 시 반드시 리본을 묶는다.

- 리본의 머리는 양쪽 모두 중앙에서 7~8cm 정도 나오도록 한다.
- 리본의 꼬리는 양쪽 길이가 일치하도록 한다.

⑧ 거울을 보고 복장상태를 확인한다.

2) 신발 및 양말

① 지정된 구두나 신발을 신는다.

- 영업장 근무자(여)가 회사에서 지급된 구두 이외의 것을 착용할 때는 요란한 장식이나 끈, 단추 등이 있는 것을 피하고 가급적 투박하지 않는 심플한 모양의 구두를 선택한다.
- 꺾어 신지 않는다.
- 항상 깨끗하게 손질되어 광택이 나야 한다.
- 터지거나 뒷굽이 지나치게 닳은 것은 피하도록 한다.
- 자기 발 크기에 맞는 신발을 신어 보행 시 덜거덕거리는 소음이 나지 않아야 한다.
- 회사 내에서는 부츠를 신지 않는다.

② 남자의 경우 검정색 또는 진한 감색의 양말을 신는다.

③ 여직원의 경우 스타킹은 살색과 비슷해야 한다.
- 손상된 부분이 없어야 한다.
- 발목 부분이 늘어지거나 접히지 않도록 주의한다.
- 하절기에는 스타킹을 꼭 착용한다.

④ 흰색 양말을 요구하는 직장이나 부서의 경우
- 흰 양말에 검은 때 자국이 보이지 않아야 한다.
- 한번 접는 흰색 커버 양발이 바람직하다.

3) 얼굴

(1) 남성

① 휴식시간을 이용해 거울을 본다.
- 사무실에서는 전화기 옆에 꺼내 놓는다.

② 면도 상태를 확인한다.
- 턱수염, 콧수염이 남아있지 않아야 한다. 코털이 보이지 않도록 짧게 깍는다.

③ 눈이 충혈 되어 있지는 않은지 확인한다.
- 눈곱이 없어야 한다.
- 충혈 되어 있을 경우 눈 운동을 하여 긴장을 풀어준다.

④ 피부상태가 양호한지 확인한다.
- 기초화장을 충실히 한다.
- 번들거리지 않도록 조심한다.

⑤ 구강 상태를 확인한다.
- 담배 냄새 및 술 냄새, 입 냄새 등 나쁜 냄새가 나지 않아야 한다.
- 스프레이형 구강청정제나 은단을 항상 주머니에 준비한다.

⑥ 입술은 밝고 부드러운 느낌이어야 한다.
- 마르지 않도록 립글로스(크림)를 자주 바른다.

(2) 여성

① 휴식시간을 이용해 거울을 본다.

- 손거울을 포켓이나 핸드백에서 꺼내서 본다(사무실에서는 전화기 옆에 꺼내 놓는다.)

② 귀걸이, 목걸이 등 너무 화려한 액세서리를 착용하지 않는다.

- 사무실에 도착하면 너무 화려한 것은 빼 놓는다.

③ 눈썹을 그린다.

- 부드러운 반달형으로 그린다.

④ 아이섀도를 바른다.

- 자연스러운 색깔을 바른다. 보라색과 같은 화려한 색상, 짙은 밤색 계열은 피한다.
- 아이라인은 속눈썹이 난 부위에 가늘게 그리고 눈 전체에 그리지 않는다.

⑤ 속눈썹을 정리한다.

- 얼굴이나 눈가에 떨어진 속눈썹이 없어야 한다.

⑥ 입술은 밝고 부드러운 느낌을 주어야 한다.

- 짙은 빨강, 어두운 커피색 계열은 피한다.
- 밝은 빨강, 주황, 분홍색 계열은 사용한다.
- 립 라인은 립스틱과 같은 색상을 사용한다. 짙은 립 라인에 옅은 립스틱을 발라 립 라인이 두드러져 보이는 화장은 피한다.
- 본인의 입술보다 너무 크거나 작게 립스틱을 바르지 않는다.
- 립스틱이 치아에 묻지 않아야 한다.

⑦ 입 냄새가 나지 않아야 한다.

- 식사 후에는 반드시 양치질을 한다.
- 스프레이형 구강청정제를 갖고 다닌다.

⑧ 얼굴 바탕은 밝아야 한다.

- 짙은 화장은 피한다.
- 화장을 하지 않은 듯 자연스럽게 보여야 한다.

- 번들거리지 않도록 조심한다.

⑨ 강한 향의 향수는 사용하지 않는다.

- 근무 시에는 향수 냄새가 나지 않도록 한다.
- 사무실에서는 고객과 동료들에게 불쾌감을 주지 않도록 조심하여야 한다.

4) 머리

(1) 여성

① 깔끔하고 단정한 머리 스타일을 택한다.

- 가능하면 머리 끈이 어깨에 닿지 않는 스타일로 한다.

② 무스, 스프레이를 사용하여 머리 모양을 만든다.

③ 이마가 드러나도록 한다.

- 화려한 핀이나 액세서리는 하지 않는다.
- 인사를 하거나 음식을 나르는 경우 앞머리가 내려오지 않도록 고정해야 한다.

④ 긴 머리의 경우 뒷머리는 헤어네트 핀을 사용하여 묶는다.

- 헤어 액세서리(핀, 네트 등)는 잘 보이지 않는 색상을 사용한다.

⑤ 머리의 색깔은 검고 윤이 나야 한다.

⑥ 어깨 위나 유니폼에 떨어져 있는 머리카락이나 비듬이 없어야 한다.

- 자주 거울을 보고 점검한다.

⑦ 머리냄새가 나지 않아야 한다.

- 자주 감아서 상쾌한 냄새가 느껴져야 한다.

(2) 남성

① 깔끔하고 단정한 머리스타일을 택한다.

- 뒷머리가 드레스 셔츠 깃을 넘거나 덥수룩하지 않아야 한다.
- 옆머리는 귀에 닿는 부분이 없어야 한다.

- 구레나룻은 안경착용 시 안경다리 아래로 보이지 않도록 자른다.

② 머리에 포마드, 무스, 스프레이를 바른다.

- 번들거리지 않도록 주의한다. 머리 화장품 냄새가 나지 않아야 한다.

③ 이마가 드러나야 한다.

- 앞머리는 위로 1cm 정도 세운다.
- 가운데 가르마는 피한다.
- 앞가르마는 대략 3:7 비율이 적당하다.

④ 거울을 보며 확인하고 단정하지 못하면 다시 손질한다.

5) 손

① 손은 깨끗이 씻는다.

- 손톱 끝의 하얀색 부분이 1mm 정도를 넘지 말아야 한다.
- 손톱에 때가 끼지 않아야 한다.

② 손톱의 상태를 확인한다.

- 색깔이 있는 매니큐어를 바르지 않는다.

③ 반지는 뺀다.

- 결혼, 약혼 등 기념반지 외에는 착용을 금지한다.
- 반지는 지나치게 화려하지 않아야 한다.
- 음식이나 고객의 물건에 반지(알)가 빠지지 않도록 주의한다.
- 지나치게 화려한 팔찌는 착용하지 않거나, 고객의 눈에 보이지 않아야 한다.

STORY 10

● 넥타이 이야기

– 남자의 포인트 –

멀쩡한 넥타이 하나 없는 당신
물방울무늬를 선택하라.
인류가 창조한 최초이자 최고의 무늬다.
너무 화려한 꽃무늬는 오히려 NO.
제임스 본드처럼
매듭지었을 땐 볼륨감있게
매듭 풀었을 땐 구김 없도록.
왼쪽 가슴에서 오른쪽 허리로 그려진 사선무늬는 영국식.
오른쪽 가슴에서 왼쪽 허리 쪽으로 그려졌다면 미국식...
영국인과 미팅 할 땐 삼가야

남성의 정장을 수십 가지의 악기가 모여 연주하는 오케스트라에 비유한다면, 넥타이는 그 오케스트라의 제1 바이올린과도 같다. 무대 중앙에 배치되기 때문에 사소한 실수를 하더라도 금방 드러날 수 밖에 없기 때문이다. 아무리 슈트를 격식에 맞게 완벽하게 차려입었다고 해도 넥타이 하나 잘못 매 전체 스타일을 망치는 사례도 많다.

엘리베이터에 타면 주위가 환해질 정도로 넥타이 컬러와 디자인이 튀는 사람이 있다. 넥타이는 물론 개성의 표현이기도 하지만 무난한 슈트에 지나치게 화려한 꽃무늬 넥타이를 매는 것은 오히려 스타일에 도움이 되지 않는다. 정장이란 세부 품목들의 각각의 개성이 아니라 전체적인 조화의 문제이기 때문이다. 요컨대 슈트, 셔츠, 넥타이, 구두와 양말에 이르기까지 남자의 몸을 감싸는 모든 아이템들은 마치 와인과 음식의 궁합처럼 부드럽게 조화를 이루어야 한다.

넥타이는 남자의 스타일을 조금 더 세련되게 만들어주는 액세서리가 아니라, 슈트 자체를 완성시키는 정장의 일부다. 역사를 살펴보면 넥타이는 남자에 대해 많은 정보를 가르쳐주는 강력한 상징이었고, 그것을 맨 사람이 속한 클럽과 과거에 다녔던 학교, 군대 등 그의 과거를 보여주는 수단이기도 했다. 특히 넥타이는 남자의 심장 가장 가까이 존재하는 제품으로서, 심리학적으로는 '남성 자체'를 상징할 만큼 중요한 의미를 가진다.

넥타이의 매듭에 관해서라면 크게 두 가지 방안이 적용된다. 두 번 돌려서 커다란 역삼각형 모양을 내는 '윈저 노트(knot · 매듭)'도 있고, 한 번 감아 돌리는 '플레인 노트'도 있다. 하지만 매듭은 원칙에 사로잡히기보다는 본인의 얼굴 크기와 개성을 감안해서 유연하게 선택하면 된다. 더 중요한 건 매듭을 만든 다음 넥타이의 몸통을 밀어 올리기 전에, 딤플(dimple · 매듭 중심부 바로 아래 원단이 접혀 들어간 홈)을 만들어 넥타이 전체가 마치 살아있는 것처럼 과감한 볼륨감을 주는 테크닉이다.

이 점에 관해서라면 영국 첩보원 제임스 본드야말로 넥타이를 올바르게 매는 법을 가장 완벽히 보여주는 모델이다. 예컨대 그는 본드 걸을 유혹할 때 넥타이를 살아있도록 고쳐 맨 뒤 마티니 한 잔을 마신다. 참으로 섹시하지 않은가. 즉, 매듭을 지었을 때 볼륨감이 잘 나타나고, 매듭을 풀고 나서도 구김없이 원래 모양으로 자연스럽게 돌아오는 것이 수준 높은 넥타이가 된다. 넥타이 길이는 그 끝이 벨트를 살짝 건드리는 정도라면 안전하다. 조금 높거나 낮은 것은 별 문제가 되지 않는다.

이번에는 넥타이의 무늬다. 해외에 중요한 미팅이 있는 기업인이라면 감색 바탕에 물방울 무늬가 우선이다. 균일하고 일관된 물방울무늬는 질서를 상징하며, 남자에게 좋은 인상을 줄 것이다. 특히 물방울무늬는 인류가 창조해낸 최초의 무늬라고도 할 정도로 전통적이면서 품위를 표현하므로, 넥타이가 하나도 없다면 제일 먼저 갖추어야 할 기본 중의 기본이라고 하겠다. 왼쪽 가슴에서 오른쪽 허리 쪽으로 그려진 사선 무늬(레지멘탈 · regimental) 타이는 영국의 군대와 클럽 유니폼에서 유래되었는데, 이 타이는 울 소재의 클래식 슈트와 각도 넓은 셔츠와 만나면 최적의 조합으로 아름답게 피어난다. 하지만 레지멘탈과 반대의 패턴, 즉 오른쪽 가슴에서 사선으로 기울어진 패턴은 자유로운 미국식으로, 영국인들은 그다지 환영하지 않는다.

마지막으로 나비넥타이로 일컬어지는 보타이(bow tie)에 대한 제안 하나. 보타이를 선호하는 남성들이 지나치게 자기주장이 강하거나, 일반 넥타이를 매는 남성들과 화합할 수 없는 기묘한 스타일을 갖고 있다고 여겨지는 것은 오해다. 보타이는 처음 그 순간의 낯섦만 극복한다면 매일 착용해도 괜찮은 품목이다. 또 각종 파티에 참석하기에 더없이 완벽한 소품이 된다. 많은 한국 남성들이 결혼할 때 턱시도를 입는데, 문제는 낮에 하는 결혼식에도 턱시도를 입는다는 사실이다. 턱시도는 본래 저녁에만 입는 것이다. 그러므로 낮에 결혼식을 할 땐 턱시도 대신에 품질 좋은 클래식 슈트에 개성적인 보타이를 맨다면 완벽한 차림이 될 것이다.

(남훈 : 란스미어 브랜드 매니저)

(자료원 : 조선일보 2008년 3월 8일자)

제4절 생활속의 매너

1. 공공장소 매너

1) 승차매너

최근 승용차의 이용이 증가하면서 승용차에 대한 승차예절이 중시되고 있다. 차를 혼자 타고 갈 때는 교통법규만 잘 지키면 되지만, 누군가와 함께 동승해서 갈 때는 매너를 철저히 지켜 실례를 범하는 일이 없도록 해야 한다.

승차시 주의할 사항은 다음과 같다.

- 자동차
  - ⓐ 운전기사가 있을 경우는 운전기사의 대각선 뒤쪽이 상석이다.
  - ⓑ 운전기사 없이 자가 운전을 할 때는 운전자 옆자리가 상석이다.
  - ⓒ 자가 운전이라 하더라도 운전자와 나이나 직급의 차이가 많을 때는 운전자의 대각선 뒤쪽이 상석이다.
- 기차 : 진행방향을 기준으로 창측이 상석. 침대차의 경우는 아래쪽 침대가 상석이 된다.
- 항공기 : 창측이 상석이고 복도쪽이 2번째 그리고 중간좌석이 가장 말석이다.
- 엘리베이터 : 버튼의 대각선 뒤쪽이 상석이고 버튼 앞이 말석이다.

2) 음주 매너

사회생활을 하다 보면 회식을 비롯해 술을 마시는 기회가 많이 있다. 술자리는 인간관계를 더욱 돈독히 하기 위해 갖는 사교의 자리로서 사회생활에서는 빼놓을 수 없는 부분이다.

술을 마시면 마실수록 취하여 이성을 잃을 수도 있고, 또한 이성을 잃다 보면 실수를 하여 각종 불미스러운 일이 일어나기 쉽다. 따라서 술자리에서는 함부로 처신하지 말고, 올바른 주법으로 끝까지 인격에 손상이 가지 않도록 해야 한다.

술이 일반적인 주법은 다음과 같다.

① 술을 따를 때에는 자세를 바르게 하고, 두 손으로 따른다.

② 술잔이 넘치지 않도록 적당히 따른다.

③ 술병과 술잔은 닿지 않도록 한다.

④ 나이가 많거나 지위가 높은 사람부터 순서대로 따른다.

⑤ 술은 두 손으로 따르는데, 오른손은 술병을 잡고, 그리고 왼손은 술병을 받치거나 오른손의 소매를 끝을 받쳐드는듯이 한다.

⑥ 친구나 허물없는 사이는 한 손으로 따라도 무난하다. 단, 오른손을 사용한다.

⑦ 동년배라 하더라도 경어를 사용하는 사이면 두 손으로 주고, 두손으로 받는다.

⑧ 상대방이 술을 권하면 가급적 마시는 것이 예의이다.

⑨ 술은 너무 무리하게 권하지 않는 것이 예의이다.

⑩ 술자리에서는 남을 헐뜯거나 흉보는 일, 불평과 불만 등은 화제에 올리지 않도록 한다.

⑪ 흥분하여 큰 소리를 지르거나 자세를 함부로 하여 주위에 피해가 가지 않도록 한다.

⑫ 술잔을 돌릴 때는 윗사람으로부터 먼저 잔을 받은 다음에 윗사람에게 올린다.

3) 흡연 매너

담배는 건강에 나쁠 뿐만 아니라 상대에게 불쾌감을 줄 수도 있으므로 술과 마찬가지로 때와 장소에 따라 예절이 필요하다.

흡연에 관한 일반적인 매너는 다음과 같다.

① 금연구역에서는 담배를 피우지 않는다.

② 담배를 피우기 전에 금연구역인가를 확인한다.

③ 흡연구역이라도 손윗사람이나 담배를 피우지 않는 사람 앞에서는 미리 양해를 구하고 피운다.

④ 남의 집이나 사무실을 방문하여 의자에 앉자마자 담배를 피우는 것은 실례이다.

⑤ 접대용 담배의 경우 처음에는 주인이 권하여야 하지만, 두번째부터는 "담배 좀 피우겠습니다" 라고 양해를 구한 다음에 피운다.

⑥ 담배를 피우지 않는 사람은 상대가 권할 때 사양해도 실례가 아니다.

⑦ 손님이나 윗사람에게 담뱃불을 붙여 주는 것은 분위기에 따라 해도 되고, 안해도 된다.

⑧ 사람이 많이 밀집해 있는 곳이나 환기가 어려운 곳에서는 담배를 피우지 않는다.

⑨ 상대가 식사 중일 때는 담배를 피우지 않는다.

⑩ 길을 걸을 때는 담배를 피우지 않는다.

4) 화장실 매너

화장실을 이용할 때 지켜야 할 매너는 다음과 같다.

① 화장실을 청결하게 이용한다.

② 닫혀 있는 문을 열 때에는 반드시 노크를 한다.

③ 사용 중에는 반드시 안에서 문을 잠근다.

④ 변기 속에는 지정된 휴지 이외에는 버리지 않는다.

⑤ 옷매무새는 화장실 안에서 완전히 정리하고 나온다.

11 STORY

● 여행과 화장실

여행을 하다보면 가장 많이 찾게되고 신경이 쓰이는 부분이 화장실사용이다.

각 나라마다 화장실의 문화가 다르고 화장실의 매너가 다르므로 여러가지 상황이 벌어질수 있다. 유럽의 경우 대부분의 화장실이 유로 화장실이다. 적게는 500원정도에서 많케는 3000원정도까지 화장실 사용료를 내야 하는 경우도 있다.

일반식당이나 공공장소는 화장실이 무료로 사용되는곳이 많이 있지만 그렇치 않은 곳들은 대부분 유료화장실이다.심지어는 패스트푸드점도 동전을 넣어야지 문이 열리는곳도 있다. 더욱 재미있는건 화장실 입구에 노인들이 앉아서 화장지를 팔기도 하고 화장실 요금을 받기도 하는 이색적인 모습을 볼수가 있다. 특이한 화장실중 하나는 런던의 맨홀화장실로 낮에는 맨홀로 땅속에 있다 저녁이 되면 지상으로 올라와 화장실이 된다.동전을 넣으면 문이열리고 들어가면 닫히지만 약 5분정도가 경과하면 문이 자동으로 열리는 시스템으로 되어 있다. 이는 마약을 하는사람들이 이용하는것을 방지하기 위함이다.

또한 프랑스의 거리 화장실도 역시 동전을 넣어야 문이 열린다.이 화장실은 용변을 보는동안 아름다운 음악이 흘러나오는 진풍경이 연출된다. 유럽의 화장실은 매우협소하고 화장지도 비치되어 있지 않아 불편함을 느끼게 한다.

미국의 경우도 도시에는 화장실이 많이 있고 빌딩에도 많은 화장실이 있지만 화장실에서의 마약과범죄등에 대한 주의로 아무나 들어갈수 없도록 되어 있다. 또한 미국은 워낙 국토가 넓은나라이다 보니 자동차로 여행 할 경우 오랜시간을 가도 휴게소나 화장실 시설이 잘 나오지 않는다. 가끔 휴게소가 있어서 화장실을 들어가면 특이한 관경이 벌어진다. 특히 남자화장실은 양변기가 있는 각각의 화장실에 문이 없는경우가 많이 있다. 이것 역시 화장실에서의 범죄를 막기위한 방편이라고 한다. 문이 없는 화장실에서 용변을 봐야 하는 경우를 상상해보자.

이런 여러경우를 보면 우리나라의 공중화장실의 수준은 세계적이라고 해도 과언이 아니다.

5) 도서관에서의 매너

① 도서관에 소장되어 있는 책은 여러 사람들이 보아야 하는 것이므로 도서관에 들어 가기 전에 손을 깨끗이 씻고 책을 다루고 보존한다. 특히 책장을 떼거나 접는 일, 밑줄을 긋는 일, 기타 표시를 하는 일, 침을 묻혀 책장을 넘기는 일 등은 삼가야 한다. 만약 기록해 두고 싶은 것이 있으면 사전에 종이와 필기구를 마련하여 따로 정리하도록 한다.

② 또한 도서관에서는 무엇보다도 책을 볼 수 있는 분위기를 유지하기 위하여 신발소리와 문 여닫는 소리 등에 주의하여 모든 사람들에게 방해가 되지 않게 한다.

③ 대출받은 책은 되도록 깨끗이 간수하며, 책의 모양이나 내용이 손상되지 않도록 주의한다. 부주의로 책을 손상시켰거나 분실했을 때에는 열람실 내의 직원에게 연락하고, 규정에 따라 처리하도록 한다.

④ 그리고 도서관에서는 잡담이나 토론을 해서는 안되며, 만남의 약속장소로 사용하는 일 등은 삼가하고, 항상 정숙한 분위기를 유지할 수 있도록 한다. 휴대전화는 전원을 끄는 것이 매너이나 부득이한 경우 무음으로 설정해야 한다.

⑤ 정해진 양식의 도서관 출입증과 도서열람증은 타인에게 대여할 수 없으며, 일반적으로 참고열람실을 이용할 때에는 가방이나 소지품을 보관대에 맡기고 들어 가도록 되어 있다.

⑥ 그 밖에 도서관에서는 금연해야 하며, 이용시의 모든 행동은 직원의 지시에 따라야 한다.

6) 박물관, 전시회장에서의 매너

전시회나 전람회를 방문하여 감상하는 경우 자신의 문화와 교양의 수준을 높이기 위해 노력해야 하며 특히 해외의 박물관과 전시장을 방문 할 경우에는 정해진 매너를 지키는 모습을 보여야 한다.

① 전람회장에서는 이야기를 하거나 신발소리를 내지 않도록 하고, 우산이나 비옷을 들었을 때에는 지정장소에 맡겨야 하며, 작품이나 전시룸에 신경을 집중하고 연구적인 태도로 관람하는 자세가 필요하다.

② 전시작품이나 진열장을 손으로 만지거나 너무 가까이 가서 입김 또는 옷자락이 닿게 하는 것은 삼간다. 만약 자료로 수집하기 위해서 사진을 찍고자 할 대에는 주최측의 허락을 받고, 다른 관객에게 폐가 되지 않도록 한다.

③ 관람을 끝내고 나올 때에는 주최자에게 축하의 뜻이나 감사의 뜻을 표시하도록 한다.

사진촬영은 허가된 곳에서만 해야하며
카메라 플래시 사용이 가능한지도
확인해야 합니다.

작품관람은 지정선 밖에서!

[워싱턴 자연사 박물관]

7) 극장 음악회에서의 매너

물질문명의 성장은 사람들에게 문화를 향한 욕구를 일으키게 된다.

이런 문화를 즐기기 위해 공연장을 찾을 때에도 공연장에서 금지 행위를 하는 등의 매너를 벗어나는 행동을 해서는 안된다.

① 극장이나 음악회는 시작시간 전에 입장하여 자리를 잡아야 한다. 부득이 늦거나 자리를 떠나야 할 때에는 옆좌석의 손님에게 "실례합니다."하고 양해를 구하고, 발을 밟거나 무릎을 건드리지 않도록 주의하여 가서 앉아야 한다.

② 그리고 어린 아이들과 거리가 먼 내용일 때, 공연입장권에 '어린이 동반 사절'이라는 표시가 있을 때는 어린이를 함께 데리고 입장하지 않는다.

③ 공연장 내에서는 금연이므로 반드시 지키고, 앉은 자세를 높이거나 모자를 쓴 채로 관람하는 일 등은 삼가한다. 휴대전화의 전원을 끄는 것은 기본 매너이다.

④ 출연한 음악가나 연기자에게는 적절한 시기에 박수를 보내 관객의 느낌을 표현한다. 일반적으로 박수를 치는 때는 다음과 같다.

ⓐ 음악회에서의 지휘자나 연주자가 등단했을 때

ⓑ 한 곡이 끝났을 때

ⓒ 마지막 곡이 끝났을 때에는 성대하게 박수를 친다.

ⓓ 발레 등의 막이 오르고 주역의 인사가 있을 때

ⓔ 막이 내렸을 때

ⓕ 연극 중에 명대사나 명연기가 나올 때

ⓖ 최후의 막이 내렸을 때

8) 공원 · 고궁에서의 매너

① 공원이나 고궁을 이용할 때에는 정해진 규정을 잘 읽고 제한되어 있는 사항들을 준수하도록 한다.

② 꽃과 나무를 꺾거나 들어 가는 것이 금지되어 있는 잔디밭에는 출입을 삼가한다.

③ 흡연은 지정된 곳에서만 하고, 담배꽁초는 꺼진 것을 반드시 확인하고 휴지통에 버린다. 그리고 연못이나 길에 휴지를 버리지 않도록 한다.

④ 개를 데리고 산책할 때에는 개가 아무 곳이나 배설을 하지 않도록 한다.

⑤ 공원이나 고궁에서 휴식 후에 돌아 갈 때에는 음료수병 · 과자봉지 등을 휴지통에 버리고, 주변을 깔끔하게 정리하도록 한다.

9) 복도에서의 매너

① 복도를 지나가다 윗사람과 마주치면 가벼운 목례를 하고, 예의를 갖춘다. 부득이 바쁜 일이 있어서 윗사람을 앞질러 갈 수밖에 없는 경우에는 "먼저 실례합니다." 또는 "먼저 가보겠습니다." 등의 인사말을 하고 가도록 한다.

② 또한 복도를 걸어 갈 때에는 세 사람 이상이 나란히 걸어서 복도를 꽉 차게 하여 맞은 편에서 걸어 오는 상대방이 헤치고 가거나 비켜 가기에 당혹스러움을 느끼게 하는 일은 삼가한다.

③ 조용한 복도를 울리는 구두발자국 소리나 신을 끌며 걷는 소리 등은 모두 일종의 소음공해가 될 수 있다.

④ 공공주택의 현관 밖이 복도식으로 된 주거지역에서는 어린이들이 복도에서 시끄럽게 떠들거나 뛰어 놀지 않도록 주의를 주어 쾌적한 환경이 될 수 있도록 한다.

10) 거리에서의 매너

① 여성과 함께 길을 걸을 때에는 남성이 바깥쪽(차도 쪽)에 선다. 같은 여성들끼리라면 연령순으로 연장자가 안쪽에 선다.

② 허약한 여성 또는 나이가 많은 여성인 경우나 사람이 너무 많아 혼잡한 경우 등을 제외하고 남성이 여성의 팔을 잡는다든지, 여성이 남성의 팔에 매달리듯 하며 걷는 것은 매너에 어긋난다.

③ 공공장소에서는 되도록 이야기하는 것을 삼가는 듯한 자세를 취하는 것이 매너의 기본으로 길거리, 특히 혼잡한 노상에서 서서 이야기를

하는 것을 되도록 삼간다. 또 길을 가며 담배를 피운다든지, 껌을 씹는 행위도 삼가한다.

④ 길거리에서 큰 소리로 멀리 있는 친구의 이름을 부르지 않는다.

⑤ 남성의 경우, 셔츠의 윗단추를 풀어 헤치고 걷는다거나 넥타이를 다시 풀어서 매는 등의 행위는 삼간다. 여성의 경우는 길에서 화장을 고친다거나 머리모양을 바꾼다거나 하는 정숙치 못한 행위를 삼간다.

⑥ 길에서 싸움을 한다거나, 침이나 가래를 함부로 뱉는다거나, 혹은 취해서 비틀거리는 것도 교양 없는 행위이다.

⑦ 길에서 알지 못하는 사람으로부터 질문이나 도움을 요청받았을 때에는 친절하게 안내를 한다.

⑧ 공공장소에서 모르는 사람에게 받은 호의에 대해서는 상황에 맞는 적당한 인사말을 한다.

그 외에도 카지노, 호텔, 공항, 레스토랑 등 공공장소나 품위를 지켜야 하는 곳에서의 글로벌 매너에 대해서도 생각해야 한다.

2. 장애인을 위한 배려

당신은 장애인에 대해 어떻게 생각하고 계십니까?

장애인과 맞닥뜨릴 경우 어떤 태도를 취하고 있습니까?

매년 장애인에 대해 새롭게 관심을 갖는 사람들이 적지 않지만, 장애인을 대하는 에티켓과 인식이 부족한 이들은 장애인과 만날 때 당황하게 마련이다.

이재서 박사는 「장애인 편견에 대한 이론적 이해」라는 글에서 장애인의 편견에 대한 심리학적 이론을 소개한다. 장애와 장애인을 둘러싼 여러 경험과 선입관들이 사회적 관습과 규범으로 굳어져 이것이 다시 장애인에 대한 개인적 편견을 다른 사람에게 만들어 낼 수 있다고 말하고 있는데, 건전하지 못한 사회교육에 의해 인간은 장애에 관한 편견을 가질 가능성이 있음을 강조하고 있다.

더 이상 장애는 장애인 자신만의 문제가 아니다. 바로 우리 사회의 문제가 되었다. 장애의 문제를 해결하기 위해서는 장애인 개인뿐만 아니라 장애인을 둘러싸고 있는 비장애인도 관심을 가져야 한다는 것이다. 장애인은 분명 기능적 장애라는 문제를 안고 있다. 나아가 장애인이 자신의 내부와 외부의 문제를 극복했다 하더라도 주위의 편견을 극복하지 못하는 한 진정으로 장애로부터 자유롭기 어려울 것이다.

이런 점에서 장애인에 관한 편견문제를 해결하지 않는 한 장애인을 위한 대책은 한계를 가질 수 밖에 없다.

장애인문제의 해결은 장애인의 가장 시급한 외적 환경을 충족하는데서 시작하여 장애인에 대한 사회적 편견이라는 시각적 교정까지 이루어져야 한다. 이런 점에서 장애인을 대할 때의 에티켓을 아는 것은 세상을 살아가면서 반드시 배워야 할 것 중의 하나이다.

대부분의 장애인들이 남의 호의 어린 시선이나 도움을 부담스러워 하는 점에 유의해야 한다. 또 장애인을 보고 힐끔거리거나 쑥덕거리는 듯한 태도가 가장 피해야 할 결례란 사실을 명심해야겠다. 장애인은 단지 몸이 약간 불편한 우리와 똑같은 사람이라는 사실을 잊지 말아야겠다.

무엇보다도 먼저 장애를 가진 사람도 장애를 입은 신체의 기능 일부가 망가졌을 뿐 다른 다양한 능력을 가진 일반사람들과 똑같다라는 사실을 알고 있어야 한다. 사람이 각기 다르듯이 장애인 역시 각기 다른 인격을 가진 인격체라는 것을 인식해야 한다.

잘 모르는 장애인을 보았을 때 주춤하거나 유심히 바라보는 것은 큰 실례이다. 그리고 과잉친절은 금물이다. 장애인은 대등한 인간으로 대우받기를 원하며, 자신을 나타낼 수 있는 기회를 갖고 싶어 할 뿐이다.

1) 지체장애인에 대한 에티켓

① 출입문과 엘리베이터에서 장애인이 오면 문을 열어 주거나 문을 잡아 준다. 장애인의 팔이나 지팡이 휠체어를 잡아 주는 것보다 문을 잡아 주는 것이 더 편리하다. 왜냐하면 출입문을 두 사람이 통과하기보다는 혼자 통과하는 것이 더 쉽기 때문이다.

② 문을 잡아 줄 때에는 사람이 완전히 통과할 때까지 잡아 주고, 완전히 통과한 다음 문을 닫도록 주의한다.

③ 엘리베이터를 잡아 주는 것도 출입문을 잡아 주는 것과 같은 요령으로 하면 된다. 장애인이 완전히 엘리베이터를 탈 때까지 엘리베이터 문을 잡아 주고, 엘리베이터 문을 닫을 때에는 보장구가 엘리베이터 문에 끼이지 않도록 주의하면 된다.

④ 휠체어를 밀어 줄 때에는 휠체어 사용자에게 도움이 필요한지를 먼저 묻고 난 후에 도움을 원하면 그 때 휠체어를 밀어 주어야 한다.

⑤ 모터가 정착된 전동 휠체어는 사용자가 조종하도록 고안되어 있으므로 밀어 주는 것이 불필요할 수도 있다. 그러나 전동 휠체어는 정교하고 예민해서 고장이 잘 나는 경향이 있으므로 자주 도움이 필요할 수도 있다.

⑥ 휠체어를 밀어 줄 때에는 휠체어 크기와 발판이 튀어 나와 있음을 주의해야 한다. 옥외에서는 지형에 유의하고, 움푹 패인 곳이나 질은 곳은 피하는 것이 좋다. 휠체어를 밀어 줄 때에는 천천히 밀어 주고, 장애인이 어디로 가기를 원하는지를 물어 본 후 도움을 주어야 한다.

⑦ 하지에 장애를 가지고 있느 사람들에게 계단이나 턱도로의 연석은 이동하는 데 커다란 장애물이 된다. 이 때 도움이 필요한 지를 물어 본 후 도움을 주어야 한다.

⑧ 장애인이 남의 도움 없이 계단을 이용하는 경우 내려 올 대는 앞에서, 올라 갈 때는 뒤에서 만약의 사고에 대히하는 배려가 필요하다.

⑨ 장애인은 생활하면서 행동의 부자유로움으로 인해 자주 넘어지게 된다. 넘어지는 것이 피할 수 없는 경우도 있지만, 많은 경우 다른 사람이 건드리거나 다른 사람과 부딪혀 넘어지게 되므로 보행 중인 장애인과 부딪히지 않도록 유의해야 한다.

⑩ 장애인이 넘어지면 본능적으로 팔을 내밀어 도와 주게 되는데, 사람에 따라서는 도움이 필요한 경우도 있지만, 혼자 일어나는 것이 더 편한 경우도 있으니 장애인이 넘어지면 도움이 필요한지를 묻고, 그렇지 않으면 넘어진 사람을 잡지 말고 팔을 내밀어 필요하면 잡고 일어서도록 하는 것이 좋다.

2) 시각장애인에 대한 에티켓

① 우연히 길에서 시각장애인을 만나거나 처음 시각장애인을 대하는 대부분의 사람들은 당황하게 되는데, 이 때는 당황하지 말고 그들에게 조금이라도 도움이 될 수 있다면 기꺼이 도움을 주어야 할 것이다.

② 시각장애인(盲人)은 별개의 사람이 아니므로 어린 아이와 같이 생각하거나 옆에 있는 사람을 통하여 말을 걸지 않도록 해야 한다. 만약 말을 걸어야 될 상황이면 억양이나 음성을 보통 사람과 이야기를 할 때와 같이 해야 한다.

③ 실명한 것은 병이 아니고 단지 장애(disabled)이므로 맹인 앞에서 맹인에 대한 동정을 표현하지 않느 것이 좋다.

④ 시각장애인(맹인)이 전철이나 버스를 탈 때 그의 손을 승강구 난간에 닿게 해 주거나 문의 손잡이를 만지게 해 주면 된다. 좌석에 앉을 경우는 그 왼손으로 의자를 만지게 해 주면 의자가 있는 장소나 방향을 알 수 있다.

⑤ 길을 횡단할 때에는 똑바로 걷도록 하고, 옆으로 가지 않도록 해야 한다. 시각장애인은 방향감각을 잃기가 쉽기 때문에 방향을 잃으면 바로 도움을 주어야 한다.

⑥ 시각장애인을 안내할 때에는 뒤에서 밀면 안되고, 가볍게 당신의 손을 잡게 하면 안내자의 움직임에 따라 쉽게 걸을 수 있게 해야한다.

⑦ 시각장애인이 있는 방에 들어 갈 때에는 몇 마디 말을 하면서 들어 가는 것이 좋다. 그래야 누가 들어 왔는지를 바로 알 수 있기 때문이다. 방에 들어 가면 그 곳에 누가 있는가를 전부 소개하는 것을 잊으면 안되며, 시각 장애인을 만날 때나 헤어질 때에는 악수를 하는 것이 좋다. 시각장애인에 있어서 악수는 얼굴이나 눈동자와 같이 우정을 전하는 것이기 때문이다.

⑧ 시각장애인을 돌보아 주려고 지나치게 접근하는 것도 곤란하며, 자연스런 마음으로 사귀는 것이 바람직하다.

⑨ 가정과 사무실 또는 기타 출입문이 있는 공간에서 시각장애인이 출입하는 곳에서는 문을 반쯤 열어 두는 것은 금물이다. 문을 닫거나 활짝 열어 놓는 것이 좋다.

⑩ 접시 · 차 · 컵 · 수저 등의 위치와 요리의 내용을 작은 소리로 설명해 주고, 메뉴와 가격도 읽어 준다. 그 이상은 물을 때에만 해주고, 또 차를 권할 때는 "차입니다."하고, 손을 찻잔에 대주는 배려가 필요하다.

⑪ 방향과 장소를 물을 때에는 시각장애인의 위치에서 전 · 후 · 좌 · 우 그리고 몇 m, 몇 걸음인가를 가르쳐 주어야지 여기 저기하며 가리키면 절대 안된다.

3) 청각 · 언어장애인에 대한 에티켓

① 많은 언어장애인들이 언어장애에도 불구하고 말로써 의사소통을 한다.

② 언어장애인의 대화속도는 비장애인만큼 빠르지 않으며, 청각장애를 함께 지닌 경우 상대방의 대화를 이해하는 데 더욱 시간이 걸림을 인식하여야 한다.

③ 얼굴과 눈을 바라보고 대화에 충분한 주의를 기울여야 한다.

④ 장애인의 말이 확실히 끝날 때까지 기다린 다음, 적당하게 천천히 말을 한다.

⑤ 장애인이 오랫동안 이야기를 할 때에는 고개를 끄덕이고 몇 마디 말을 하여 여전히 경청하며 이해하고 있음을 알린다.

⑥ 장애인이 말하는 동안 지치지 않도록 너무 길게 이야기하지 않는다.

⑦ 언어장애인이 말하는 것이 힘들어 보일지라도 그가 말하고자 하는 것을 끝마칠 때까지 기다려야 한다.

⑧ 장애인의 말을 완전히 이해할 때까지 듣고, 함부로 추측하면 안된다.

⑨ 언어장애인과 이야기하기 위해서는 조용한 장소가 필요하다.

⑩ 언어장애인이 대화할 때 가장 큰 문제는 음악소리이며, 이 밖에도 TV와 자동차 모터 및 그 장애인의 목소리와 유사한 소음 등이 방해요인이 되니 주의해야 한다.

⑪ 집단 내에서의 대화보다는 1:1 대화가 좋으며, 걷거나 껌을 씹는 등 다

른 활동을 동시에 하는 것은 방해가 되니 피해야 한다.

⑫ 글을 써서 의사소통을 하기 위해서는 최소한 앉을 수 있는 장소, 자유로운 손, 약간의 조명이 필요하고, 탁자가 있는 경우 매우 유익하다.

⑬ 쓰는 것은 말하는 것보다 더 많은 시간이 걸린다. 첫 질문에 대한 답변이 끝나기 전에 다음 질문을 하지 않는 것이 좋고, 그 장애인이 청각장애가 없다면, 글을 쓰는 동안 이야기하는 것이 괜찮은지를 물어보는 방법도 좋은 방법이다.

⑭ 다른 모든 사람들이 말을 하는 집단에서 언어장애인이 글을 이용하는 경우, 대화속도에 맞추지 못하므로 옆에 앉은 사람이 장애인의 글을 큰 소리로 읽어 주어야 한다.

4) 정신지체장애인에 대한 에티켓

정신지체란 전체지능이 평균보다 상당히 떨어지고(IQ 70이하), 지능저하, 적응적 행동(adaptive behavior)에 결함이나 장애를 가지면서 18세 이전에 발병이 있는 것으로 단순 정신지체장애인은 신체적으로 건강하여 비장애인과 외견상의 차이는 없으므로 이들이 장애인이라는 인식을 거의 못한다.

따라서 정신지체장애인을 도와 주기 위해서는 먼저 이들을 정신질환자로 오인하거나 외견상의 장애인이라는 인식에서 벗어나야 이들을 진정으로 도울 수 있다.

① 정신지체장애인이 사용하는 말의 발음이 불명확하고 단어선택이 미숙하더라도 끝까지 주의깊게 들어 주어 이들이 말하고자 하는 의사를 정확히 파악해야 한다.

② 비장애인은 발음을 분명하게 천천히 쉬운 단어를 선택하여 자신의 의사를 표현해야 하고, 필요하다면 모짓 등의 행동을 덧붙여 이해를 도울 수도 있다.

③ 정신지체장애인이 지능이 부족하다고 해서 무조건 반말을 하거나 나이 어린 사람으로 대할 수 있는데, 생활연령에 맞게 존칭어를 사용해 주어야 한다.

3. 경조사 매너

1) 경조사 관리

상사와 평소에 친분 또는 거래관계를 맺고 있는 사람에게 경사 또는 조사가 생겼을 때 경조금 · 화환 · 전보 · 방문 · 선물 등의 방법을 이용하여 관심을 표하는 것은 개인생활 또는 사회생활에 있어서의 기본이며, 상호간의 원활한 인간관계의 형성에 있어서 중요한 역할을 하게 된다.

신문의 인물동정과 부음란, E-mail과 팩스 등을 통한 공지사항을 매일매일 체크하고, 사내 온라인을 활용하여 경조사를 확인한다.

경조사 처리시의 주의점은 다음과 같다.

① 정보는 반드시 확인한다.

② 시기를 놓치지 않는다.

③ 형식과 체제를 갖춘다.

④ 정성을 다한다.

2) 경조의 방법

(1) 전보

전화로 전보를 신청할 때에는 국번 없이 115번을 돌려 경조취급전보를 신청한다.

(2) 축전

승진이나 결혼 축하시 이용한다. 청첩장을 받는 사람이 결혼식에 참석할 수 없을 때에는 축전을 보내 축하의 뜻을 표하는 것이 예의이다.

(3) 축하(위로)금의 인편 전달시나 우편송금

축하(위로)금을 인편이나 우편으로 송금할 경우에는 간단히 불참사유와 축하(위로)의 내용을 담은 편지를 동봉하는 것이 좋다.

(4) 조위전보

부득이한 사정으로 조문을 갈 수 없는 경우에는 조위(弔慰)전보를 친다.

① 조위전보는 발인 전에 도착하도록 한다.

② 조의금을 보낼 때는 현금등기로 하면 편리하다.

(5) 화환 및 화분

화환은 조화나 생화를 모아 고리 모양으로 만든 것을 말하며, 주로 경조(慶弔)나 환영의 뜻으로 보내는데, 리본의 한쪽에는 적당한 문구를 적고, 다른 한쪽에는 보내는 사람의 회사명 · 직함 · 성명을 쓴다(축하 리본은 빨간색 또는 분홍색 리본을 사용하며, 수의는 축발전(祝發展), 축영전(祝榮轉), 축수연(祝壽宴) 등으로 한자를 기입).

① 회갑, 생일, 결혼 등 : 빨간색 위주의 꽃바구니로 장미 · 카네이션 등을 사용

② 취임, 영전, 개업, 이전, 준공 등 : 양란 · 동양란 · 소철 · 분재 등의 화분 또는 빨간색 계통의 화환 사용

③ 조문 리본은 흰색 또는 흑색 리본을 사용하며, 꽃은 흰색 또는 노란색의 화환이나 국화 또는 백합의 꽃바구니를 사용(수의는 근조(謹弔), 부위(賻儀) 등의 한자로 기입)

④ 문병 리본은 빨간색 혹은 분홍색 리본

ⓐ 문구 : 쾌유를 빕니다. 축쾌유(祝快癒), 축쾌차(祝快差) 등으로 한자로 기입

ⓑ 꽃 : 의료기간 또는 환자의 병명에 따라 꽃이 허락되지 않는 곳이 있으므로 방문 전에 알아 본다. 꽃향기나 색깔이 너무 진한 것은 피한다.

(6) 선물

① 선물을 할 경우에는 당사자들에게 필요한 물품이 무엇인지를 파악하여 상황에 적절한 물춤을 선정하도록 한다.

② 평소 가깝게 지내던 사람인 경우에는 상대의 취향을 미리 파악하여 선

정하는 것도 좋은 방법이다.

③ 수연인 경우에는 부부에게 똑같이 하거나 부부가 함께 즐길 수 있는 것으로 하는 것이 좋다. 건강기구 · 재킷 · 스웨터 · 낚시대 · 도자기 · 서화 등이 무난하다.

④ 문병의 경우에는 환자 본인이 선호할 만한 것으로 하며, 서적 · 잡지 등도 무난한 설물이 된다.

(7) 부조

① 부조는 상부상조의 뜻으로 잔치집이나 상가 등에 물건이나 돈을 보내는 것을 말한다.

② 부조를 전할 때는 돈을 흰종이에 싸고, 단자(單子)를 써서 함께 보낸다.

③ 봉투는 깨끗한 겹봉투를 이용하며, 축의금 봉투는 봉하지 않는다.

4) 경사매너

경사의 예로는 취업 · 승진 · 수훈 · 결혼 · 수연 · 생일 · 창립기념일 · 개점 · 개업 · 기공식 · 낙성식 등이 있다.

(1) 혼례

① 청첩장은 약 10여일 전에 받아 볼 수 있도록 발송한다.

② 결혼 후의 인사장은 본인이름으로 하고, 옆에 양가혼주의 이름으로 자식의 결혼식에 참석하여 축하해 준 데 대한 간단한 감사의 인사말을 덧붙이는 것도 좋다.

■ 다른나라의 결혼식 예절

· 인도 : 계급제도와 지참금에 대한 부담으로 여성에 대한 인권이 무시되는 나라이다. 하지만 결혼식은 어느나라든 행복한순간이다. 또한 결혼한지 3일째 되는날 첫날밤을 치르게 된다.

· 인도네시아 : 신랑은 신부의 부모를 친부모처럼 대해야 하며 결혼축제기간중에처가를 위해 음식을 장만해서 찾아가야 한다.

· 태국 : 신부의 부모에게 결혼 합의금을 지불해야 한다.이는 인도차이나 반도의 여러나라가 비슷한 문화를 갖고 있다.결혼식은 주로 불고식으로 하며 오전오후 2번에 걸쳐서 하게된다.

· 프랑스 : 결혼식보다 법률이 우선이므로 법률혼을 통과한 후에 결혼식을 하는것이 일반적이다.

· 미국 : 결혼후 결혼신고를 하고 결혼 허가증을 받아야 한다. 이때 성병유무를 가리기 위해 혈액검사를 해야 하며 감염이 된경우는 완치후에 결혼증명을 받을 수 있다.

· 이집트 : 이슬람 문화권인 이나라는 4명의 여자와 결혼을 할 수 있는 제도적 문제로 이혼율도 높고 사화적 문제도 많이 내포하고 있다.

(2) 수연례

수연(壽宴)은 장수(長壽)를 축하하는 잔치를 의미한다.

수연의 청첩은 다음 사항을 주위하여야 한다.

① 수연에 초대하는 청첩은 대체로 회갑을 맞이하는 사람의 자녀들 명의로 한다.

② 사회적으로 명망이 있는 사람은 그와 관계되는 제자 혹은 후배 등이 발기인이 되어 초대장을 내기도 하며, 축하연을 갖기도 한다.

③ 청첩의 내용은 먼저 상대방의 안부를 간략히 묻고 초대하는 사연 · 날짜 · 시간 · 장소 등을 명기한다.

5) 조사매너

조사의 예로는 장례식 · 고별식 · 회사장 등이 있다. 슬픈 일이 있을 경우에는 더욱 상대방에 대한 예의를 갖추어야 하며 그렇치 않을 경우 비난 받을 수 있다.

회사의 임직원이나 주변사람들의 사망소식을 들으면, 즉시 다음과 같은 사항을 확인한다.

① 사망 또는 사고일시

② 사인

③ 조문장소

④ 장례형식

⑤ 발인시각, 장지(葬地)

⑥ 상주성명, 주소, 연락처

(1) 조문절차

조문은 조상과 문상을 뜻하는 말로 조상은 죽은 사람에게 예를 표하고 문상은 유족에게 예를 표하는 것을 뜻한다.

조객록 서명 → 부의금 전달 → 호상에서 자기의 신분전달 → 조문

(2) 인사장 발송

장례를 마친 후 조상이나 부의 등으로 위문해 준 친지나 조객을 직접 찾아 뵙고 감사의 인사를 드리는 것이 예의이다. 사정이 여의치 못할 경우에는 인사장(서신)으로 대신한다.

(3) 조사 관련용어 설명

① 발상 : 발상은 사람이 운명한 후 외부에 초상(初喪)을 알리고 상례를 시작하는 의식을 말함.

② 상제 : 망인(亡人)의 배우자와 직계비속은 상제가 된다. 상주는 장자가 되고, 장자가 없을 때는 차자나 차손이 상주가 된다.

③ 부고

ⓐ 부고는 사람의 죽음을 알리는 통지문

ⓑ 발인일시 및 장소, 장지(葬地), 상주 및 상제의 성명 등을 기재하여 호상이 상제의 친척과 친지 등에게 통지한다.

④ 발인과 영결식

ⓐ 발인은 고인의 육신을 생전에 살던 집과 가족들로부터 장지로 운구하는 것을 말하는 것으로 운구하기 전에 영결식(발인제)를 지내는

것이 일반적인 예이다.

ⓑ 영결식은 상가의 뜰이나 집 밖 공터 또는 장례식장, 교인일 경우에는 교회 · 성당에서 거행

(4) 인사말

① 상제가 부모인 경우

- "얼마나 망극하십니까?
- "상사말씀 무어라 드릴 말씀이 없습니다."

② 상제의 어른인 경우

- "얼마나 애통하십니까?"
- "얼마나 마음이 아프십니까?"

③ 상제의 형제인 경우

- "백씨 상을 당하여 얼마나 비참하십니까?"

④ 상제의 남편인 경우

- "상사에 어떻게 말씀드려야 할지 모르겠습니다."

⑤ 상제의 아내인 경우

- "위로할 말씀이 없습니다."
- "얼마나 상심이 되십니까?"

⑥ 자식이 죽었을 때 그 부모에게 말할 경우

- "얼마나 상심하십니까?"
- "참척을 보셔서 얼마나 마음이 아프십니까?"

⑦ 조문할 때 덧붙여 할 수 있는 말

- "천수를 다하셨습니다."
- "호상입니다."
- "춘추는 얼마나 되셨습니까?"
- "장지는 어디로 정하셨습니까?"
- "발인은 언제입니까?"

4. 스포츠 매너

1) 골프

비즈니스맨들에게 가장 사랑받는 스포츠 중의 하나가 골프이다. 골프는 특히 운동이외의 사교를 목적으로 비즈니스를 하는 사람들이 배워야 할 덕목으로까지 여겨지고 있다. 이러한 이유때문인지 종종 "골프접대, 로비' 라는 부적절한 용어로 언론에 비춰지곤 하지만 분명 골프는 귀족스포츠에서 대중적인 스포츠로 변화하였고 그만큼 골프를 즐기는 사람들의 증가로 많이 실용화되기도 하였다. 이런 대중화와 함께 골프에서 가장 중요한 매너를 알아야 만 한다.

[남아프리카 게리플레어 코스]

(1) 경기에 초청하기

① 한국식으로 골프에 초청한다고 했을 때 많은 외국인들은 누가 비용을 지불할 것인지에 대해 궁금해 한다. 초청 시 상대방의 골프비용과 부수비용모두를 지불한다는 뜻을 확실하게 전해야 한다.

② 예약과 예약 재확인 필수이다. 특히 경기가 있는 날짜와 티타임(Tee Time), 골프장을 재확인한다. 예약만하고 재확인도, 취소도 하지 않는 골퍼들이 있어 미리 신용카드의 번호를 접수하여 취소료를 징수

하기도 한다.

③ 주말 골프 예약을 하고 예약당일 나타나지 않은 사람(No-show)을 영어로 스윈들러(swindler)라고 한다. 이보다는 낫지만 당일 한시간 전에 취소하는 얌체골퍼들을 a shameless golfer라고 하고 또한 수시로 예약 변경하는 사람을 칠면조(turkey)라고 한다. 칠면조는 하루에도 목 색깔이 7번이나 바뀌기 때문이다. 예약을 할 때는 신중히 하고 부득이한 사정으로 취소 시에는 미리 취소한다는 뜻을 알려야한다.

(2) 경기 중 에티켓

① 티잉그라운드(Teeing ground) : 처음 플레이를 하는 출발 지점

ⓐ 다른 사람이 시작할 때는 조용히 지켜본다.

ⓑ 티잉그라운드에서는 플레이어들이 계속치기 때문에 시끄러울 수 있겠지만 어드레스(aderss)에 들어가면 자신이 속해있는 그룹뿐만아니라 다른 그룹의 사람이 칠 때도 조용히 해야 한다.

ⓒ 위험하고 치는 사람에게도 방해가 되므로 칠 사람이외에는 티잉 그라운드에 들어가질 않는다.

ⓓ 칠 사람이외의 사람이 스윙하지 않도록 한다.

ⓔ 앞 그룹 쪽으로 공을 치지 않도록 주의한다.

ⓕ 자신의 볼에 표시를 해두어 확인 할 수 있도록 한다.

② 스루더 그린(through the green) : 현재 플레이를 하고 있는 티잉그라운드와 그린, 코스내 모든 해저드를 제외한 구역을 말한다.

ⓐ 친 공이 예상치 않은 방향으로 날아가 다른 그룹이 있을 만한 곳에 떨어질 것 같으면 'Fore(앞)'라고 외치고 반대로 플레이 도중이란 소리를 들으면 플레이를 중단하고 기다린다.

ⓑ 디봇트(Divot-아이언으로 공을 쳤을 때 잔디가 손상될 수 있는 자국을 말함)는 친 사람이 원래 상태로 해 놓는 것이 에티켓이다.

③ 해저드 : 벙커(움푹들어가 모래가 있는 곳)와 워터해저드, 래터럴워터 해저드가 있다. 볼의 일부가 해저드와 접촉되어 있다면 해저드에 있는 상태이다. 그러나 그래스 벙커(모래대신 긴 풀로 덮인 움푹 파인 곳)는 스루 더 그린이 된다.

ⓐ 벙커에는 공에서 가까운 곳부터 들어가서 치고, 치고 난 후에는 친 자국이나 발자국을 벙커 고무래로 정리하고 나와야 한다.

④ 퍼팅 그린(putting green) : 현재 플레이하고 있는 그린

ⓐ 강한 샷으로 공이 그린위에 떨어지면 처음에는 상당한 망가질 우려가 있으므로 그때까지는 가지고 간 그린 포크로 복구해 놓는다.

ⓑ 원구선타의 원칙을 지킨다.

자신이 공을 치거나 치기위해 준비를 하고 있을 때 다른 사람의 라인(컵을 향해 공을 쳤을 때 공이 지나가리라고 예측되는 궤도를 말한다.)을 밟아서는 안된다.

ⓒ 치는 사람에게 방해되지 않도록 주의 한다. 퍼팅은 특히 집중력이 요구되는 샷이므로 소음 및 행동과 기다리는 위치에 주의한다.

(3) 경기 외 에티켓

① 프랑스에서는 라이센스가 있어야 골프장 입장이 가능할 정도로 골프 규칙과 에티켓에 대해 알고 임해야 한다.

② 골프장의 정보를 사전 입수하여 골프장 출입 시 복장 등에 실수하지 않도록 한다.

③ 스코어보드 등에 기재되어 있는 골프장 규칙과 로컬룰을 따른다.

④ 홀 아웃(Hall out)후 옷과 신발을 갈아 신는다.

⑤ 라운딩한 옷차림으로 클럽하우스에 들어가지 못하는 곳이 많으므로 여분의 옷으로 갈아입고 골프화 대신 구두를 신고 들어간다.

⑥ 샤워 할 수 없을 경우 얼굴과 손을 깨끗이 닦고 식사하는 것이 원칙이다.

12 STORY

● 골프의 유래

골프는 다른 스포츠와 달리 그 기원에 대해 명확하지 않다. 미국골프협회(United States Golf Association, USGA)는 로마시대 시이저 황제(BC100~44)때 로마인들이 파가나카라는 경기를 했다는 기록이 바로 골프의 기원이라고 주장하고 있고 또 다른 사람들은 프랑스의 죄 드마이(jeu de mail)나 네덜란드 의 콜벤(kolven)이라는 경기가 골프로 발전됐다고 주장하기도 한다. 파가니카는 경기 규칙이 알려져 있지 않지만 병사들이 야영지에서 휴식 시간에 한 쪽 끝이 구부러진 스틱과 새털로 속을 채운 공을 치며 즐기는 경기였다. 로마인은 기원전 1세기 무렵에 전 유럽을 정복하고 영국 해협을 건너가 잉글랜드와 스코틀랜드를 점령한 후 4세기까지 머물러 있었다. 이때 원주민에게 이 경기가 전파됐다고 한다. 이것이 골프의 전신이었다고 믿어지고 있다.

이와 유사한 경기가 네덜란드, 벨기에, 프랑스 등지에도 있었다.

이러한 주장의 사실 여부와 무관하게 한 가지 분명한 것은 골프를 탄생시킨 개척자는 바로 스코틀랜드 사람들이다. 1457년 스코틀랜드의 왕 제임스 2세는 '골프가 너무 유행하여, 영국과 전쟁에서 국가방위에 필요한 궁술연습에 심각한 방해가 되므로 12세 이상 50세까지의 국민들에게 골프를 금지한다' 는 금지령에 대한 다음의 기록은 골프가 상당히 오래전부터 대중들로부터 사랑받아온 스포츠임을 알게 해준다.

13 STORY

● 한국식 골프 용어들

- 핸디(Handi) - '핸디캡(Handicap)'을 간단하게 '핸디'라고 표현하는 경우가 있는데 이는 잘못 쓰여지는 것이며 반드시 '핸디캡'이라고 해야 한다.
- 양파 - '양파'라는 용어는 규정타인 파의 두 배의 타수를 기록했을 때 쓰는 말로 이 경우에는 '더블파(double par)'라고 해야 올바른 표현이다.

- 오너(owner) – 전 홀에 제일 잘 친 사람 또는 처음 티 샷을 친 사람을 임자나 주인으로 의역한 나머지 종종 '오너'라는 표현을 쓰는 경우가 있는데 이는 잘못된 표현이며 '아너(honor)'라는 표현을 사용해야 올바르다.
- 몰간 – 첫 홀에서의 첫 티샷을 실수를 했을 때 '한번 더' 기회를 제공하는 것인데 이는 몰간이 아닌 '멀리건(Muligan)' 라는 표현을 사용해야 올바르다.
- 숏홀, 미들홀, 롱홀 – '숏홀', '미들홀', '롱홀'은 '파3홀, 파4홀, 파5홀'을 의미한다. 언뜻보아선 별 무리 없는 표현 같지만 사실 이런 말들은 미국이나 영국에서는 쓰여지지 않는 표현이다. '파3홀, 파4홀, 파5홀'이라고 하는 것이 옳은 표현이다.
- 라운딩(Rounding) – '라운딩(rounding)하다'는 한국사람들의 전형적인 콩글리시이다. '라운드(round)하다'라고 해야 옳은 표현이다.
- 티오프(tee off) – '티업(tee up)'이란 말은 티에 볼을 올리는 동작을 뜻하는 것이고, '티오프(tee off)'는 티샷을 치고 출발하는 행위를 말하는 것.
- 티그린(tee green) – 각 홀의 첫 번째 샷을 하는 장소로 '티잉 그라운드(teeing ground)'가 옳은 표현이다.
- 쪼루 – 티샷시 볼의 웃 부분을 때려 볼을 뜨지 않고 땅을 굴러가는 것을 의미하는 말로 '탑핑(tooping)'이 옳은 표현이다.
- 언더리 – 골프장의 수리 지역임을 나타내는 하얀 표지판을 일컬을 때 줄여서 언더리 하지만 정확한 표현은 '언더 리페어(Under Repair)'이다.
- 빠따 – 퍼터(putter)를 일컫는 말이지만, 많은 국내 골퍼들이 이렇게 부른다.
- 빵카 – 퍼터와 마찬가지로 벙커(bunker)를 지칭하는 말이다.
- 볼 – 앞 조 또는 전방에 있는 사람들을 향해 자기가 친 공이 날아갈 때 주의를 주기 위해 급박하게 외치는 말. 하지만 볼(Ball)이 아니고 포오(Fore!)가 맞다. 이는 만국 공통의 위험을 알리는 신호이므로 사고를 방지 할 수 있다.
- 홀컵(Hole Cup) – 은연중에 많이 사용하는 말인데 홀 과 컵 둘 다 구멍을 지칭한다. 홀이면 홀, 컵이면 컵이라 해야 옳다.

2) 테니스

(1) 테니스 유래

테니스는 15~16세기경 프랑스의 궁정과 상류사회의 귀족들에게 유행했던 '라포므'라는 게임에서 유래했다. '포므'는 불어로 천이나 가죽을 뭉쳐 만든 공양의 기구를 맨손으로 치는 놀이였다. 그 후 20세기에 와서 현재와 같은 라켓을 사용하면서 명칭도 테니스로 바뀌게 되었다.

(2) 테니스 에티켓

① 테니스 복과 슈즈 중 단정한 복장을 갖춘다.

② 윗사람과 시합할 때는 반드시 먼저 나간다.

③ 시합이나 연습 전후에는 항상 인사로써 예의를 갖춘다.

④ 심판의 판정에 화를 내거나 항의하지 않는다.

⑤ 심판의 콜이 없는 한 게임을 계속한다. 심판의 콜이 나오기 전에 '아웃' 또는 '폴트(fault)'라고 생각되어도 공을 잡지 않는다.

⑥ 자기 감정을 노골적으로 표현하지 않는다.

⑦ 시합의 승패에 관해 자신이 책임진다.

(3) 관전매너

① 시합 중 선수에게 소리를 내어 방해를 해서는 안된다.

② 시합 중 공이 움직일 때는 관중은 절대 움직일 수 없으며, 엔드체인지를 할 때 빨리 이동한다.

3) 스키 · 스노우 보드 매너

(1) 스키

스키는 B.C 3000년 경부터 북유럽 지방과 아시아의 산악 지역에서 수렵과 이동을 위한 수단으로 이용되었고 얇은 판자라는 뜻을 지닌 노르웨이 말에서 스키라는 말이 유래되었다. 북유럽에서는 지형, 기후의 특성상 전쟁 시의 이동수단으로 사용되기도 했다. 스키는 역사에 비해 발전 속도가 늦어서 바인딩이 생산된 1893년을 즈음하여 현대적인 모습의 스키가 출현하면서 보급되었고 대표적인 겨울 스포츠로 인기를 끌고 있다.

(2) 스노우 보드

1956년 미국에서 고안되었으나 1980년대 들어 현재의 모습으로 발전하였으며 1990년대 이후 대중화되어 급속도로 발전하고 있다. 힙합스타일을 가미한 스포츠로 젊은 층에서 폭발적인 인기를 누리고 있다.

(3) 스키장 이용 매너

스키나 스노우 보드는 같은 공간을 사용하는 만큼 각자의 취향에 맞는 것을 선택하면 되지만 서로의 특성을 고려하여 상대를 배려하는 마음이 필요하다.

- 입문자는 반드시 기초 기술과 안전 교육, 매너를 받아야 한다.
- 초보자는 충분한 연습을 한 뒤에 리프트를 이용한다.
- 철저한 준비운동을 해야 부상을 막을 수 있다.
- 슬로프의 안전 상태를 미리 점검한다.
- 리프트는 줄을 서서 기다린다.
- 리프트 탑승 중에는 절대 금연한다.
- 리프트 탑승 중에는 절대 금연한다.
- 리프트의 동승자와 가벼운 목례로 인사를 나눈다.
- 리프트에 탑승해서 장난을 해서는 안된다.
- 리프트에서 내릴 때는 조심해서 내리고 동승자에게 피해를 주지 말아야 한다.
- 스키는 경사가 있는 슬로프를 이용하는 만큼 사고발생의 위험이 높으므로 자신의 수준에 맞는 슬로프를 선택하여 이용한다.
- 자신의 체력에 맞게 적당히 휴식을 취하며 타는 것이 좋다.
- 슬로프를 내려갈 때는 앞선 사람에게 방해가 되지 않도록 진로를 택한다.
- 앞선 사람을 추월할 때는 좌우측으로 충분한 거리를 두고 시행한다.

- 음주상태에서 스키를 타는 것은 절대 안되다.
- 슬로프의 안전 요원인 패트롤의 지시에 따르는 에티켓을 지켜야 한다.
- 사고가 발생한 경우에는 자기가 도울 수 있는 방법을 찾아 돕는다.
- 슬로프에서 급정지를 하지 않는다.
- 시즌 리프트 이용권을 대여하거나 불법 사용하지 않는다.
- 자신의 물건이 아닌 습득물은 사무실 등에 맡겨 주인을 찾아 주도록 한다.
- 시설물, 렌탈 장비는 다음 사람을 위해 조심스럽게 사용한다.

4) 스포츠 센터에서의 에티켓-이런 행동은 하지 맙시다.

(1) 헬스클럽

· 운동화를 신지 않고 운동하는 것

· 실외운동화를 신고 바닥을 더럽히는 것

· 운동기구 사용 후 땀을 닦지 않아 다음 이용자에게 불쾌감을 주는 것

· 타월을 여러 장 사용하는 것

· 자기만을 생각하고 장시간 러닝머신을 사용하는 것

· 기구 앞에서 시끄럽게 떠들고 장난치는 것

· 운동 시 땀을 닦지 않거나 상의를 이용해서 땀을 닦는 것

(2) 볼링장

· 투구 후 어프로치에서 내려오지 않고 여러사람이 함께 올라가는 것

· 옆 라인 사람이 먼저 투구 할 준비를 하고 있는데 투구하는 것

· 주변사람을 의식하지 않고 소리 질러 응원하는 것

(3) 수영장

· 메이크업을 지우지 않고 풀에 들어오는 것

· 의료용밴드를 붙이고 수영하는 것

· 액서서리를 착용하고 수영하는 것
· 지나치게 노출이 심한 수영복을 입는 것

[PIC 호텔수영장]

제4장

글로벌 비즈니스 매너

제1절 직장에서의 매너

직장은 인간이 살아가기 위해 또는 자신의 개인적 목표를 달성하기 위해 주어진 과업을 수행하는 곳이다. 바꾸어 말하면, 직장은 일하는 장소, 조직생활을 하는 집단, 생활의 터전, 봉사하는 장소이다. 따라서 직장은 누구에게나 공평하게 주어진 하루의 시간 중 가장 비중을 많이 차지하기 때문에 원만한 인간관계 속에서 기쁜 마음으로 업무를 수행해야 한다.

그러나 직장이라는 조직은 업무의 형태나 장소의 특성 또는 환경에 따라 매우 다양하기 때문에 항상 쾌적한 분위기와 함께 생활할 수 있는 것은 아니다. 즉, 직장은 최고경영자의 사명이나 목표를 달성하면서 자신의 추구하는 이상을 실현시켜야 하기 때문에 많은 제약이 동반될 수 있다. 이와 같이 기업이 만족하고 자신이 만족하면서 멋있는 직장생활을 하기 위해서는 조직 내의 모든 사람들이 지켜야 할 에티켓을 준수하지 않으면 안 된다.

1. 직장인의 자세

직장은 영업활동을 통해 이익을 창출하는 조직체이므로 조직원으로서 지켜야 할 에티켓이 있다. 직장인은 자신이 직장에서 만족하기 위해서는 경영자와 동료 그리고 영업과 관련된 고객을 동시에 만족 시켜야 하기 때문에 매우 중요한 역할을 수행하는 사람이라고 할 수 있다. 따라서 직장인이 업무를 수행하면서 지켜야 할 기본적인 자세를 살펴보도록 한다.

1) 최고 경영자의 사명과 목표의 존중

어느 직장이든 조직이 추구하는 사명과 목표가 명확하게 수립되어 있기 때문에 조직원의 한 사람으로서 직장생활을 영위하기 위해서는 최고경영자가 추구하는 이념을 존중해야 한다. 만약, 최고경영자가 추구하는 이념이 자신이 추구하는 그것과 거리가 있다면 처음부터 그 조직에 몸 담지 않아야 할 것이다.

그러나 특정한 직장에 입사하여 과업을 진행한다는 것은 일단 최고경영자의 사명과 목표달성을 위해 최선을 다한다는 의미로 받아들여진다. 따라서 자신이 속해 있는 직장이 추구하는 이념을 원칙적으로 존중해야만 자기만족으로 이어질 것이다.

2) 능률적인 업무처리

기업은 영리를 추구하는 장소이므로 언제나 업무를 추진하는 데 있어서 투입(input)과 산출(output)의 개념을 염두에 두어야 한다. 즉, 모든 업무를 신속 · 정확하게 처리하면서 수익(profits)을 극대화 시킬 수 있는 방법으로 진행되어야 한다. 따라서 업무를 수행하는 데 있어서 주인의식을 바탕으로 낭비의 요소를 없애고, 가장 효율적인 방법으로 목표를 달성할 수 있도록 최선을 다해야 하겠다.

3) 약속의 이행

직장은 자신이 속해 있는 하나의 조직에 불과하기 때문에 일정 기간 동안 직장과의 계약을 통하여 주어진 과업을 수행함으로써 그에 상응하는 급여를 받는 장소이므로 회사의 규정은 물론 이거니와 직장 동료들간 또는 고객과의 약속은 반드시 지켜야 한다. 즉, 어떠한 약속일지라도 약속한 것은 반드시 실행하는 태도가 매우 중요하다. 약속은 현대인이 지켜야 할 가장 기본적인 요소이므로 직장 내에서 업무를 위한 약속은 반드시 관철 될 수 있도록 노력해야 한다.

4) 사명감

직장은 하루 중에서 가장 많이 머물러 있는 장소이며, 경영자의 사명과 목표의 달성을 통해 자신을 개발하고 창조하는 곳이므로 투철한 사명감을 바탕으로 직장생활을 해야 한다. 만약, 마지못해 갈 곳이 없어 그냥 수동적인 자세로 시간만을 보내는 직장인이라면 하루가 지겹고 모든 업무가 힘들 것이며, 아무 비전(vision) 없이 시간만을 낭비하고 있다면 개인적으로 불행한 직장인이 될 것이다. 따라서, 직장생활을 하면서 도전적이고 미래 지향적인 사고방식으로 과업을 수행하기 위해서는 직장에 대한 확고한 사명감이 바탕이 되어야 하겠다.

5) 봉사정신

인간이 자신의 품위나 생계만을 목적으로 직장생활을 한다면 자신의 발전을 저해할 수도 있으며 더불어 살아야 한다는 원칙에서 벗어날 뿐만 아니라 무미건조한 삶의 연속이 될 수 있다. 왜냐하면 인간은 사회적 동물이기 때문에 특정한 조직체 내에서 정해진 규범을 준수하면서 주위 사람들과 동반자로서의 생활을 바탕으로 살아야 한다. 즉, 더불어 살아가기 위한 봉사정신이 항상 몸에 배어 있어야 한다.

더욱이 글로벌서비스맨은 기본적으로 봉사정신을 갖고 있어야 하며 이런 봉사의 정신은 고객과의 관계를 더욱 긴밀하게 유지 할 수 있고,고객에게 더 큰 만족을 줄수 있으므로 주요한 덕목이기도 하다.

2. 시간관리

시간관리(Time management)는 직장인으로서 가장 기본이 되는 것으로, 자신에게 주어진 시간을 가장 합리적으로 관리해야 한다. 시간관리는 직장인으로서의 자세이자 문화인으로서의 자세이기도 하다. 즉, 직장에서 주어진 업무를 충실히 수행하기 위해서는 목표를 달성하기위해서 사안별로 요구되는 시간을 계획하여 관리한다면 능률적인 업무처리에도 도움을 줄수 있다.

특히 고객을 상대로 업무를 하고 있는 경우 시간의 관리와 시간의 운영은 능률과 능력을 향상 시키는데 중요한 역할을 한다.

3. 긍정적 사고

직장에서 대인관계를 하는 데 있어서 과거보다 미래 지향적인 사고방식으로 건설적인 방향으로 나아갈 수 있는 사고의 전환이 필요하다. 그렇지 않고 매사를 부정적인 시각에서 보려는 습관은 직장의 일을 원만하게 처리하기보다는 주위 사람들을 피곤하게 할 수 있다.

만약 부하가 사소한실수를 하였을 때 꾸지람보다는 더 이상의 동일한 유형의 실수를 하지 않도록 용기를 줄 수 있도록 해야 한다. 동료와 함께 업무를 추진하는 데 있어서 목표를 달성하기 위해 업무에 적극적이면서 협조적인 자세가 요구된다.

특히 고객을 상대로 업무를 하고 있는 경우 시간의 관리와 시간의 운영은 능률과 능력을 향상시키는데 중요한 역 할을 한다.

4. 지시 및 보고

직장은 주어진 과업을 수행하기 위해 업무를 실무적으로 추진하는 층과 그 업무에 대한 지시 및 감독을 할 수 있는 상 · 하간의 조직이 존재하기 마련이다. 이러한 조직이 원활하게 움직이기 위해서는 상하간의 위계질서가 요구된다. 따라서 직장 내에서는 다음과 같은 행동 규범으로 위계질서를 확립시켜야 한다.

1) 업무지시의 에티켓

직장의 상사는 부하에게 업무를 효율적으로 처리하기 위해 능력이나 기능에 따라 적절하게 직무를 분담하고 그에 따른 진행해야 할 업무의 구체적인 사항을 지시해야만 하는데, 업무를 지시하는 데 있어서도 요령과 에티켓이 필요하다. 합리적이고 민주적인 방식은 업무지시의 기본 에티켓이라 할 수 있다.

2) 업무지시 받을 때의 에티켓

(1) 지시를 받을 때

1. 지시내용을 끝까지 경청한다.
2. 필기구를 준비하여 상급자의 지시내용을 메모한다.
3. 지시하는 도중 말을 가로막지 말고 의문사항이 있으면 질문하여 확인한다.
4. 업무지시의 목적과 완급을 파악한다.
5. 지시가 끝나면 요점을 다시 한 번 확인한다.
6. 지시내용의 마감일(deadline)을 정확하게 확인한다.

(2) 의견제시

상사의 지시를 받을 경우 무조건적인 수락은 위험하다. 업무의 지시를 이해하기 곤란하거나 애매모호할 경우에는 지체없이 질문하여 오해가 없도록 해야 하며, 자신의 의견을 첨가할 경우에는 논리성을 바탕으로 보충자료와 함께 하도록 하여 상사를 충분히 이해시키도록 해야 한다. 이때 자신의 의견을 제시하는 데 있어서 상대방을 무시하거나 남을 헐뜯는 태도나 언어를 구사해서는 안 된다.

(3) 처리

상사로부터 지시 받은 내용은 간단명료하면서 정확하게 기록을 하고 관련자나 관련 부서의 협조가 필요할 경우에는 신속하게 처리하도록 한다. 또한 지시사항을 처리하는 과정에서 예상하지 못했던 일이나 곤란한 경우가 발생하면 즉시 지시한 상사에게 경과를 보고하여 업무가 원활하게 처리되도록 노력한다.

3) 보고할 때의 에티켓

1. 보고는 특별한 경우가 없는 한 정해진 날짜를 지키도록 한다.
2. 업무의 보고는 반드시 지시한 사람에게 한다.

3. 업무가 종료되지 않았을지라도 사안에 따라 중간보고를 하는 것이 좋다.
4. 간결하고 명쾌하게 보고한다.
5. 보고의 내용과 자신의 의견을 구분하여 보고한다.
6. 보고 후에는 반드시 보고내용에 대한 의견을 기록하도록 한다.
7. 결론을 먼저 말하고 과정을 설명하면 훨씬 효과적이다.

5. 상사 및 부하 상급자와의 관계

어느 직장이나 업무를 수행하기 위한 수단으로 인간조직을 구성하고 있기 때문에 상하관계가 존재할 수 밖에 없다. 이러한 상하관계의 조직을 이해하지 않고서는 올바른 직장생활을 기대할 수 없으며, 직장에 머무는 동안에는 항상 불안하고 짜증스러운 분위기 가운데 조직생활을 할 수밖에 없다. 따라서 조직의 특성을 파악하고 이해하려는 노력이 필요하다.

물론 실제 상황에서는 조직의 특성에 따라 그 관계가 매우 복잡하고 다양하겠으나 상하간의 관계설정에 있어서 무엇보다 중요한 것은 직장에서 규정하고 있는 인사규정과 기본적인 인간관계일 것으로 사료되기 때문에 원활한 직장생활을 위해서는 상사와 부하의 관계정립에 있어서 인간적인 측면이 우선되어야 하겠다.

(1) 상사 상급자

직장의 상사는 직장 내에서 업무의 효율적인 관리를 위한 조직의 수단이지 직장 외의 인간상사는 아니다, 그러나 현실적으로 마치 직장의 상사가 사회의 상사인 양 행세를 하는 경우가 드물지 않다는데 그 문제의 심각성이 내재되어 있다.

필자가 직장에 근무하면서 경험한 바에 의하면, 선진국일수록 직장 내 상사의 책임과 권한은 명확하게 구분되어 있어 상하관계의 질서가 합리적으로 지켜지고 있는 반면 후진국일수록 상사는 책임보다 권한을 앞세워 부하를 함부로 대하는 경향이 있다.

■ 직장 상사가 주의해야 할 행동

1. 직장 내의 부하(특히 여성)들에게 반말하는 행동
2. 사적인 일을 업무에 연결시켜 업무지시하는 행동
3. 부하의 업무능력을 고려하지 않고 편견을 가지고 대하는 행동
4. 비합리적인 방법으로 부하에게 업무처리를 강요하는 행동
5. 지나치게 권위주의적인 행동
6. 시간관념 없이 비효율적으로 업무처리를 하는 행동
7. 책임은 회피하고 권한만 주장하는 행동
8. 부하의 사생활을 침해하는 행동
9. 동료에게 부하를 험담하는 행동
10. 상사의 품위를 훼손시키는 행동

그러나 직장 내 상사는 나이나 인종, 피부 색깔에 관계없이 조직의 계층을 나타내는 하나의 상징이기 때문에 부하에 대한 인간적인 배려가 매우 중요하다.

(2) 부하직원

상기된 바와 같이 직장에서 상사 밑에는 여러 명의 부하가 존재하게 되는데 사규나 일반적인 관행에 적합한 행동으로 상사를 보좌하는 자세가 필요하다. 또한 인간의 상사가 아닌 순수한 직장 조직 계층의 구성원으로서 정해진 책임과 권한의 범위 내에서 업무에 초점을 맞춘 자발적인 자세로 임해야 올바른 직장생활의 분위기를 조성할 수 있을 것이다. 이와 같은 분위기를 스스로 만들기 위해서는 상하간의 인간관계가 정립되어야 하며, 수평관계라고 할 수 있는 동료간의 관계도 유연성을 바탕으로 양보의 자세가 요구된다. 따라서 부하의 입장에서 상사를 원만하게 보좌하기 위해서는 자발적으로 지켜야 할 에티켓이 있다.

■ 직장의 부하 직원이 주의해야 할 행동

1. 상사의 업무지시를 특별한 이유 없이 거부하는 행동
2. 상사 앞에서 동료를 헐뜯는 행동

3. 약속시간을 준수하지 않는 행동
4. 상사의 비합리적인 업무지시임을 알면서도 맹목적으로 추종하는 행동
5. 회식중에 상사를 비방하는 행동
6. 상사의 업무 스타일에 적극적으로 동의 하면서도 동료 앞에서는 부정하는 행동
7. 비정상적인 업무 처리를 위해 상사를 회유하는 행동
8. 부정을 위한 부정적인 언행을 일삼는 행동
9. 업무시간을 준수하지 않는 행동
10. 조직의 사명과 위배되는 행동

(3) 인간관계

직장생활을 원활히 수행하기 위해서는 원만한 인간관계를 유지해야 한다는 사실은 누구나 알고 있으면서도 실제상황에서는 그렇지 못한 것이 인간사회인 것 같다.

직장생활을 하는 사람은 하루에 8시간 이상을 동일한 장소에서 얼굴을 마주보며 생활하기 때문에 즐겁지 못하거나 험악한 분위기가 연속된다면 견디기 힘들 것이다. 따라서 명량하고 쾌적한 분위기 가운데 자신의 업무를 성실히 수행하기 위해서는 때로는 자신의 희생이 필수적이라는 사실을 명심해야 한다. 환언하면, 원활한 인간관계는 즐거운 마음으로 맡은 바 업무를 기분 좋은 상태에서 처리할 수 있으며, 상사나 동료들로부터 신뢰를 구축할 수 있다는 평범한 진리를 깨달아야 한다.

직장에서 조직의 구성원으로서 업무를 수행하는 데 있어서 인간관계를 살펴보면 그 스타일이 각양각색이다. 어떤 사람은 상사나 동료들로부터 존경을 받으면서 근무하는가 하면 어떤사람은 손가락질을 받으면서 직장생활을 하는 모습을 쉽게 발견할 수 있다.

직장에서 무엇보다 중요한 것은 더불어 살아간다는 자세와 내가 먼저 양보한다는 자세로 보편적으로 인정된 에티켓을 지킨다면 반드시 성공하는 직장인이 될 것이다. 따라서 직장에서의 성공적인 요소는 바로 상하 그리고 동료들 간의 원만한 인간관계인 것이다.

STORY 14

● 뉴욕 아스토리아 호텔 이야기

비바람이 몰아치는 늦은 밤에 미국 필라델피아의 작은 호텔에 노부부가 들어와 호텔종업원에게 "예약은 안 했지만, 혹시 방이 있느냐"고 물었습니다.

그 호텔 종업원은 자기 호텔에는 방이 없다며 노부부를 위해 다른 호텔에 방이 있는지 물어보았죠. 하지만 그 근처 어느 호텔에도 방이 없었습니다.

종업원은 노부부에게 "객실은 없습니다만, 이처럼 비도 오고 새벽 1시나 되는 늦은 시간이니 차마 나가시라고 할 수가 없군요. 누추하지만 제 방에서 주무시면 어떨까요"라고 말했습니다.

노부부는 처음엔 사양했지만, 그 종업원이 호의를 거절할 수 없어서 종업원의 방에서 하룻밤을 보냈답니다.

다음날 아침, 체크아웃하면서 노신사는 종업원에게 "당신은 미국에서 제일 좋은 호텔 사장이 돼야 할 분 같군요."라고 칭찬의 말로 고마움을 표했답니다.

그리고 2년이 지난 후, 그 종업원은 뉴욕행 왕복 비행기표와 함께 자신을 방문해 달라는 노신사의 편지를 받았습니다.

노신사는 뉴욕에 도착한 종업원을 데리고 중심가로 갔죠. 노신사는 대리석으로 만든 궁전 같은 호텔을 가리키며 말했습니다. "이 호텔은 당신이 경영하도록 내가 지은 것입니다."

그 호텔이 바로 월도프 아스토리아 호텔입니다. 그리고 그 노신사는 바로 호텔주인인 윌리엄 월도프 아스토였습니다. 종업원의 이름은 조지 볼트였습니다.

그는 이 호텔의 첫번째 지배인이 됐습니다.

진심에서 우러나오는 친절은 이렇게 상상할 수 없는 큰 행운으로 다가오기도 합니다.

15 STORY

● 고객도 춤추게 하는 칭찬

아시아나 매직워드서비스
상황별 '맞춤 칭찬'으로... 불만접수 48% → 7%↓

"기분 좋은 칭찬을 듣고 출국했더니 해외 출장길이 전혀 힘들지 않던데요."

아시아나항공 인천공항서비스지점장은 최근 한 고객으로부터 이런 내용의 이메일을 받았다. 이 항공사 직원이 공항 발권창구에서 자신에게 덕담 한마디를 건넸는데 이런 이례적 모습에 신선한 감동을 받았다는 내용이었다. 이 고객은 '다음번 출장에도 반드시 아시아나항공을 이용하겠다'는 약속까지 남겼다. 지점장은 "고객 서비스차원에서 적극적으로 격려와 칭찬의 말을 건넸던 것"이라며 "이런 감사 메일을 받으니 일의 보람을 느낄 수 있을 뿐만 아니라 '세치 혀'의 우력도 실감하고 있다"고 말했다.

고객서비스 창구에서 건네진 '기분 좋은 말' 한 마디가 기업이미지를 바꾸고 있어 화제다. 이 회사는 좋은 말 건네기 서비스를 시행하면서 고객불만율이 뚝 떨어지는 효과를 체험하고 있으며 특히 '칭찬'이 되돌아와 직원들 업무 만족도가 높아지는 릴레이 효과까지 챙기고 있다.

10일 아시아나항공에 따르면 이 회사는 지난 2월부터 공항 발권창구나 라운지, 탑승장 등에서 자사 비행기 탑승자에게 칭찬과 격려의 말을 건네는 '매직워드 서비스'를 시행하고 있다. 이는 일종의 '기쁨 주기'서비스로, 이를테면 골프여행을 떠나는 탑승객에겐 '홀인원 하세요. 제가 여기서 응원하겠습니다'라는 말을 건네고 신혼 여행개에겐 '두 분의 행복한 모습에 공항이 환해졌습니다'라고 말하는 식이다. 공항은 더 이상 이별의 장소가 아니라 새로운 출발을 하는 곳이라는 점에 착안, '기분 좋게 출발하려면 기분이 좋아지는 말을 건네는 서비스가 필요하다'는 생각에서 이 서비스를 시작하게 된 것.

물론 무턱대고 칭찬만 해주는 '립 서비스'가 아니라 고객 상황과 특서에 딱 들어 맞는 말을 건네는 게 이 서비스의 요지이다. 따라서 아시아나 항공은 정확한 '말의 번지수'를 찾기 위해 상황별 '멘트' 수천가지를 포켓북 형태로 만들어 직원들에게 배포했다.

이 같은 노력 덕분에 이 서비스는 현재 시행된 지 6개월여에 불과한 데도 탁월한 성과로 이어지고 있다. 아시아나항공의 자체 집계에 따르면 지난

2~7월 고객센터에 접수된 628건의 상담 가운데 '칭찬'으로 분류된 상담이 무려 586건(93%)을 차지했고 '불만'으로 분류된 상담은 단 42건(7%)에 그쳤다. 불과 1년 전 같은 기간 동안 '칭찬'이 52%, '불만'이 48%로 서로 반반씩을 차지했던 것과 비교하면 놀라운 변화다.

아시아나항공 관계자는 "이 서비스를 시행한 이후 고객들로부터 돌아오는 칭찬과 격려가 많아지면서 직원들 근무 분위기가 좋아지는 효과도 얻게 됐다"며 "이 서비스를 더욱 발전시켜 아시아나 항공의 모든 고객 응대 현장에 확대 시행할 계획"이라고 말했다.

● 상황별 매직워드 서비스 사례

· 페션 센스가 뛰어난 고객 : "손님의 높은 안목이 돋보이는 가방입니다."

· 나이에 비해 젊어보이는 고객 : "너무 젊어 보여서 여권의 생년월일을 다시 확인해 보았습니다."

· 인상 · 미소가 좋은 고객 : "웃는 모습이 참 선합니다. 항상 좋은 일들만 있을 것 같습니다."

· 아이 동반 고객 : "아니가 너무 똑똑하고 예브네요. 아기 모델 시켜도 될 것 같습니다."

[세계일보]

제2절 명함

1. 명함의 의의 및 개념

명함(business card)은 16세기경 독일에서부터 사용되었다고 전해지고 있다. 1560년 베네치아에 있던 독일 유학생이 공부를 마치고 귀국할 무렵 신세를 진 교수를 방문할 때 부재중인 교수 연구실에 자신의 이름을 쓴 종이쪽지를 두고 왔는데, 이것이 서양의 명함에 대한 가장 오래된 기록으로 여겨지고 있다. 그러나 명함에 대한 풍습 자체는 중국에서 그보다 훨씬 이전부터 행해졌을 것으로 추정하고 있으며, 프랑스 루이 14세때에는 사교계의 귀부인들이 트럼프카드에 자기 이름을 써서 왕에게 올렸다는 기록도 있으며 이 때 부터 18세기 말까지 전 유럽에 명함이 보급되었다고 한다.

오늘날의 사회에서는 명함 사용이 매우 보편화되어 있으며, 처음에는 비즈니스맨(businessman)이 초면에 자기소개를 겸하여 이용하는 것으로 여겨져왔으나 최근에는 비즈니스와 관계없이 자영업자나 사회활동을 하는 여성 그리고 학생들에게까지 사용되고 있어 사용범위가 점점 확대되고 있는 추세이다.

또한 명함은 개인이나 회사의 이미지를 전달 할 수 있는 중요한 커뮤니케이션 도구로 사용되기도 한다. 우리나라에서 최초로 명함을 사용한 사람은 미국 1호 유학생인 유길준으로 유학시절인 1883년에 사용한 것으로 알려지고 있다.

2. 명함의 중요성

비즈니스 사회에서 명함의 이용이 확산되고 있는데도 불구하고 지금까지는 거의 별다른 주의를 기울이지 않고 획일적인 스타일로 명함을 만들고 사용해 왔다. 회사에서 일정한 명함의 형식과 형태를 규정하고, 그에 따라 전 사원이 동일한 형태의 명함을 제작하도록 하여 기업 이미지 개선에 관심을 갖고 있는 오늘날에는 기업이나 각종 단체에서도 명함의 다양한 디자인이나 로고(logo)의 중요성을 인식해가고 있다.

아직 개인에게 명함제작을 위임하는 기업은 소수에 불과하지만, 각부서나 팀간의 차이를 인정하는 기업에서는 명함에 사진이나 특별한 케릭터(character)를 삽입하도록 하여 자유스런 명함을 제작하여 사용하는 것을 허용하는 기업이나 단체가 점점 늘어나고 있다. 명함도 바야흐로 개성화 시대로 접어든 것이다.

3. 명함의 형태

명함은 나라와 개인의 취향, 유행에 따라서 다소 차이가 있을 수 있겠으나 보통 일정한 크기의 사각형 순백지에 인쇄한 것이 일반적이다. 개성을 주기 위해 각진 부분을 둥글린다든지 금테를 두른다든지 색깔 있는 용지를 쓰는 것도 요즘은 유행하고 있다.

영국과 미국에서는 남녀 모두 같은 형태의 명함을 사용하나 여성용 명함이 남성용 명함보다 큰 것이 특징인 때도 있었다.

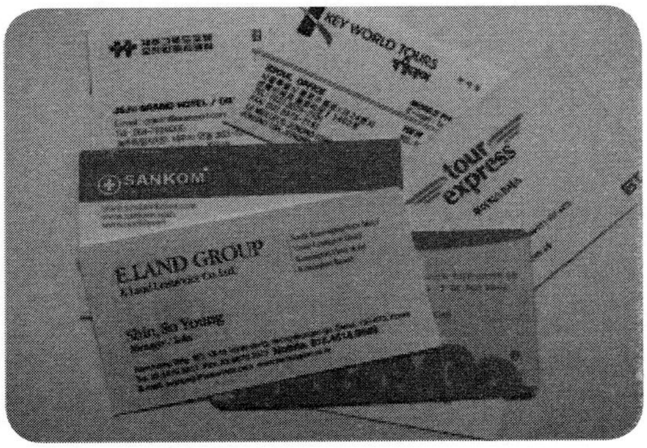

1) 형태

(1) 사교용

사교를 위함 명함은 본래 'Mr'나 'Mrs' 또는 부부용으로 'Mr. and Mrs'의 존칭을 붙여 이름만 표기하였으나 최근에는 실용적으로 주소나 전화번호, 이메일 등 많은 정보를 표기하는 사람도 있다.

(2) 업무용

업무용 명함은 회사원이 다른 회사를 방문하거나 고객을 사업상만났을 때와 같이 업무용으로만 사용한다. 업무용 명함을 사교용 등 자기를 소개할 때 사용하기도 한다. 일반적으로 업무용 명함에는 성명, 회사의 주소, 회사 내에서의 직책과 직위를 표시한다. 하지만 이런 형식이 정형화되어 있는 것은 아니며, 기업의 특징과 업종에 따라 다양한 디자인을 하고 있다.

4. 명함의 교환방법

사회생활을 하면서 자주 명함을 주고 받는다. 명함을 건네다보면 괜히 어색하고 부자연스러운 느낌이 들 때가 있으나 명함을 교환하므로 새로운 관계가 시작되는 것이고, 명함의 교환은 사회생활의 중요한 성과가 될 수 있으므로 신중하고 참신한 방법으로 명함을 교환하는 매너를 갖추어야 한다.

명함교환의 매너는 상대방에게 좋은 첫인상을 주어 자신을 오래 기억하게 하는 중요한 역할을 한다.

명함은 항상 여유있게, 명함을 위한 명함지갑에 소지한다.

1) 명함의 교환

(1) 명함을 상대방에게 줄 때

- 자신을 소개하면서 준다.
- 반드시 서서 준다.
- 명함은 넉넉히 준비하여 자유로이 교환할 수 있도록 한다.
- 인사가 끝난 후 느닷없이 명함을 주는 것은 예의에 어긋난다.
- 명함은 아랫사람이 먼저 내지만 소개의 경우는 먼저 소개받은 사람부

터 건네고, 방문한 곳에서는 상대방보다 먼저 건넨다.

- 명함은 상대방이 바로 읽을 수 있도록 건넨다.

(2) 명함을 상대방으로부터 받을 때

- 서서 받는다
- 받은 명함은 정중히 다루어야 한다,
- 명함은 반드시 명함지갑에 넣어 깨끗이 보관한다.
- 상대방의 면전에서 받은 명함에 낙서하지 않는다.
- 명함을 받은 후에 반드시 이름을 소리내어 읽어 확인한다.
- 상담시에는 테이블 위에 올려놓고 보면서 이야기 한다.
- 명함을 준비하기 전에 상대의 명함을 받게 될 때는 받은 후에 바로 명함을 건넨다.
- 명함을 받을 때는 두 손으로 받고, 될 수 있는 한 정중하게 취급해야 한다.

받은 명함에는 자기가 건네준 명함과 마찬가지로 어느 정도 그 사람의 인격이 숨어 있다. 그것을 읽지도 않고 그냥 집어넣어버리면 명함의 의미가 반감될 뿐만 아니라 상대방에게도 실례가 된다.

명함을 받았을 때는 자세히 들여다보고 거기에 있는 정보를 머리에 새겨두어야 한다.

그리고 뭔가 의문 나는 사항이 있으면 곧바로 물어보는 것이 좋다. 어려운 한자가 있을 때는 어떻게 읽는지 물어봐도 좋고, 적혀 있는 직함이나 주소와 관련된 것이라도 좋다. 특이한 명함이라면 그에 대한 인상을 말하는 것도 좋다.

2) 명함을 소지하는 매너

명함은 반드시 명함지갑에 준비하여 상의의 안주머니에 넣고 다니는 것이 바람직하다. 지갑이나 메모지와 같은 곳에 넣고 다니는 것은 상대에게 별로 좋은 인상을 줄 수가 없기 때문이다. 즉, 명함은 명함만 가지고 다니도록 만들어진 명함지갑(business card holder)에서 꺼내는 것이 가장 바람직하다.

이때 주의해야 할 사항은 명함지갑 속에 자기 명함과 다른 사람들로부터 받은 명함이 뒤죽박죽되어 꺼낼 때 사진의 명함을 찾는 것은 실례가 될 수 있다.

명함을 꺼낼 대는 상대방이 읽기 쉽게 돌려서 주고, 오른손으로 건네주는 것이 예의이다. 이때는 분명한 목소리로 자기소개를 하는 것을 잊지 말아야 한다.

3) 명함이 떨어졌을 때의 매너

외출시에는 자신을 소개하거나 상대방을 소개 받을 것을 대비하여 언제나 업무용이나, 개인용 명함을 충분히 가지고 다니는 것을 생활화 해야 한다. 그러나 특별한 사정으로 인하여 명함을 소지하고 있지 않거나 명함이 떨어진 경우에는 당황하지 말고 상대방에게 자신을 다른 방법으로 소개할 수 있는 지혜를 발위해야 한다.

명함이 떨어진 것을 알았을 때는 상대방이 명함을 건네기 전에 미리 이야기를 해서 결례를 사과하고, 필요에 따라서는 이름과 전화번호 정도를 적은 메모를 건네준다.

한편 집이나 사무실에 돌아오는 즉시 명함과 함께 한마디 사과의 말을 곁들인 편지를 보내는 것이 예의일 것이다. 이와 같이 메모를 전달할 경우에 상대방에게 자신의 성의와 인상이 강하게 어필한다면 오히려 이것을 계기로 관계가 돈독해지는 경우도 있을 수 있다.

5. 명함의 관리방법

최근에는 크기나 모양이 다양한 명함 꽂이가 있어 정리나 관리가 쉬워졌다. 특히, 바인더(binder)식 명함 꽂이는 나중에 새로 명함을 추가할 수도 있어 매우 편리하다.

분류방법에 있어서 크게 업무용과 개인용으로 나누어지지만 그 외에도 여러 가지 분류방법이 있다.

업무내용이나 교제범위에 따라 편리하거나 불편한 점이 있고, 취향도 있을 것이다. 시행착오를 거쳐가며 자기 나름대로의 분류법을 개발하는 것이 바람직하다. 교제가 오랫동안 계속되면 상대방의 명함이 바뀌는 경우가 있다. 이럴 대는 과거에 받은 명함과 새것을 가지런히 보관하여 그들과의 교제과정을 한눈에 알 수 있도록 해두면 자료적인 가치도 높아진다. 명함철은 때로 훌륭한 인맥사전이 될 수도 있다.

제3절 방문매너

■ 방문객을 맞을 때

어느 직장이나 업무중에는 외부의 손님이 내방하는 기회가 많이 있기 때문에 손님을 안내하는 데 있어서 지켜야 할 에티켓이 있다. 업무와 관계가 있거나 혹은 관계가 전혀 없을지라도 방문하는 손님을 정중히 맞이하는 것은 직장인의 기본 자세이다. 그러나 현실적으로 손님의 방문을 소홀히 하여 소속하고 있는 직장에 대한 부정적인 이미지를 주는 경우도 있기 때문에 방문객에게는 항상 맑은 표정과 함께 안내하여 긍정적이고 좋은 이미지를 줄 수 있도록 최선을 다해야 한다. 따라서 직장을 방문하는 손님은 안내하는 사람의 서비스 수준에 따라 고객이 갖는 이미지가 달라지게 마련이므로 손님이 기쁜 마음으로 방문을 할 수 있도록 다음과 같은 절차의 에티켓과 친절한 서비스로 안내해야 한다.

1. 환영

대부분 직장을 방문하는 손님은 직장의 분위기에 익숙하지 않기 때문에 행동하는 모습이 어색할 수밖에 없다. 그러므로 직장을 방문하는 손님을 반갑게 맞이하는 자세로 손님이 어색하지 않도록 분위기를 환기시켜야 직장에 대한 호감을 가질 수 있다. 방문하는 손님을 맞이할 경우에는 먼저 미소와 함께 손님이 편안한 마음을 가질 수 있도록 환영하는 마음으로 응대해야 한다.

처음 방문하는 손님에 대한 따뜻한 환영은 손님에게 직장에 대한 첫인상을 긍정적으로 심어줄 수 있는 기회를 제공하는 것이다. 또한, 처음이 아니고 자주 방문하는 손님일 경우에는 손님의 이름을 기억하여 불러주면 더욱 친근감을 느낄 수 있을 것이다.

2. 명함 교환

처음 방문하는 손님은 우선 상대방을 확인하기 위해 정중하게 이름을 물어보아야 하는데, 대개 명함을 매개로 하여 확인하는 경우가 많다. 그러나 만약 자신의 신분을 밝히기 꺼려하는 손님인 경우에는 기분이 상하지 않는 범위 내에서 손님에 대한 정보를 얻도록 해야한다. 명함을 받았을 경우에는 명함에 표기되어 있는 손님의 회사.직책.이름 등을 정확히 확인하도록 한다. 명함 교환에 대한 에티켓은 앞에서 설명하였다.

3. 용건 및 약속

방문하는 손님의 신분을 확인한 다음에는 관련 부서나 관련자에게 안내하기 위해 손님의 방문목적과 약속 여부를 문의하아 한다. 그러나 대부분의 손님은 이러한 문의에 적극적으로 응대하지만 구체적인 문제에 민감한 손님이 있다. 이러한 경우에는 손님의 마음이 상하지 않도록 안정적인 질문과 함께 상황에 따라 유연하게 대처할 수 있는 지혜가 요구된다. 그리고 일단 손님의 방문목적이 확인되면 손님의 용무가 신속하게 처리될 수 있도록 최선을 다하는 모습을 보여주어야 한다.

4. 안내

손님의 신분과 방문용건이 확인되면 안내를 해야 하는데, 안내는 상황에 따라 곤란한 경우도 발생한다. 왜냐하면 직장을 방문하는 모든 사람이 직장에 관련하여 이익을 주는 것은 아니기 때문에 의도적으로 거절해야만 하는 경우도 있다 이러한 경우 안내자는 상황을 정확히 판단하여 지혜롭게 대처해야만 된다.

1) 좌석 안내

방문객에게 자리를 안내할 경우에도 고객을 배려한다는 차원에서 관례적인 원칙을 지키도록 한다. 사무실의 의자나 비품도 이러한 원칙에 의하여 배치하는것이 바람직하다. 즉, 상석과 하석을 구별하여 안내해야 한다. 특히 의전절차를 기준으로 고객을 안내알 경우에는 좌석배치에 각별히 신경을 써야 한다.

상석과 하석을 구별하는 원칙은 대게 다음과 같다.

- 출입문에서 먼 쪽이 상석이다.
- 창 밖이 보이거나 좋은 그림이 보이는 곳이 상석이다.
- 사무용 책상에서 먼 곳이 상석이다.
- 장식장이나 난로의 앞쪽이 상석이다.
- 소파의 긴 의자가 고객용이다

2) 이동 안내

- 앞으로 당겨서 여는 문 : 문의 개폐방식에 대한 사인을 확인하고 문을 당긴 채로 비켜서서 고객이 들어가도록 안내한 다음 마지막 안내자가 들어간다. 만약 안내자가 먼저 들어가 안쪽에서 팔을 길게 뻗어 문을 밀고 있으면 부자연스럽게 보인다.
- 밀어서 여는 문 : 안내자가 먼저 안으로 들어가서 안쪽의 손잡이를 잡고 손님을 맞아들인다. 이때 안쪽에서 안내자의 몸이 반쪽 정도가 고객이 볼 수 있는 위치에 선다. 안내자가 먼저 들어가지 않고 바깥쪽에서 팔을 길게 뻗어 문을 연 상태에서 손님이 들어가면 매우 부자연스럽다.

3) 엘리베이터 안내

(1) 안내원이 있는 경우

안내자는 손님이나 상급자가 먼저 타고 내리도록 유도한다. 또한 엘리베이터 내에서는 분위기를 고려하여 회사의 서비스나 시설 또는 그날의 기후 등에 대한 가벼운 대화를 유도하여 어색한 분위기가 되지 않도록 한다.

(2) 안내원이 없는 경우

안내자가 먼저 안으로 들어가 엘리베이터의 여닫이문을 손으로 가볍게 잡은 상태에서 손님이 탈 수 있도록 유도한다.

이때 안내자는 엘리베이터를 조작할 수 있는 위치에서 서고 고객이나 상급자는 조작 버튼이 잇는 곳에서 대각선 쪽의 안에서 설 수 있도록 안내한다.

4) 수행

- 한 명이 수행할 경우 : 손님의 오른쪽에서 우로 1m 정도의 위치에서 인도하며 서비스 시설을 안내하거나 시설을 안내한다.
- 두명이 수행할 경우 : 손님의 앞뒤에 서서 수행한다.
- 세명이 수행할 경우 : 손님의 앞에 한명이 서고 뒤에 두명이 양쪽으로 한 명씩 서거나 앞뒤로 나란히 두 명이 서서 수행한다.
- 네 명이 수행할 경우 : 손님의 앞에 한명이 서고 뒤에는 한쪽에 한 명이 서고 다른 한쪽에는 나머지 두 명이 앞뒤로 나란히 서거나, 세 명이 앞뒤로 나란히 서서 수행한다,

■ 방문 할때

기업의 이해 관계자를 방문할 경우에는 주로 사회적으로 안정되었거나 기업을 경영하는 사람일 경우가 대부분이기 때문에 방문을 계획할 때는 신중을 기해야 하고, 상황에 따라 능동적으로 대처해야 한다. 직장생활을

하는 여러 가지 절차가 있지만, 사소한 실수나 미숙함이 있을 경우에는 방문목적에 역효과를 초래할 수 있기 때문이다.

따라서 종업원이나 관련자가 다른 기업이나 고객을 방문할 때 방문의 효과를 극대화하기 위해 고객 방문에 대한 다양한 기법을 모듈(dodule)화하여 역할 연기(role play) 등의 교육을 통해 프로 의식을 고취시키는 경우도 있다.

이와 같이 고객방문 활동을 보다 효과적으로 실시하기 위해 다음과 같은 절차와 기법을 소개한다.

1. 방문계획

기업의 영업전략에 따라 앞에서 언급했던 것처럼 방문계획을 수립하는데 , 교통의 혼잡을 고려하고 방문의 효율성을 높이기 위하여 지역을 구분하는 것이 바람직하다. 방문계획을 수립하면 관련 부서의 담당자들에게 방문계획을 통보하여 방문하고자 하는 거래처에 특별한 사항이 있는지를 점검하여 고객의 질문에 적절히 응대할 수도 있도록 한다. 방문고객의 업부계획이나 일정을 고려하여 고객의 입장을 배려하는 차원에서 구체적인 방문계획을 수립해야 한다.

만약, 구체적인 방문계획이 없이 고객을 방문하였을 경우에는 고객에게 실례가 될 뿐만 아니라 고객의 사정에 따라 시간을 낭비하는 결과를 초래할 수도 있을 것이다. 또한 방문계획을 수립할 경우에는 방문고객에 대한 의견을 수수렴하기 위해 관련무서와의 협조가 요구하기도 한다,

1) 국내방문

방문지가 내국인 경우에는 일반적으로 단기간의 방문(1일 또는 2일)이 대부분이지만 방문할 상대의 위치나 직위에 따라 방문계획의 내용이 달라질것이다.

기업이나 개인의 방문에 대한 내용을 시간대별로 계획을 수립하여 가능하면 시간을 낭비하지 않도록 최선을 다해야 한다. 또한 방문 상대자의 일

정을 관계자와 구체적으로 협의 하여 방문계획을 효율적으로 수립한다. 특히, 기업체나 특별한 단체의 대표를 방문할 경우에는 대게 관련 비서가 일정을 관리하기 때문에 비서를 통해 계획을 수립하도록 한다.

2) 해외방문

세계화의 추세로 말미암아 해외출장이 빈번해지는 경향이 있다. 특히, 관광관련 산업은 해외에 관련된 업무가 상당 부분 차지하기 때문에 해외에 있는 고객을 방문하는 경우가 많다. 그러나 해외출장은 특수한 경우를 제외하고 비교적 장기에 걸쳐 체재하면서 실시해야 하는 경우가 많기 때문에 일정관리에 특별히 신경을 써야 한다. 따라서 해외출장은 현지 체재를 위한 비용이나 기타 비용이 많이 발생하기 때문에 효과적인 방문이 될 수 있도록 구체적인 방문계획이 요구된다,

또한 상대국의 시차나 기후 및 문화 등을 고려하여 고객을 방문하는 데 무리가 없도록 여러 가지의 요소를 고려하여 계획을 수립하도록 한다. 따라서 해외출장의 경우에는 관련자와 방문일정을 전화나 이메일 등의 통신수단을 이용하여 구체적이고 생산적인 방문이 될 수 있도록 해야한다.

2. 약속

고객을 방문하기 위해 상대고객과 협의하여 약속할 경우에는 만남의 효과를 극대화하기 위해 방문목적을 분명히 하고, 방문중에 토의 해야 할 개괄적인 내용을 전달해야 한다. 왜냐하면 방문중에 토의될 내용에 대해서 고객도 검토할 수 있는 시간을 주어야 하기 때문이다.

일반적으로 중요한 사안으로 고객을 방문할 경우에는 서면으로 의제와 토의사항 등을 통보하는 것이 국제적 에티켓이다. 방문약속은 기존 거래처와 새로운 고객방문의 경우를 구분하여 다음과 같은 절차로 실시한다

(1) 거래처의 경우

거래처인 경우는 정기적으로 접촉하는 담당자가 있기 때문에 사전에 방문목적을 전달하면 쉽게 방문약속을 할 수 있다. 그러나 가끔 최고 경영자

나 상사가 동행할 경우 거래처의 사장이나 간부의 방문을 위한 약속을 주선해야하기 때문에 구체적인방문계획을 전달하여 상대방의 승인을 얻도록 해야한다. 이때 방문고객이 편리한 날짜와 시간을 고려하여 방문약속을 하는 것이 고객에 대한 에티켓일 것이다.

(2) 새로운 고객의 경우

새로운 고객을 접촉하여 방문약속을 한다는 것은 여간 어려운 것이 아니다. 왜냐하면 현재 새로운 고객은 경쟁사와 거래를 하고 있을지도 모르기 때문이다. 따라서 이러한 장벽을 뛰어 넘어 약속을 한다는 것은 어렵기 때문에 능숙한 기교가 필요하다. 이러한 경우 약속은 전화나 서신을 이용하는 경우가 많으나 보통 전화를 이용하는 방법이 일반적이다.

무엇보다 중요한 것은 전혀 거래관계가 없었다고 하여 고객과 사전약속 없이 방문해서는 안 된다. 필자의 경험에 의하면 전혀 거래관계가 없는 경우의 방문은 약속과정에서 고객이 방문에 대한 많은 궁금증으로 인하여 꺼려하는 경우가 대부분이기 때문에 방문약속을 하기 위해서는 고객에 대한 많은 정보가 파악되어야 하고, 경우에 따라서는 의사 결정자(decision maker)와 정식 약속을 하기 위해 실무자와의 예비접촉이 요구되기도 한다.

3. 방문처의 정보파악

고객을 방문하기 위한 약속을 정한다음 부드러운 토의와 풍부한화제등을 위해 고객에 대한 구체적인 정보를 획득해야 하며, 고객정보의 파악 정도에 따라 방문목적의 달성여부가 달려 있다고 해도 과언이 아니다. 즉, 새로운 고객이든 기존고객이든 고객을 방문 한다는 것은 민감한 사인이다. 방문처에 대한 정보파악은 방문자의 기본적인 요건이며 매너이다.

4. 준비사항

상대방에 대한 방문을 효과적이고 프로 답게 하기 위해서는 여러 가지 준비해야 할 사항이 있다.

만약, 아무준비없이 방문한다면 지나가는 사람을 예고 없이 만나는 것과 다를 바 없을 것이다.

따라서 상대방이 신뢰할 수 있는 상태로 맞이하도록 유도하고 방문의 목적을 극대화하기 위해서는 다음과 같은 것들을 준비해야 한다.

1) 필기구

상담이나 대화를 하면서 필요한 정보나 자료를 메모하기 위해서 메모지와 볼펜 등을 미리 준비하여 기록하는 습관을 길러야 한다. 방문중에 나눈대화를 당시에는 모두 기억할 수 있을지라도 어느 정도 시간이 지나면 잊어버리기 쉽기 때문에 특히 숫자 등은 정확하게 기록하여 빠뜨리지 않도록 해야한다.

2) 명함

앞에서 설명한 바와 같이 상대를 방문할 경우에는 반드시 자신의 명함을 준비하여 어떤 사람을 만나도 자신을 소개할 수 있는 수단으로 이용해야 한다. 따라서 명함지갑에는 항상 10~15장 정도의 명함을 소지하고 있어야 한다.

3) 회사 소개서

자신이 속해 있는 단체나 조직이 추구하고 있는 사명이나 목표 또는 생산품을 소개하는 회사소개서 혹은 프레젠테이션 자료, 브로슈어(brochure)나 팸플릿(pamphlet) 등을 준비하여 자신을 소개하는 데 도움이 될 수 있도록 한다.

4) 선물

방문의 목적을 극대화하고 방문에 응해준 것에 대한 감사의 표시로 자사에서 기획한 판촉물(give-away)이나 조그마한 선물을 준비한다.

선물의 예 : USB, 회사 로고가 있는 가방, 메모지, 컵, 골프공 등

5. 방문

고객을 방문할 경우에는 거래처에 반드시 약속시간보다 일찍 도착하여 용무를 살피고 사무실의 관련자에게 방문 사실을 전한다. 이때 만약 비서가 안내를 하는 사무실이라면 조그마한 선물을 준비하는 것도 방문절차를 부드럽게 처리할 수 있고 지속적인 관계유지를 위한 방법의 하나이다. 특히, 새로운 고객을 방문할 경우에는 비서가 제공하는 정보가 결정적이고 중요한 단서의 역할을 하는 경우가 많다.

필자의 경험에 의하면 모든 구매결정은 의사결정자가 하지만 의사결정을 순조롭게 하기 위한 상담과정에서의 귀중한 정보는 비서나 최하위 담당자로부터 얻을 수 있었다. 따라서 의사결정자의 비서나 관계되는 종업원과의 긍정적인 관계유지가 무엇보다 중요하다고 할 수 있다.

또한 상담중에는 고객과의 부드러운 대화를 위하여 최근의 시사성 있는 내용이나 날씨 등으로 화제를 이어가며, 고객의 방문은 첫인상이 매우 중요하기 때문에 고객과의 대면에 많은 신경을 쓰도록 해야 한다.

1) 방문시의 점검사항

고객을 방문하기 위해서는 다음과 같은 사항을 미리 점검하여 방문하고자 하는 고객이 호감을 가질 수 있도록 한다.

- 방문 전 본인의 모습과 이미지를 점검한다.
- 명함이 주머니에 있는지를 확인한다.
- 필기구와 메모지를 다시 한번 점검한다.
- 고객의 정확한 성함과 직책을 재확인한다.
- 사무실에 도착하면 방문약속을 명확하게 전달하여 고객과 만날 수 있도록 의뢰한다.
- 만약 고객이 사정이 있어 약속시간에 부재중이면 예상되는 귀사 시간을 관련 직원에게 물어보고, 늦어지면 상황에 따라 재방문 계획을 결정한다.
- 고객의 사무실로 안내되었을 경우에는 정중히 인사말을 건네고 고객의 안내에 따라 착석한다.

- 착석한 다음에는 방문의 허락에 대한 고마움을 전달한다.
- 착석하자마자 방문목적을 위한 대화를 시작하기 전에 최근 이슈(issue)가 되고 있는 시사성 있는 대화나 혹은 고객이 속해 있는 단체나 기업의 장점 등의 대화로 시작한다.

그리고 고객 방문은 국내뿐만이 아니라 해외방문일 경우도 있을 수 있다. 이러한 경우에도 일반적인 준비사항은 동일하지만 상대국에서 체류하면서 고객을 방문해야 하기 때문에 준비해야 할 사항이 많이 있다.

예를 들면, 계절에 맞는 의복이나 경우에 따라서는 파티복도 준비를 해야 할 것이다. 또한 세계 어는 곳을 방문할지라도 약국은 있겠으나 몸이 불편할 경우 익숙하지 않은 약을 복용해야 하는 불안감을 덜기 위해서는 약간의 비상약도 준비해야 한다.

6. 프리젠테이션

프리젠테이션(presentation)은 상담의 효과를 높여주기 위해 고객 앞에서 비주얼 장비(visual equipment)를 이용하거나 차트(chart) 등을 이용하여 방문목적의 상황에 따라 고객을 설득하는 데 도움을 주기 위한 방법이다. 따라서 방문의 목적에 따라 고객의 이해를 높일 수 있는 방법으로 간결하고 쉽게 볼 수 있도록 준비해야 한다.

7. 상담

고객의 사무실로 안내되어 인사를 나누고 착석을 한 다음에는 분위기에 알맞은 화제와 함께 상담이 시작되는데, 방문목적에 따라 상담내용이 달라지겠지만 고객의 의중을 살펴가면서 상담을 실시해야 한다. 이때 대화를 원만하게 이어가기 위해서는 단답형 질문이나 폐쇄형 질문(closed question)은 대화를 단절할 수 있으므로 가능하면 개방형 질문(open question)을 유도하면서 상대의 정보를 획득한다.

1) 효과적인 상담방법

(1) 상대 이름의 암기

상담을 하면서 상대의 이름을 대화 도중에 불러주면 친근감을 주어 대화를 부드럽게 할 수 있다. 만약, 여러 명을 대상으로 상담할 경우에는 받은 명함을 적당한 위치에 앉은 순서대로 배열해 놓고 명함을 곁눈질해 가면서 상대의 이름과 직위의 호칭을 불러주면 대화가 훨씬 효과적일 것이다. 특히, 대외적인 업무를 담당하는 영업부의 관계자는 대인관계에 있어서 상담을 주도할 수 있는 화법의 훈련이 요구된다.

(2) 상담 전후의 화제내용 준비

상대에 대한 구체적인 정보를 입수하여 가능하면 상대가 흥미를 유발할 수 있는 화제를 사전에 준비한다. 상담의 성공 여부는 풍부한 화제내용과 상대의 분위기를 잘 파악하여 적당히 대처할 수 있는 능력에 달려 있다.

일반적으로 상담 전의 화제내용은 다음과 같은 것들이 있다.

- 날씨
- 최근의 사회적 이슈(매스컴)
- 정치동향
- 의상
- 안내원의 친절한 서비스
- 건강
- 경제동향(주식동향 등)
- 취미
- 고객이나 기업의 장점
- 기타 관련 산업의 동향

2) 상담시 에티켓

상담시에는 상황에 따라 다양한 형태의 이야기가 오갈 수 있으나, 고객이 불리한 내용을 이야기하거나 당황해할 수 있는 화제는 삼가야 한다.

다음은 상담시 주의해야 할 에티켓이다.

- 상대방이 대답하기 곤란한 질문은 피해야 하고, 가능하면 간접적인 질문을 던져 정보를 얻도록 해야 한다. 예를 들면, 사생활에 관련된 내용, 회사의 영업전략상 비밀스러운 내용, 경쟁사에 관한 직접적인 질문 등이다.
- 고객이 업무가 바쁜 것같이 느껴지면 방문목적과 관련이 없는 내용의

대화는 피하고 방문의 목적에 관련된 사항만을 이야기하도록 한다.

- 상담중에 고객이 쉽게 이해할 수 있도록 시각적인 자료나 견본품(sample)을 제시하면서 대화를 이어간다.
- 상담중에는 이동전화나 호출기가 울리지 않도록 스위치를 끈 상태에서 진행한다.
- 적당한 시간에 고객이 자사를 방문하여 서비스를 제공받을 수 있도록 초청한다.
- 상담을 마칠 때에는 상담중에 교환된 내용을 다시 반복하여 고객에게 확인시킨다.
- 고객의 사무실을 나올 때는 미리 가지고 간 판촉물을 건네고 사무실을 나온다.
- 방문중에 약속한 내용은 반드시 지키도록 하고, 경우에 따라서 감사의 글을 보내도록 한다.

STORY 16

● 서비스 인카운터 관리(고객응대)

매리엇 호텔은 고객충성도에 영향을 미치는 서비스 인카운터를 조사한 결과 상위 5개중의 4개가 고객이 투숙하는 10분동안 발생한다는 것을 발견하고 "최초 10분"전략을 수립하였다.

스칸디나비아 항공사(SAS) 칼슨(*Jan carlaon*)사장은 "진실의 순간"을 도입하여 항공사 고객이 직원과 접촉하는 단 15초 간의 서비스 점점관리를 철저히 한 결과, 적자에 허덕이는 스칸디나비아 항공사(SAS)를 흑자경영으로 전환시키는데 성공했고 3년 만에 "Transport World"지에서 "올해의 항공사"로 선정되기까지 하였다. 또한 병원의 경우에는 간호사와의 서비스 인카운터가 환자의 만족도에 결정적인 영향을 미치는 중요한 요소임을 증명하기도 하였다.

디즈니사는 고객과의 첫 대면에 대한 중요도를 인식해서 매표소에 대한 투자를 대폭 늘렸고, 놀이공원의 고객들이 1회의 이용에 대략 74번의 서비스 인카운터를 경험하게 된다고 추정하고, 이 중 어느 하나에서라도 인카운터에 실패하게 되면 평가가 부정적으로 인식된다고 하였다.

17 STORY

● 글로벌 관광인의 매너

"손님 전화왔습니다"

권○○(커뮤니케이션)

미국 회사에 근무했을 때 일이다.

어느 날 매우 중요한 손님들과 만나, 호텔 식당에서 식사하며 업무 얘기를 나누었다. 일도 생각대로 잘 해결됐고, 식당 여종업원도 너무 친절해서 기분이 좋았다.

식사가 끝나고 신용카드로 계산을 하려고 했다. 그런데 내 신용카드를 가지고 갔던 그 여종업원이 다가오더니 "손님께 전화가 왔습니다" 라고 말하는 것이엇다. 내가 그 식당에 있다는 것을 아는 사람이 없었기에 조금 의아했다. 그녀를 따라 식당의 한 모퉁이를 돌아 관련 사무실로 갔다. 잠시 후 여종업원은 "사실은 손님께 전화는 없습니다." 라고 말하는 것이었다. 그녀는 "손님께서 준 카드로 결제하려고 여러 차례 시도를 했지만 카드발급 은행의 문제인지, 손님 계좌의 문제인지 카드 사용승인이 나오지 않았습니다" 라고 말했다.

그러나 내가 중요한 분들과 중요한 얘기를 나누고 있는 것 같아서 카드 얘기를 하지 않았다는 것이었다.

"업무 보시는 자리에서 카드에 문제가 있다고 말하면 손님에게 좋지 못한 인상을 줄 수도 있을 것 같아 전화가 왔다고 말했습니다."

다행이 가지고 있던 다른 카드로 결제를 하고 그 여종업에게 몇 번이고 고마움을 표시한 뒤 자리를 떴다.

업무는 너무 잘 처리됐고, 손님에게 세심하게 배려하던 그 여종업원 덕에 하루 종일 기분이 좋았다. 지금도 그 호텔을 보면 당시의 여종업원이 생각나고 기분이 좋아진다.

-세계인이 되는 길(II) 제2부. 나의 경험, 조선일보, 1999-

제4절 전화에티켓과 네티켓

1. 전화에티켓

전화는 필수 불가결한 생활필수품이며, 대단히 중요한 커뮤니케이션의 수단으로 자리 잡고 있다.

전화는 시간적, 공간적으로 사회생활의 다양한 부분에 도움을 주고 있으며, 전화 하나만으로도 사업을 이루는 직종이 생길 정도로 그 용도가 매우 다양해지고 있다.

그러나 우리는 너무 친숙하고 당연한 것에 대해서는 그 중요성과 가치를 망각하는 경향이 있다. 전화를 이용하는 사람들이 전화의 역할이나 사용법에 대해 깊이 생각해 보지 않고 단순한 기계나 도구로 인식하면서 많은 부작용이 생겨나고 있다.

전화를 잘만 이용하면 사업이나 사회생활을 영위하는 과정에서 시간과 비용의 절약을 포함해 많은 면에서 기대 이상의 효과를 준다는 사실을 꼭 명심해야 할 것이다.

" 비즈니스맨들은 목소리만으로 고객에게 정성과 느낌을 전달해야 한다."

1) 전화에티켓의 중요성

- 업무의 기본이다.
- 고객접점의 제1선이다.
- 회사의 이미지를 결정한다.

전화는 오늘날 우리의 일상생활에서 절대로 없어서는 안 될 물건이다. 특히 비즈니스 사회에서 전화의 가치와 효용은 절대적이라 할 수 있다. 그런데 전화는 상대방의 얼굴을 직접 보지 않고 대화하기 때문에 예절 문제에 대해 자칫 소홀해지기 쉽다. 전화를 거는 방법이나 태도에 따라 실례가 되기도 하고 지나치면 상대방의 기분을 상하게 하기도 한다.

전화는 정보화 시대의 필수적인 도구이자 업무 상 중요한 의견교환 수단이다. 그러므로 전화의 올바른 사용법을 익히는 일은 곧 업무능력 향상과 직결되는 요소로, '업무의 기본'이라 할 수 있다.

또한 전화 응대 방법에 따라 회사의 이미지가 좌우된다는 점에서 전화는 곧 회사의 얼굴이라고도 할 수 있다. 다시 말하면 고객과의 얼굴 없는 만남이 이루어진다는 점에서 고객 접점의 제1선이 되기도 한다는 것이다.

전화를 거는 방법이나 받는 태도로 인하여 고객이나 상대방의 기분을 상하게 하는 것은 회사의 손실과 직결된다. 좋은 응대를 하기 위해서는 자세를 바르게 하고, 상대방과 대면하고 있는 듯이 이야기하는 것이 중요하다.

전화는 직접적인 경비만이 아니라 귀중한 시간도 소비한다는 것을 늘 머릿속에 두어야 한다. 특히 상대방에게 전화를 건 경우 상대는 하던 업무를 중단한 상태이고, 긴 이야기를 할 형편이 아닐 수도 있음을 염두에 두어야 한다.

짧은 시간에 용건을 요령 있게 이야기하는 습관을 들여야 하며, 한 마디로 비즈니스 전화 예절은 '신속하게, 정확하게, 정중하게' 라는 말로 요약할 수 있다. 전화를 올바르게 사용하고 항상 친절하고 예절 바르게 응대할 수 있는 매너가 필요하다.

2) 전화의 특성과 에티켓

직장인에게 가장 일반적이면서도 중요하고, 또 실수하기 쉬운 예절이 바로 전화와 관련된 예절이다. 왜냐하면 전화는 상대방의 얼굴을 볼 수 없기 때문이다. 얼굴을 못 보면 표정을 확인할 수 없고, 오직 상대방의 음성에만 의존해 대화를 나누어야 한다. 게다가 상대방이 처해진 상황을 알 수 없으므로 전화 대화는 일방적으로 이루어지기 쉽다.

오늘날 업무의 많은 부분이 전화를 통하여 이루어진다고 해도 과언이 아닐 만큼 전화가 차지하는 비중이 크다. 그런 이유로 시간뿐만이 아니라 경비가 엄청나게 소요된다.

따라서 통화는 용건만 간단하게 해야 하며, 전화를 걸기 전에 통화내용을 간추리고 필요한 자료와 메모지를 전화기 옆에 갖춘다면 통화시간과 비용을 줄일 수 있을 것이다.

전화는 비록 보이지 않지만 회사의 첫인상이며, 서비스의 창구이고, 고객만족의 첫걸음이기 때문에 올바른 전화예절을 몸에 익혀 세련된 매너를 갖춘 글로벌 서비스맨이 되도록 노력할 필요가 있다.

- 친절하게 받는다.
    · 미소 띤 음성으로 말한다.
- 신속하게 받는다.
    · 전화벨이 3번 울리기 전에 받는다.
- 정중하고 정확하게 받는다.
    · 기분 좋은 표정과 함께 자세를 바르게 하고 통화한다.
- 용건만 간단히 통화하며, 분명한 목소리로 말한다.
- 통화연결 시 상대를 오래 기다리게 하지 않는다.
- 큰소리로 통화해 업무 분위기를 해치지 않도록 한다.
- 통화 중 부득이 다른 말을 할 경우에는 수화기를 막고 한다.
- 상대방의 말을 적극적으로 경청한다.
- 6하 원칙에 준하여 메모와 확인으로 내용을 정확히 한다.

3) 전화의 문제점

■ 보이지 않는 만남

- 의사 전달에 어려움이 있다.
- 감정의 전달이 어려우며, 더러는 오해의 소지가 생긴다.
- 문제 발생 시 대처가 어렵다.

■ 짧고 많은 만남

- 전문성이 부족할 경우 비효율성이 초래된다.
- 기업의 전반적 서비스 이미지를 좌우한다.

■ 사전 · 사후적 만남

- 다른 서비스에 연쇄적인 영향을 미친다.
- 약속 불이행 등 직원들이 소홀해지기 쉽다.
- 문제 발생의 원인을 찾기 어렵다.

4) 전화에 대한 고객의 기대

고객은 전화통화를 통해 일반적으로 다음의 세 가지를 기대한다. 즉, 친절성, 신속성, 전문성이 그것이다.

(1) 친절성

가장 기본적인 기대 사항이다. 전화를 통하여 가장 먼저 바라는 것은 고객의 요구를 친절하고 상냥하게 처리해 주는 것이다. 직원들은 친절한 목소리뿐만 아니라 느낌과 정성을 전달할 수 있도록 노력해야 한다. 상냥한 목소리도 중요 하지만 고객의 욕구를 처리해 주기 위해 애쓰는 태도가 고객에게 전달되어야 한다.

(2) 신속성

고객은 자신의 요구와 욕구가 빨리 해결되기를 바란다. 실제로 업무를 빨리 처리하는 것도 중요하지만 부득이한 상황에서는 고객의 입장을 세심하게 배려해야 한다.

(3) 전문성

전화 서비스는 전문성에 의해 완성된다. 고객이 우리에게 전화를 하는 것은 궁극적으로 고객이 궁금한 사항을 알기 위해서거나 업무를 해결하기 위해서다.

■ 각 영역별 전화응대의 예

가. 여행사의 전화응대

1) A 여행사

여행사 : 친절히 모시겠습니다.000 여행사입니다.

고객 : 태국 여행을 신청하고 싶은데요.

여행사 : 네 태국여행 을 원하십니까?

여행사 : 상품에는 A형 B형 C형 이 있습니다.

....

여행사 : 우리회사를 이용해 주셔서 감사합니다.
담당자가 다시한번 연락을 드려 확인 하도록 하겠습니다.
최선을 다해 즐거운 여행이 되시도록 노력 하겠습니다
감사합니다.

2) B 여행사

여행사 : 정성을 다하겠습니다. OO투어입니다.

고객 : 이번 여행중에 인솔자 때문에 매우 불쾌했어

고객 : 전화받는 사람 말고 윗사람 바꿔

여행사 : 고객님 대단히 죄송합니다. 여행중에 불편하셨다니 다시한번 사과드립니다.
지금 저희 담당부장께서 자리에 비웠습니다. 저에게 말씀해 주실수는 없으신지요?
그럼 제가 고객님이 원하시는 사항을 윗분에게 보고하여 빠른시간안에 처리하도록 하겠습니다.

다시한번 사과의 말씀을 드리겠습니다.
빠른시간안에 담당부장께서 전화를 드리도록 하겠습니다.
감사합니다.

3) C 여행사 항공예약(외국인의 경우)

여행사 : Hello,OO Travel agency.
How can I help you?

고객 : I'd like to book a flight to Acukland.

여행사 : I'll have a book at what's available. It shouldn't be too difficult.....oh.
I'm so sorry, the NZ flight is full

고객 : Can you see if there are any others arriving at the same time?

여행사 : Yes, of course......I am sorry, but they's all full. Do you want me to put you on the waiting list?

고객 : Yes, please...

여행사 : After confirmed,I will contact you.
I will do my best. Thank you

나. 호텔의 전화응대

1) 한국의 하이야트호텔

호텔 : Good morning Grand Hyatt Hotel, May I help you?

고객 : Please connect to the Japanese Restaurant.

호텔 : yes, I will Connect to Akasaka. Thank you

레스토랑 : Akasaka, What can I help you?

고객 : I'd like to make a reservation

2) 미국 디즈니랜드근처 힐튼호텔

호텔 : Thank you for calling Anheim Hilton.
May I help you?

고객 : I.d like to book a room.

호텔 : I,m going to transfer the call booking part.

고객 : Yes, thank you.

....

호텔 : When you want?

고객 : Jan.24

호텔 : Possible chose booking, May I help you?

고객 : Yes, Please

다. 항공사

항공사 : 정성을 다하는 스카이팀 대한 항공입니다.
무엇을 도와드릴까요?

고객 : 제가 가지고 있는 대한항공의 마일리지가 얼마나 되나요?

항공사 : 네 마일리지 말씀이십니까? 고객님의 주민번호나 회원번호를 불러주시겠습니까?

고객 : 주민등록번호가요 000000-0000000입니다.

항공사 : 본인확인을 위해 몇가지 확인하겠습니다(집전화, 영문이름 등등)

항공사 : 잠시만 기다려 주십시오. 고객님의 마일리지는 2014년까지 사용하셔야 하는 마일이 13000마일이 있으시고요 유효기간이 없는 마일이 17000마일이십니다.
손님의 마일리지로는 국내선 무료항공권이나 동남아 편도 무료 항공권 혹은 차상위등급으로 좌석을 업그레이드(up grade) 하실수 있으십니다.

고객 : 감사합니다. 다음에 이용하도록 하겠습니다.

항공사 : 더 필요하신건 없으십니까?

감사합니다 즐거운 하루 되십시오.

상담원 ○○○ 이었습니다.

그 외에도 많은 서비스 업체들은 그 지점의 위치를 말하며(아웃백 ○○지점입니다, 무엇을 도와드릴까요?) 처음전화를 받는 형식이나, "전화주셔서 감사합니다", "친절히 모시겠습니다", "사랑합니다 고객님" 등 다양한 인사말로 고객에게 호감을 주기 위한 노력을 하고 있다.

이렇케 글로벌서비스를 위해서는 다양한 전화매너와 전화인사법.그리고 그 업체만의 노력으로 서비스의 질과 전화응대의 방식을 서비스 영역별로 이루어 나가고 있다.

5) 전화의 5단계 포인트

■ 제1단계(전화를 받을 때)

- 메모지와 필기도구를 항상 준비한다.
- 전화벨은 3번 울리기 전에 받는다.
- 첫인사를 한다.
- 용건을 경청한다.

■ 제2단계(고객을 기다리게 할 때)

- 상황을 말한다.
- 예상시간을 알리고 의사를 확인한다.
- 중간에 재확인 하고, 감사의 뜻을 표시한다.
- 통화 중 기다리게 하는 경우 반드시 고객에게 사과의 뜻을 밝힌다.

■ 제3단계(다른 사람에게 연결 할 때)

- 이유를 말한다.
- 양해를 구한다.
- 전화 받을 사람을 알린다.
- 고객의 요청을 인계한다.

■ 제4단계(담당자가 부재중 일 때)

- 상황을 설명한다.
- 통화가 가능한 시간을 알린다.
- 고객의 의사를 확인한다.
- 도와주려는 적극적인 의사를 표현한다.
- 메모를 전한다.

■ 제5단계(전화를 끊을 때)

- 대화 내용을 정리 확인한다.
- 더 필요한 사항을 확인한다.
- 감사의 인사를 한다.
- 수화기를 살짝 내려놓는다.
- 주요 내용을 기록한다.

TIP

전화를 거는 대도 매너를 지켜야 할 시간이 있다. 오전 10시~11시 혹은 오후 2~4시 사이가 상대방 가정이나 직장으로 전화하기 좋은 시간이며 회사로 할 경우는 퇴근시간 전까지는 무방하다.

6) 전화응대 실습

■ 전화 받는 요령

① 받는다. …… 신호음 2번 울리면 받는다.
② 인사를 한다. …… 안녕하십니까?, 감사합니다.
③ 신분을 밝힌다. …… OO회사 OO과 OOO입니다(사외).
OO과 OOO입니다(사내).
④ 상대를 확인한다. …… OO의 OOO이시군요.
⑤ 인사를 한다. …… 항상 여러모로 신세를 지고 있습니다.

⑥ 용건을 묻는다. …… 5W3H의 요령

⑦ 용건을 메모하여 복창한다. …… 메모를 확인해 드리겠습니다.

⑧ 자신을 밝힌다. …… 저는 OOO입니다.

⑨ 인사를 한다. …… 전화 주셔서 감사합니다.

⑩ 정중히 끊는다. …… 상대방이 끊은 것을 확인한 후

■ 전화 거는 요령

① 용건을 정리하고 전화를 건다. …… 5W3H의 요령으로

② 상대를 확인한다.

③ 신분을 밝힌다. …… OO의 OOO라고 합니다.

④ 인사를 한다.

⑤ 연결 의뢰

⑥ 용건을 간결하게 전한다.

⑦ 인사를 한다.

⑧ 정중히 끊는다.

7) 전화응대시 바람직한 용어

바람직하지 않은 표현	바람직한 표현
안녕하세요?	안녕하십니까?
데리고 온사람	모시고 온 분
누구십니까?	어느분이십니까?
전화주세요.	전화주시겠습니까?
그런사람 없습니다.	찾으시는분은 저희회사에 근무하지 않습니다.
전화 돌려드리겠습니다.	전화를 연결해 드리겠습니다.

등 서술형으로 격식을 갖추는것이 좋으며 명령형의 말투는 상대방을 불쾌하게 할수 있으나 주의 하는것이 좋다.

8) 상황별 전화응대 에티켓

(1) 전화가 도중에 끊길 때

전화를 건 쪽에서 다시 해야 하지만 잠시 기다려도 오지 않을 때에는 전화를 받는 쪽에서 다시 한다. 다시 통화가 된 경우 "조금 전에는 실례했습니다." 등으로 사과한 후 통화를 계속한다.

(2) 처리하거나 조사하는데 시간이 걸릴 때

예정처리 시간을 알리고 업무처리 후 먼저 전화할 것을 알린다. "죄송합니다만, 20분정도 걸리 것 같은데 제가 곧 전화를 드리겠습니다."

(3) 전화가 잘 못 걸려 왔을 때

잘 못 걸렸음을 정중하게 이야기하고 다른 부서일 경우 전화번호를 알려준다.

(4) 전화가 잘 들리지 않을 때

송화구를 막으면서 통화한다. "죄송합니다만, 전화가 잘 들리지 않습니다. 다시 한 번 말씀해 주시겠습니까?"

또는 다른 전화로 걸어 달라고정중하게 요청한다. "죄송합니다만, 다시 전화를 걸어 주시겠습니까?"

(5) 통화 중 손님이 온 경우

양해를 구한 후 송화기를 막고 손님을 응대한다. 이 때 손님의 용건이 급하지 않으면 기다리도록 양해를 구하고 통화를 끝내도록 한다.

(6) 손님이 있을 때 전화가 온 경우

정중하게 손님의 양해를 구하고 "실례합니다."라고 말하며 수화기를 든다. 급한 내용이 아니면 "죄송합니다. 지금 손님이 계셔서 잠시 후 전화를 드리겠습니다." 라고 양해를 구한다.

(7) 직장 상사와의 통화를 원했을 경우

자신보다 직급이 높은 상사가 부재인 경우 전화를 걸어달라고 하면 결례다. 이때는 재차 본인이 전화를 걸도록 한다. "잠시 후 다시 전화하겠습니다."

9) 휴대전화 사용 에티켓

① 벨소리 대신 진동으로 해두는 습관을 가진다.

② 통화는 짧게 한다.

③ 방문했거나 남의 집에 머물면서 휴대전화 통화를 하는 것은 공손치 못한다.

④ 전화사용 에티켓과 같이 아침 9시 이전, 밤 9시 이후에는 가능한 한 전화하지 않는다.

⑤ 휴대전화를 받으면서 먼저 "OO입니다." 라고 이름, 회사명 등을 댄다.

⑥ 문자 메시지를 보낼 때에 소리가 나지 않도록 유의한다.

⑦ 공공장소에서는 휴대전화를 꺼둔다. 공연장 · 극장 · 상가 등에서는 벨소리가 일순간에 분위기를 망친다. 잠시 전원을 끄고 쉬는 시간에 음성이나 문자사서함을 확인하도록 한다.

⑧ 버스나 지하철, 기차 등 대중교통 수단을 이용할 때는 휴대폰을 사용하지 않는 것이 원칙나 주변에 피해가 되지 않토록 사용한다.

⑨ 장례식장이나 조문 시 휴대폰 사용은 삼간다. 고인과 상주에 대한 결례가 된다.

⑩ 수업 중에는 휴대폰을 꺼두는 것이 원칙이다. 불가피한 경우에는 진동으로 한다.

⑪ 볼륨을 최대한 줄인다. 낮은 목소리로 통화하도록 한다.

⑫ 걸려오는 전화는 바로 받는다. 여러 번 울리는 전화벨은 주위 사람을 짜증나게 한다.

⑬ 전화를 먼저 건 사람이 먼저 끊는 게 원칙이다. 단 손님과 상사의 경우에는 상대방이 먼저 끊은 것을 확인하고 끊는 것이 예의다.

⑭ 항공기와 주유소, 병원에서는 휴대전화 사용을 삼간다. 비행기 안에서 전화를 걸면 전자기기의 오작동으로 사고 위험이 있다. 전자파는 주유소에서는 스파크로 인한 화재를, 병원에서는 정밀의료기기의 오작동을 일으킬 수 있다.

⑮ 운전 중엔 반드시 핸즈프리를 사용한다. 휴대전화를 사용하는 운전자는 소주 6~7잔을 마시고 운전하는 것과 같으며, 사고확률이 일반 운전자에 비해 4배나 높다고 한다.

2. 네티켓

인터넷과 PC통신, SNS의 확산으로 사이버 공간에서의 에티켓과 메너가 중요한 문제로 부각되고 있다. 네티켓(netiquette)은 세계 공용어로서 네트워크(network)와 에티켓(etiquette)에 뿌리를 둔 새로운 합성어이다.

네티켓에 대한 생각은 사람마다 조금씩 다를 수 있지만, 근본정신은 정보이용의 윤리문제와 밀접한 관계가 있다. 이 정신은 작게는 다른 사람에게 정신적으로나 물질적으로 피해를 주지 말자는 것이지만, 크게는 사이버공간도 사회의 일부분임을 깨닫고 인간공동체의 일부로서 발전하도록 가꾸어 나가야 한다는 것이다. 정보화로 인해 나타난 두드러진 변화 중 하나는 바로 인터넷과 PC통신의 일반화를 들 수 있다. 이로 인하여 'Cyberspace'라는 새로운 공간이 등장하게 되고, 이 곳에서 주로 활동하는 사람들을 "네티즌"이라하고, 이런사람들이 지켜야 할 예절이란 뜻의 '네티켓'이란 신조어가 생겨나게 된 것이다.

가상공간을 통한 정보의 교류가 활발해짐에 따라 통신망을 통해 많은 사람들이 서로 유기적으로 상호작용을 하게 되었고, 이러한 활동이 점차 활기를 띠면서 가상세계에서도 나름대로의 예절이 필요하다는 것을 우리 모두가 절실히 느끼고 있다.

네티켓이 중요한 이슈로 부각되는 것은 바로 가상세계와 현실과는 적지 않은 괴리가 있는 것처럼 가상세계 또한 이에 맞는 나름대로의 예절이 필요하다는 것을 우리 모두가 인식하고 있다.

최근 인터넷을 통해 많은 학자나 네티즌이 가상세계에서 지켜야 할 예절인 네티켓에 대해 이야기하고 있는데, 현대를 살아 가는 인류라면 누구나 반드시 배우고 지켜야 할 기본 매너이다.

1) E-mail 네티켓

① 본문내용은 가능한 한 짧고, 간결하며, 이해하기 쉽게 쓴다.

② 내용을 짐작할 수 있는 제목을 달아 준다.

③ 본문 서두에 본인의 이름이나 신분을 밝힌다.

④ 받는 사람이 읽기 편하게 편집한다. 한 줄은 70자를 넘지 않도록 하고, 단락에 따라 한줄씩 빈 공간을 삽입해 읽기 쉽도록 작성한다.

⑤ '참조'(cc) 활용에 주의한다. 내용과 아무런 관계도 없는 사람의 ID를 참조에 기입해서는 곤란한다.

⑥ 수신과 참조를 구분해야 한다. 매일 수신자는 자신이 수신으로 지정된 경우 정독하고 참조로 된 경우 속독하게 마련이다.

⑦ 보기에 편해야 한다. 글자폰트 · 색깔 · 크기 등에 차이를 두거나 표를 만들어 보내면 눈에 잘 들어 온다.

⑧ 용량을 최대한 줄여야 한다. 꼭 필요한 경우가 아니면 파일 첨부를, 본문내용에 붙여 주는 것이 좋다.

⑨ 회신(replay) 기능을 활용한다. 의사소통을 위해 이전문서가 필요할 때는 회신기능으로 메일을 보낸다. 그렇지 않은 경우 새로운 메일을 작성해서 보내는 것이 낫다.

⑩ 알파벳 하나만 틀려도 E-mail이 반송된다는 점을 고려해 발송 전에 주소를 꼼꼼히 다시 한번 확인해야 한다.

2) 채팅시 네티켓

① 마주보고 이야기하는 마음가짐으로 임한다.

② 만나고 헤어질 때 인사를 한다.

③ 대화방에 들어 가면 진행된 대화의 내용과 분위기를 파악한다.

④ 동시에 몇 사람과 이야기할 때는 상대방을 혼동하지 않도록 조심한다.

⑤ 지극히 개인적인 논조는 피한다.

⑥ 광고 · 홍보 등을 목적으로 악용하지 않는다.

⑦ 유언비어 · 속어와 욕설게재는 삼가고, 상호비방이나 타인의 명예를 훼손시킬 우려가 있는 내용은 금한다.

3) 컴퓨터 사용시 지켜야 할 10대 에티켓

① 다른 사람을 불쾌하게 하거나 해가 되는 일을 하지 않는다.

② 다름 사람의 일을 방해하지 않는다.

③ 다른 사람의 파일들과 컴퓨터의 정보를 허락 없이 살펴 보지 않는다.

④ 해킹 목적으로 컴퓨터를 사용하지 않는다.

⑤ 다른 사람이름과 ID로 컴퓨터를 사용하지 않는다.

⑦ 다른 사람의 컴퓨터나 컴퓨터의 기능을 허락 없이 사용하지 않는다.

⑧ 철저한 바이러스 검사를 한다.

⑨ 프로그램을 만들기 전에 그 프로그램의 가능한 결과를 생각한다.

⑩ 다른 사용자에 대한 관심과 배려를 갖고 사용한다.

서식 1

● 팩스 양식 (FAX FORM)

FACSIMILE TRANSMISSION SHEET
FAX NO: (02) 6464-9200

☐ Urgent ☐ Confidential ☐ Routine

To:	AT FAX #:
COMPANY:	LOCATION:
FROM:	DATE :
LOCATION:	TIME :
FAX MESSAGE #:	

NUMBER OF PAGES:______ (INCLUDING THE COMER PAGE)
If you have not received all pages, please phone us on Sydney (02) 6464-9200

==

서식 2

● 호텔 예약 문의 (ASKING HOTELS/CONVENTION CENTERS FOR INFORMATION)

23 March, 2012.

Washington State
Convention and Trade Center
800 Convention Pl.
Seatle, WA 98101
U.S.A

Dear sir :

Our company is planning to hold a Asis/Pacific Account Manager meeting in Seatle in the middle of May, and we need your assistance.

As secretary of the Committee, I must select a hotel in Seatle which can accommodate 250 people, for five days(tentatively starting May 05).

Pleas let me have information of the below:

1. Room rates, single and double occupancy
2. Different types, sizes, and costs of meeting rooms
3. Any group packages you can suggest
4. Local tours or attractions for spouses
5. Restaurants and meal charges
6. Hotel facilities

I would appreciate your response by March 12, since we must make our decision by Mar 28.

Thank you

Cordially yours,

David Rocknak
Secretary

서식 3

● 호텔 예약 양식 (HOTEL ROOM REQUEST)

HOTEL ROOM RESERVATION

NAME ______________________________

COMPANY ______________________________

ADDRESS ______________________________

TEL ______________ FAX ______________

ARRIVAL DATE/FLIGHT ______________ ETA ______________

DEPARTURE DATE.FLIGHT ______________ ETD ______________

TYPE OF ROOM REQUIRED Single/Twin/Double*

ROOM RATE: Single / twin / double: US$280.00 per room-night.

(Rates are subject to 3% cess, 10% service charge and are non-commissionable)

In view of the tight occcupancy, for rooms to be held on a guaranteed basis, credit card nomber to be advised (or one night deposit to be forwarded) to Jalanba Hotel latest by 31 December 2012, after which rooms may be requested only subject to space availability. In the event of no-show or cancellation on and after 30 January, one-night deposit (US$ 280.00) will be levied.

MODE OF PAYMENT FOR ONE NIGHT DEPOSIT (US$280.00)

Credit card / Bank draft / Telegraphic transfer

Type of Credit card ______________________________

Number ______________ Expiry date ______________

Bank draft be made payable to Jalanba Hotel Pte Ltd.

Telegraphic transfer to be made to United Overseas Bank Account No. 101-334-412-5, Alanba Hotel Pte Ltd.

* Please delete as appropriate

Signed ______________________________

서식 4

● 호텔 지원 요청 (HOTEL ACCOMMODATION SUPPORT FOR MEMBERS)

12 Ooctober 2012

(Inside address – Seoul)

Dear Mr. Antony Ray

Familiarization Tour For Journalists

We are pleased to inform that ETB is planning to invite the following journalists to visit and Write about the attractions of Europe in the last quarter of this year, and would very much appreciate if inter–hotel is able to sponsor hotel accommodations at Paris and London, for the invitees.

The two journalists are:

Ms. Francesca Butler	Mr. Craig Mackenzie
Sub–editor	Editor
The Weekend Times	Tour & Recreation Journal

Tentative trip data :

Paris	:	03 Nov. ~ 06 Nov. 2012
London	:	06 Nov. ~ 10 Nov. 2012

We look forward to receiving your favorable reply soon

Yours Faithfully,

Harry. S. Kim
Director

서식 5

● 무료 항공 탑승권 지원 요청 (CONTRIBUTION REQUEST – TRANSPORTATION FACILITIES)

Dear Mr.

May I extend my heartful gratitude for your generous cooperation and understanding in the past with regard to the activities of the ○○ Hotel.

Again, we need your generous help. The preparation for the IFBA 2012 Annual Conference, scheduled in Osaka and Kyoto, Japan next May, is in full swing and your hitherto invaluable cooperation will be highly appreciated. May we impose upon your generosity in offering us transportation facilities on your excellent airlines?

Therefore, F.O.C ticket privilege to the

Mr. Kwang Sang Park	Mr. Jae Soon Kim
Reporter	Chiet editor
Korea restaurant association	Recipe & drink gallop

Will be greatly appreciated.

I, representiong the IFBA 2012 Conference Japan Host Committee, appreciate your time and consideration that you have made so far. There will not be as good an opportunity as any to boast your generous contribution as well as most efficient and hear-felt services before the eye of those observant professional writers.

I look forward to a positive reply. Thank you in advance for your prompt action.

Truly yours,

Seam. K. Kim
General managen

서식 6

● 여행상품 기부 요청 – 년 말 파티 (DONATION REQUEST FOR YEAR END PARTY)

Dear Mr. Kim:

JRC NEW YEAR'S EVE DANCE 2012

In conjunction with the New Year, our Club will be holding a New Year's Eve Dance 2012 on December 28 at the Club.

The evening's highlights include entertaining games, music and dance. Some 300 members and guestes will be present.

We write seeking your kind consideration in sponsoring an tour package for the prizes.

We sincerely hope that you will accede to our request by extending your support for this most auspicious occasion in the Club's calendar of events.

Please do not hesitate to call Ms. Geraldine Nuys at 02)3434–1122 if you require further information.

Looking forward to your early and favorable reply.

yours faithfully,

MS GERALDINE NUYS
PUBLIC RELATIONS EXECUTIVE

c.c Mr. Daniel Robinson – Chairman, Entertainment

서식 7

● 무료 항공 탑승권 지원 요청 (CONTRIBUTION REQUEST – TRANSPORTATION FACILITIES)

December 02, 2012

(inside address – Sydney)

Dear Mr. Kenneth bench :

Greetings from the Southtel Sydney!

With the end of 2012, we look back with gratitude at the excellent support which we have received during the past year from your organization.

in view of our current ongoing renovathin programme to upgrade all our romms and lobby, we are pleased to extend our following preferential rates to your esteemed organization with effect from 1 January 2013 till further notice:

Room rate	Single	:	US$ 215.00++
	Twin	:	US$ 235.00++
	Extra bed	:	US$ 40.00++
Billing	30 days upon receipt of our invoices.		

Trust you would find the above acceptable and sincerely look forward to working closely with you towards the New year. Kindly acknowledge your acceptance by fax for our reference.

Meanwhile, please do not hesitate to contact the undersigned for any further assistance and do rest assured of best services and co-operations to ensure a pleasant and relax stay for your guests in our hotel.

Yours sincerely
Accepted by:

....	....
George Borden	Name:
Director of Sales & Marketing	Designation:

GTM
국제매너와 에티켓

제5장

국제회의와 의전

제1절 국제회의(International Conference) 참석

이 시대를 살아 가는 사람이라면 초등학교 때부터 직장생활을 은퇴할 때까지 많은 회의를 하며 살아 간다. 집단의 의사결정은 결국 집단을 이루고 있는 사람들에 의해서 이루어지므로 각자의 의사결정에 참여하도록 제도화되어 있어 참여하는 태도로 보아 그 사람의 교양을 알아 볼 수도 있다. 국제적인 회의도 마찬가지이나 국제관례상의 예절에 의해 진행됨을 알아야 할 것이다.

1. 국제회의 참석자가 지켜야 할 매너

① 회의의 목적을 이해한다. 배포된 자료는 사전에 읽어 본다. 의제에 대한 의견 · 견해를 정리해 둔다.

② 개최시간을 엄수한다. 일시와 장소를 확인하고 먼 거리는 교통편을 확인해 둔다. 특히 외국에서 장소나 방향에 익숙하지 않은 경우는 일찍 출발하는 것이 좋다.

③ 회의참석자의 시선이 발표자 이외의 곳에 향하지 않도록 한다.

④ 허락받기 전까지는 담배를 피우지 않는다.

⑤ 회의규칙을 존중한다.

⑥ 감정을 자제해야 한다.

⑦ 잡담을 한다거나 자세를 흐트러뜨리지 않는다.

⑧ 상대방이 말하는 도중에 질문하지 않는다.

2. 사회자의 에티켓

① 사회를 보는 사람은 정해진 국제회의의 순서대로 진행하되, 정해진 시간 안에 회의가 끝날 수 있도록 발표자나 청중들의 토의시간을 조정해야 한다.

② 회의의 주제에 빗나가는 발언이 이어지거나 어느 한 사람의 발표나 발언이 지나치게 독단적이고 길어질 경우에는 사회자가 이를 조정해야 하며, 주제를 환기시킨다거나 발표(발언)의 요지를 간략하게 해 달라고 주문할 수 있다.

③ 사회자는 회의에 참석한 다수의 사람들이 골고루 의견을 낼 수 있도록 발표자 지목에 신경을 쓰되, 안건에 대한 발언이 없을 경우에는 회의의 분위기가 산만해지고 시간이 길어지므로 특정한 누군가를 지목해서 그 안건에 대한 특별한 생각이나 참고할 만한 설명이 없는지 물어 볼 수 있다.

④ 사회자는 자신의 의견을 강요하는 투로 회의 분위기를 이끌어서는 안 된다. 다만 어떤 안건에 대한 별다른 의견제시가 없고 발표자가 없을 때에는 “저의 생각은 ㅇㅇㅇ합니다만, 여러분은 어떻게 생각하십니까?” 하는 식으로 회의 분위기를 적극적으로 유도 할 필요는 있다.

■ 국제회의시 사회자의 자기소개

Ladies and Gentlemen

Is the moderator of the conference, Richard. K. Harrison.

I need your undivided attention. Thank you.

3. 발언자의 에티켓

① 손을 들어 정식적으로 발언권을 얻은 다음에 발표하여야 하며, 발언할 기회를 독점해서는 안된다. 또한 너무 긴 시간 발언하거나 자주 발언하지 않는 것이 좋다.

② 남의 의견을 존중해야 하며, 남의 발언 중에 끼어드는 것은 실례이다. 자기와 다른 생각이나 행동에 대하여 너그럽게 이해하고, 개인의 비밀사항은 간섭하지 않아야 한다. 남의 의견을 부정해서 자기의 의견을 정당화하려는 태도보다 더 높고 더 좋은 의견을 제시하려는 태도를 가져야 한다.

③ 다른 사람이 발표하기 때문에 자기도 무엇인가 발표해야 하겠다는 경쟁심과 의무감 때문에 배타적이고 독선적인 의견을 제시해서는 안되며, 자기의견의 잘못이나 부족함을 지적당하더라도 상대방을 이해하고 수용할 수 있는 여유가 필요하다. 의견은 요령있게, 그리고 예의에 어긋나지 않게 발표한다.

④ 의견을 발표할 때에는 먼저 결론을 말하고, 다음에 그 이유를 조목별로 말하는 것이 효과적이다. 즉 " 나는 지금 제안에 반대합니다. 이유는 첫째로 ~때문이고, 둘째로는 ~때문이며, 셋째로는 ~한 까닭입니다" 하는 것이 좋다.

⑤ 발언자는 참석한 회원 전체에 대해서 발언하는 것이나, 항상 의장을 향해서 발언해야 한다.

⑥ 남의 발언내용에 유의하면서 요점을 잘 파악하며 들어야 한다. 메모를 하면서 남의 이야기를 들으면 그 내용파악이 쉽고, 본인이 발언할 때도 실수 없이 말할 수 있다.

⑦ 회원은 회의에서 심의될 의제에 대하여 미리 연구하는 것이 좋다.

⑧ 회원은 자기의견에 신념을 가지고 발언해야 하나, 반대의 입장도 충분히 이해하는 아량이 있어야 한다. 반대발언하는 회원이나 이를 듣는 회원은 서로 감정을 억제하면서 감정적인 말을 쓰지 않도록 주의해야 한다.

⑨ 발표하면서는 가급적 자신의 뒷모습이 참석자들에게 향하지 않도록 주의하고, 상의의 단추는 단정히 잠그도록 해야 한다. 그러나 손을 들

어 괘도를 가르치면서 발표할 경우에는 양복 윗저고리의 단추를 풀고 자연스러운 포즈로 발표한다.

⑩ 발표할 때 연설자용 단상(책상)이 있다면 다리를 자연스럽게 어깨 넓이만큼 벌려 준 채 상체를 굽히거나 할 수 있지만, 단상이 없다면 다리 사이를 가급적 붙여 주는 것이 좋다.

⑪ 발표의 내용은 주제에 벗어나지 않는 것으로 하되, 시간을 적당히 조절하여 독단적으로 너무 장황하게 하지 않도록 한다.

⑫ 발표를 하면서 뒷짐을 진다거나 위를 쳐다 본다거나 하지 않도록 해야 하며, 머리를 긁적이거나, 코나 입을 손으로 만진다거나, 몸을 흔들면서 발표하는 자세는 좋지 않다.

⑬ 발표를 하면서 책상에 기대서거나, 회의자료를 말아 쥔 채로 청중을 가리키거나, 강조를 목적으로 손에 내리치면서 소리를 내는 행위는 좋지 않으니 삼가야 한다. 또한 옷 앞섶이나 단추 등을 만지작거리거나 주머니에 손을 찌르고 발표하는 행동도 옳지 않다.

■ 국제회의 회의실 배치

가. 대형 회의인 경우

오디토리엄 또는 극장식 배치 / 교실형 배치 / 청어가시 무늬형 또는 V자형 배치 / 변형된 V자형 배치

나. 중소형 회의인 경우

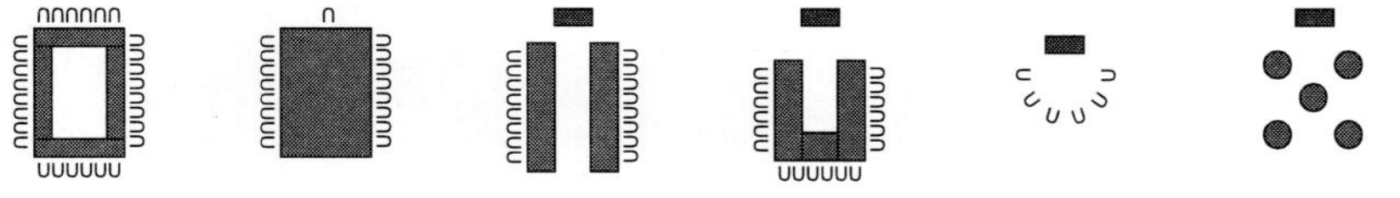

직각형 배치 / 이사회 형 배치 / 수직형 배치 / U자형 배치 / 반원형 배치 / 밀집형 배치

■ 국제회의의 유치 제안

제76차 UFI 유치 제안 사례

76th UFI CONGRESS : 2009, Incheon

Title of the Program : 76th UFI CONGRESS : 2009, Inchen

Proposed by Seunghum Han, Junwoo Song, Jiae Chae

Overview

Title of the Program :	76th UFI CONGRESS : 2009, Incheon
Date & Time :	5~8 of October, 2009
Location :	Songdo International Convention Center, Korea
Theme :	THe Collaboration of the FAR EAST
Expected Participants :	450 participants from 57 countries
Organizer :	Association of Korean Exhibition Industries Perfect Convertion

CONTENTS

제2절 공식 의전(Official Protocol)

1. 의전의 의미

의전이란 뜻으로 사용되는 'protocol'은 원래 공증문서에 효력을 부여하기 위해 맨 앞장에 붙이는 용지를 말한다.

그 이후 외교관계를 담당하는 정부부서의 공식문서 또는 외교문서의 양식을 의미하는 것으로 쓰이고 있다.

즉, 의전은 국가 간의 관계에서 가장 기본이 되는 것, 즉 첫째로 지켜야 하는 것이라는 의미를 담고 있다. 에티켓(etiquette) 또는 예의범절(good manners)이 개인 간의 관계에서 지켜야 할 일련의 규범이라면, 의전은 국가 간의 관계 또는 국가가 관여하는 공식행사에서 지켜야 할 일련의 규범(a set of rules)을 뜻한다.

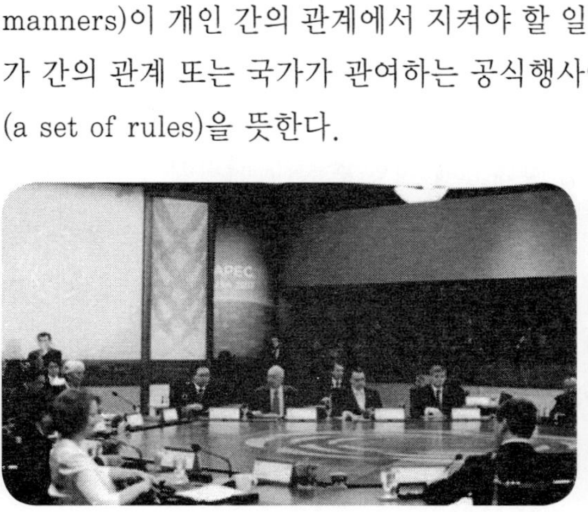

[정상회담]

■ 의전의 종류

- 국가 의전
  - 국내
    - 중앙
      - 대통령
      - 장관급
    - 지방
      - 지방자치단체장
      - 일반 행사
  - 국가 대 국가
    - 공식행사
      - ASEM, APEC, 국빈 방문
      - 조약
    - 비공식 행사
      - 국제 행사
      - (올림픽, 월드컵, 엑스포)
- 일반 의전
  - 공적 : 공공성 강조
  - 서적 : 일반 기업체(SP 행사)

[대통령 전용기]

2. 의전의 기본 정신

1) 상대에 대한 존중(Respect)

의전의 바탕은 상대 문화 및 상대방에 대한 존중과 배려에서 출발한다.

지구상에는 190여 개국이 넘는 나라가 다양한 문화, 다양한 생활방식으로 살아가고 있다. 공통적으로 적용되는 의전 관행도 있지만, 문화권별로 독특한 것도 있다. 예컨대 우리의 경우 집 안에 들어갈 때 신발을 벗는다. 의전의 관점에서 보면 그런 문화에 익숙하지 않은 외빈들을 배려하는 자세, 외빈의 입장에서는 지역 문화를 존중하는 자세를 지니는 것이 중요하다.

18 STORY

2007년 4월 이라크 말리키 총리 방한 시 이라크 측은 대통령 주최 만찬이 시작되기 불과 몇 시간 전에 상호 건배 제의를 하지 말자고 요청했다. 이는 처음에 술 대신 사전에 준비한 사과 쥬스로 건배를 하기로 했으나 건배 시 술로 비칠 수 있으므로 자국 내 보수적인 이슬람교도들에게 비판거리를 제공할 수 있다는 이유에서다. 결국 그날 만찬은 건배 제의도 없이 밋밋하게 시작됐다고 한다.

모하마드 하타미 이란 대통령은 1999년 4월 이란 지도자로서는 20년 만에 프랑스를 방문하려던 계획을 돌연 연기했다. 조선일보 보도에 따르면 프랑스와 이란 정부가 공식 발표한 표면상의 이유는 '양국 간 일정에 합의하지 못해서' 였지만 실제 이유는 이란의 하타미 대통령 측에서 자크 시라크 프랑스 대통령과의 만찬석상에 포도주가 오를 경우 자리를 함께할 수 없다는 주장을 굽히지 않았기 때문이었던 것으로 알려졌다. 이란 측은 '금주' 를 규정한 이슬람 율법을 따라야 한다고 주장한 반면, 프랑스 측은 '외빈이 초청국의 문화 관습을 따르는 것이 국제적 관례' 라며 불쾌한 반응을 나타냈다고 한다.

19 STORY

대통령 의전은 대통령이 참가하는 모든 행사와 관련이 있지만, 원래 국가의전은 국가 원수뿐 아니라 고위급 외빈을 맞이하는 의전행사의 뜻으로 쓰인다. 방문 목적에 따라 국빈방문, 공식방문, 실무방문, 비공식 또는 사적방문의 네 가지로 나뉜다. 가장 격식이 높은 국빈방문은 초청국의 국가원수가 직접 영접하며 특별 예복을 입고 만찬을 베픈다. 공식방문은 여러 의전 절차가 생략되며 행정부 수반이 오찬을 베픈다. 실무방문은 격식이 최소한으로 줄어든다.

이러한 의전은 고위공직자 또는 대통령의 의전에 국한하지 않고 비즈니스 의전으로 더 보편화되고 실용화 된다.

의전에는 '3R'이라는 기본 요소가 있다. 첫째, 상대에 대한 존중(Respect)과 배려(Consideration)다. 둘째, 의전은 문화의 반영(Reflecting Culture)이다. 셋째, 의전은 상호주의(Reciprocity)를 원칙으로 한다.

2) 문화의 반영(Reflecting Culture)

의전은 곧 문화의 이해이다. 각 나라의 다양한 문화에 대한 이해를 통해서 의전의 품위를 높일 수 있다. 예를 들어 중동지역 국가의 경우 국가 의전행사 때 여성을 동반하는 경우가 드물며, 반면 서구문화에서는 여성에 대한 우대가 특별하다. 서구의 의전은 어떤 의미에서는 '여성존중(lady first)'에서 유래된 측면도 있다. 이처럼 지역별, 나라별로 상이한 의전 관행과 문화를 이해해야 좋은 관계를 유지할 수 있다.

3) 상호주의 원칙(Reciprocity)

의전은 또 상호주의를 원칙으로 한다.

상호주의는 상호 배려의 다른 측면이기도 하다. 내가 배려한 만큼 상대방으로부터 배려를 기대하는 것이다.

즉 의전에서는 국력에 관계없이 모든 국가가 1대 1의 동등한 대우를 해야 한다. 한국 대통령이 상대국 방문 시 국빈으로 성대하게 대접을 받았다면, 그 나라 대통령이 우리나라를 방문할 때 우리 측도 이와 유사한 의전상 예우를 제공하게 된다. 하지만 자국 대통령의 해외방문 때 의전 상 소홀한 점이 있었다면 외교경로를 통해 불만을 표시하거나 그에 상응하는 조치를 검토하기도 한다.

[의전차량]

3. 의전 실무

1) 소개를 위한 호칭

- 대통령에게 Mr. A를 소개 할 경우.

  "Mr. President, may I have the honor to present Mr. A?"
- 추기경일 경우 Your Eminence, 카톨릭 성직자인 경우 Father Bish-op
- 최고 재판소 판사일 경우 Chief Justice
- 대사일 경우 Ambassador.

여성을 고위공직자에게 소개할 때는 상급자에게 미리 여성을 소개하겠다는 양해를 구한다.

예를 들어 소개자가 대사 S. Kim에게 Y. Lee씨를 소개할 때.

"Your Exellency(sir처럼 상대방을 존칭하는 것), may I present you to Mrs. Y. Lee"

"Mrs. Y. Lee, may I present His Excellency the Korean Ambas-sador S. Kim"

여성일지라도 왕, 대통령, 성직자와 소개를 나눈 때는 여성을 먼저 이들에게 소개한다.

2) 경칭

(1) The honorable(디 오너러블)

이 경칭은 주로 귀족이나 주요 공직자에게 붙임.

① 영국

- The most honorable : 후작(Marquis)과 Bath 훈장 소유자, 황제의 고문관에게 붙임.
- The right honorable : 백작(Earl), 자작(viscount), 남작(Baron),

추밀원의 구성원에게 붙인다. 또한 대법관, 대법원장, 고등법원장, 영국의 14개 도시 시장 및 장관에게도 붙임.

- The honorable : The Hon으로 축약돼서 쓰이기도 하며 Mr or Esq. 로도 사용

② 미국

- 대상 : 대사 및 공사, 주지사, 장관 및 차관, 차관보, 상 · 하의원 및 각 사무총장, 대통령 비서관 및 비서관 보좌, 재판관, 주의원, 대도시 시장, 전직 대통령, 전직 장관 등
- 사용방법

ⓐ 약어로 The Hon, 이나 Hon라고 사용해도 된다.

ⓑ full name 앞에 쓴다.

예) The Honorable Josept King.

ⓒ 성과 이름의 첫 글자만 써도 되지만 성만 쓰는 것은 잘못된 표현이다.

(2) Excellency(엑설런씨)

① His Exellency Mr. David Bush

또는 H. E. Mr. John Bush

His Excellency the President : 대통령 각하

② 각 국 대사에 대한 호칭

· 프랑스 : Ambassador of the French Republic

· 도미니카 : the Dominican Republic

· 아르헨티나 : the Argentine Republic

· 불가리아 : the People's Republic of Bulgaria

· 루마니아 : the People's Republic of Rumania

· 남아프리카공화국 : the Union of South Africa

· 영국 : Brithish Ambassador

· 중국 : Chinese Ambassador

· 이탈리아 : Italian Ambassador

· 일본 : Japanese Ambassador

(3) Majesty(머제스티)

왕이나 황족에게 Majesty 또는 Highness를 붙인다.

· 천황폐하 : His(Her) Imperial Majesty
· 전하(황태자) : His Imperial Highness
· 국왕폐하 : His Royal Majesty
· 저하(왕세자, 세자) : His Royal Highness
· 전하(속국의 왕, 자주적 대공) : His (Serene, Serenely, Sereneness) Highness
· 영국 왕세자 : His Royal Highness the Prince of Wales

(4) Sir(써~)

말하는 사람이 자신을 낮추어 상대방에 경의를 표하는 칭호로 나이가 비슷하거나 여성에게는 사용하지 않는다. 여성은 상대방인 남성의 지위가 아무리 높아도 나이가 비슷하다면 Sir라는 호칭을 사용하지 않는다.

(5) 동양 전통 경칭

· 폐하(陛下) : 용상 앞 돌계단(陛) 밑에서 우러러 봄 (황제, 황후)
· 전하(殿下) : 궁전 밑에서 우러러 봄 (왕, 왕비)
· 저하(邸下) : 저택 밑에서 우러러 봄 (왕세자)
· 각하(閣下), 합하(閤下) : 집무실 다락문 밑에서 우러러 봄. 일본어. (정승)
· 휘하(麾下) : 대장기 밑에서 우러러 봄 (장군)
· 곡하(轂下) : 수레 밑에서 우러러 봄 (사신)
· 슬하(膝下) : 무릎 밑에서 우러러 봄 (부모)
· 족하(足下) : 발 밑에서 우러러 봄 (조카, 각종 친지)
· 궤하(机下) : 책상 밑에서 우러러 봄 (선배, 타인)
· 좌하(座下) : 앉은 자리 밑에서 우러러 봄 (상사, 윗사람)
· 마루하(抹樓下) : 마루 밑에서 우러러 봄 (마마의 어원인 듯)

TIP

'~의 밑' 이라는 뜻이 아니지만 下에서 경칭의 의미를 차용한 것들.

- 귀하(貴下) : 일반적인 상대방에 대한 경칭. 일본어.
- 성하(聖下) : 카톨릭 교황에 대한 경칭 (일본에서는 교황도 '예하'라고 함)
- 예하(猊下) : 고승에 대한 경칭. 일본어
- 법하(法下) : 대마법사에 대한 경칭

STORY 20

문화적 차이에 따른 상호이해 부족으로 오해를 불러일으키는 경우도 있다. 2001년 백악관에서 한미 정상회담을 마치고 로즈가든에서 공동 기자회견을 할 당시 부시 대통령이 김대중 대통령을 "this man"이라고 호칭, 한국 언론에서는 미 대통령이 김 대통령을 무시했다고 호되게 비판한 적이 있다. 호칭에 민감한 우리 문화에 대한 미국 대통령의 이해 부족과 미국의 캐주얼한 문화 차이에서 생겨난 에피소드였다.

(6) 일반적 호칭에티켓

① 상대방이 자신의 first name(이름)을 불러도 좋다고 하기 전에는 경칭을 사용한다.

② 영어권에서는 성(last name)이나 관직명 앞에 Mr./Mrs./Miss를 붙인다.

③ 상대방을 어떻게 불러야 할지 모를 때에는 "What would you like me to call you?"라고 물어본다.

④ 학위를 통해 얻은 직함이 더 중요하기도 한다.

독일 등 유럽의 일부나라에서는 학위를 통해 얻은 직함이 회사의 직함보다 더 존중된다.

소개할 때나 명함을 받을 때 주의 깊게 보고 정확한 직함을 부를 수 있도록 한다.

⑤ 발음에 주의한다.

그 나라 방식대로 발음하는 것이 기본 매너이다. 국가별 호칭과 이름 문화가 상이하므로 주의한다. 자신이 없으면 사전에 물어본다.

3) 서열

(1) 서열의 중요성

의전의 기준 및 절차를 한마디로 표현하면 서열(rank)이라고 할 수 있다. 의전행사에서 기본이 되는 것은 참석자들 간에 서열을 지키는 것이다.

서열을 무시하는 것은 해당 인사뿐만 아니라 그 인사가 대표하는 국가나 조직에 대한 모욕이 될 수 있다. 이때문에 외국 대사들은 사적인 파티에서도 자신의 지위보다 낮은 좌석배치 등에 대해서는 강하게 항의 하고, 퇴장도 불사하는 것이다. 국가를 대표하는 대사들의 서열은 주재국에 부임, 신임장을 받은 날짜를 기준으로 삼는다. 우리의 우방이라고 해서 미국대사를 의전 상 우대하는 자세는 자칫 여타 참석 국가 대표들에게 큰 결례를 범하는 것이다.

(2) 공식서열

- 귀족, 공직자 등의 지위나 관직에 대해 공식적으로 인정되어 있는 서열을 말한다.(국가에 따라 다르다)
- 우리나라의 경우 공직자의 경우 국가별로 헌법, 정부조직법 등 서열 법령에 따른 직위순서를 예우기준으로 삼는다.

실무상 일반적 기준을 삼고 있는 비공식 서열을 소개하면 대략 다음과 같다.

· 한국

대통령/국회의장/대법원장/국무총리/국회부의장/감사원장/부총리/외무부장관/외국특명전권대사/국무위원/국회상임위원장/대법원판사/3부 장관급/국회의원/검찰총장/합참의장/3군 참모총장/차관, 차관급/외국 주요국가의 서열관행

· 미국의경우

대통령/부통령/하원의장/전직 대통령/국무장관/유엔 사무총장/외국대사/전직 대통령 미망인/공사급 외국 공관장/대법관/각료/연방예산국장/주유엔 미국대표/상원의원

· 영국의 경우

여왕/귀족/캔터베리 대주교/대법관/요크 대주교/수상/하원의장/옥새 상서/각구대사/시종장관/대법원장

TIP

모든 국가가 1국 1표제를 행사하는 유엔 총회의 경우 매년 추첨으로 1개국을 선정, 그 나라를 시작으로 알파벳순으로 좌석을 배정한다. 따라서 유엔에서 각국별 좌석은 해마다 바뀐다. 우리나라는 영어명이 'Republic of Korea'이므로 알파벳 순서에 따라 좌측에는 Qater(카타르)가, 우측에는 Rumania(루마니아)가 늘 위치한다.

STORY 21

2002년 월드컵 개막식 당시 일본 총리와 황족 내외, 7개국 10명이의 정상급 인사가 한국을 찾았다. 개막식에서 로열박스의 배치부터 대통령 주최 청와대 간담회 등 일정시 이들의 서열을 어떻게 정하느냐가 의전 담장자들에게 아주 중요한 문제가 됐다. 특히 일본 총리와 황족 간의 의전 서열, 국제축구연맹(FIFA) 인사들에 대한 서열을 어떻게 매기느냐가 중요했다.

의전 담당자들은 우선 국가원수, 그 다음 행정수반 순으로 하되, 동급인 경우 영어 국명의 알파벳순으로 정했다. 이는 통상 다자간 국제회의에서 사용되는 방법이기도 하다. 일본의 경우 의전상 황족이 총리를 앞서기 때문에 로열박스 내의 좌석 배치에 신경을 쓰지 않을 수 없었다. 결국 청와대 의전담당자, 일본과 FIFA 측 담장자들과 협의를 거쳐 오른쪽부터 고이즈미 총리-김대중 대통령-이희호 여사-FIFA 회장-일본 황족-황족 부인 순으로 자리를 정했다. 일본 총리와 황족을 떨어져 앉도록 해서 의전 서열의 민감성을 줄이면서 FIFA의 위신도 살린 것이다.

2) 공항에서의 영접

(1) 공항 VIP라운지 예약

(2) 환영인사 대상과 인원수

(3) 카메라 기사 동반

(4) 차량 확인

3) 호텔

(1) 호텔측 관계자 접촉

(2) 객실 내 노트북, 팩스 설치 여부

(3) 객실의 종류 및 이용 객실 수

(4) 엘리베이터 대기 상태 - VIP 전용

(5) Express Check in 확인

(6) 객실 환영인사 카드, 꽃다발, 과일 바구니 등

4) 환영 리셉션

(1) 오프닝 시간

(2) 리셉션 홀의 준비

(3) 클록룸(옷 보관소) 확인

(4) 테이블 플랜

(5) 메뉴판

(6) 전체 강연 시간 조율

(7) 좌석 안내도 및 연회 시의 서열

(8) 좌석 명패

(9) 선물 준비 및 여흥 준비 여부

5) 식당

(1) 메뉴 준비 및 선호 메뉴, 식사양, 선호 음료

(2) 초청 문구

(3) 날짜 별 메뉴 준비

(4) Place card 및 통역의 위치

6) 필수준비사항

(1) 일별 · 시간대별 스케줄

(2) 방문시 접객 대상

(3) 방문 예정 및 소요시간 예상

(4) 방문자 이동에 따른 사전 정보

(5) 고객의 체력여부

7) 환송연

(1) 오프닝 시간

(2) 리셉션 홀의 준비

(3) 클룩룸(옷 보관소) 확인

(4) 테이블 플랜

(5) 메뉴판

(6) 전체 강연 시간 조율

(7) 좌석 안내도 및 연회 시의 서열

(8) 좌석 명패

(9) 선물 준비 및 여흥 삽입 여부

8) 기타사항

(1) 환송 후 선물 - 사진집 등

(2) 의전결과 체크

(3) 기간 중 특이사항 및 history card 작성

■ 건배제의

Ladies and Gentlemen

I would like to propose a toast to the eternal friendship between the two countries and the development.

5. 국가행사시 선물

1) 선물에티켓

외국 정상들과의 회담에서 빠지지 않는 관례가 선물이다. 국가 의전에서 선물은 그 나라 문화의 반영이자 상징이라는 의미를 지닌다. 더욱이 외국 정상에게 주는 선물은 통상 그 나라의 전시관에 보관되는 경우가 많아 선물을 통해 홍보 효과도 노릴 수 있다. 그동안 우리나라의 상징물이라 할 수 있는 금관, 거북선, 청자, 백자 등이 국빈용 선물로 많이 증정됐다. 전통 공예품이나 특산품도 좋은 선물이 될 수 있다. 특히 나전칠기 제품은 우리나라가 세계 최고 수준의 기술을 갖고 있어 외국 귀빈용 선물로 애용된다.

선물은 이렇듯 국가 간의 관계를 이어주는 매개체 역할을 하지만 인간 그리고 비즈니스 목적인 기업간 서로의 관계를 유지하는데 중요한 역할을 한다. 그러나 자칫 나라와 문화의 차이가 있어 오해의 소지도 있다. 중국에서는 공무원에게 선물을 주는 것이 법으로 금지되어 있고 싱가포르에서는 선물을 기관장에게 반납해야하며 일본은 1만엔 이상은 뇌물로 간주한다. 그리고 서양 일부 국가도 공무원들이 받는 선물의 액수를 법으로 정해 놓고 있다.

자칫 선물이 뇌물이 되지 않도록 받아서도 좋고 주어서 좋은 선물 에티켓에 대해 알아보자.

의전 상으로 선물을 줄때 다음 기본 원칙을 알자.

2) 선물을 줄 때 유의 점

① 선물이 받을 사람의 문화에 적합한 품목인가?

② 국가와 부서의 정책에 부합되는가?

③ 선물 전달 시기가 적절한가?

④ 선물의 가격이 적절한가?

⑤ 선물 자체를 주는 것이 적당한가?

3) 선물을 받을 때 유의점

① 지나치게 고가이지 않은가?

② 받아도 될 때인가?

③ 받는다고 상대방에게 귀속되지 않는가?

④ 상대방과 미결된 일이 남아 있는가?

※ 위의 내용 중 하나라도 포함이 되면 그 선물은 안 받는 것이 좋다. 또한 거절할 때는 24시간 이내에 거절 의사를 밝히는 반송조치를 취하는 것이 좋다.

4) 선물을 받은 후에는

① 감사 인사를 잊지 않는다.

② 선물 개봉 할 때를 잘 알아 조심스럽게 포장을 풀고, 받은 선물에 대해서는 최대한 기쁨을 표한다.

③ 감사 카드를 써서 보낸다.

하지만 국가간의 선물교환은 이미 위의 유의사항을 충분히 검토한 단계이므로 의전상 문제가 발생되는 경우는 극히 드물다.

6. 선물 품목

1) 적합한 품목

- 그 나라의 문화를 상징하는 전통 공예품(예를 들어 우리나라의 경우 하훼탈, 한복 등)
- 양질의 문방구류
- 고급 커피, 차, 초콜리, 과일 바구니 등
- 간단한 전자제품
- 수첩, 캘린더

공식의전에서 사용하는 선물은 최근에 좀 더 한국적인 재료와 종류의 선물을 선정하는 분위기다. IT기술과 전통공예기술을 조화시킨 선물을 개발하는 노력도 그 중 하나다. 최근 아시아, 중남미, 동유럽 지역의 일부 국가들은 한국 전통공예품 선물보다는 한국의 최첨단 IT제품(디지털 카메라, 휴대전화, MP3 등)을 선호하는 추세이다.

2) 부적합한 품목

- 옷과 같은 개인적인 선물
- 지나치게 고가인 선물
- 불우한 역사적 과거를 상징하는 물품(예를 들면 독일인에게 나치문양과 같은 선물 등)

STORY 23

● 의전 이야기 1

대통령이 해외 외빈들로부터 수령한 선물은 본인 소유가 될까? 원칙적으로 대통령이 외빈으로부터 받은 선물은 행안부로 이관돼 국립민속박물관에 보관하지만 고가가 아닌 경우 퇴임시 일부 가져가는 경우도 있다. 2007년 4월 공포된 대통령 기록물관리법에 따라 앞으로는 국가기록원에 보관, 전시된다. 현재 국립민속박물관에는 전 · 현직 대통령들이 외국정상 등 주요 귀빈으로 부터 받은 선물 4000여 점이 보관돼 있다. 청와대 홈페이지(www.president.go.kr) 국빈선물 전시관에는 우리나라 역대 대통령이 받은 선물 목록이 연도별로 잘 정리돼 있다.

역대 대통령이 받은 선물 가운데에는 독특한 것이 많다. 그중 몇 가지를 꼽자면 김일성 주석의 자수액자(박정희 전 대통령), 중앙아프리카공화국 콜링바 대통령의 산돼지 이빨 한쌍(전두환 전 대통령), 북한 쉬뇌부의 "불로주' (노태우 전 대통령), 장쩌민 중국 주석의 벼루와 동양화(김영삼 전 대통령), 브루나이 국왕의 모형 대포(김대중 전 대통령), 태국 탁신 총리의 초상화(노무현 전 대통령) 등이 있다.

선물도 다른 의전행사와 마찬가지로 세심한 준비와 교환절차를 거친다. 그러나 일부 중동 국가의 경우, 이러한 원칙을 무시하고 깜짝 선물을 하거나 즉석에서 선물을 직접 전달하여 상대국을 당황스럽게 할 때도 있다. 게다가 살아 있는 동물과 같은 생물은 죽거나 썩을 수 있어 보통 선물하지 않는데 일부 중동 · 아프리카 지역의 나라에서는 생물을 선물해서 당혹스럽게 할 때도 있다. 중동 지역에서는 매가 사냥할 때 유용하게 쓰이고, 왕궁에 매 사진을 걸어둘 정도로 귀한 동물로 여겨지고 있어 종종 선물용으로 사용된다.

(출처 : 신동아, 2008.10.01 통권 589호, 책 속에 책 '대통령 의전')

24 STORY

● 의전이야기 2

국가의전과 관계된 재미있는 이야기를 일문일답 형식으로 담아봤다.

- 의전도 나라마다 국가색이 있을까?

당연히 그렇다. 예를 들어 일본의 경우 서구를 지향하면서도 고유의 전통을 매우 중시한다. 2002년 월드컵 개막식 후 김대중 당시 대통령이 일본 천황의 사촌동생 다카마도노미야 황족과 고이즈미 총리를 배웅하게 되는데, 일본 측에서는 다카마도노미야 황족이 먼저 승강기로 내려가도록 했다. 황족과 평민이 같은 승강기를 탈 수 없다는 게 그 이유였다.

아랍에서는 한 여름에 50도가 넘는 기온 탓에 늦은 저녁 시간이 습관화돼 있고, 따라서 공식 만찬도 저녁 9시께 시작된다. 조지 부시 대통령은 밤 9시 반이면 잠에 드는 습관 때문에 곤욕을 치뤘다고 한다.

- '코드 네임' 잘 지어야 의전도 잘된다?

대통령의 해외방문 시기가 결정되면 외교부 의전실은 방문계획을 위한 코드 네임(code name)을 정한다.

이름을 잘 지어야 의전행사도 잘 된다는 속설이 있다. 국화가 피는 계절에 순방을 한다는 의미로 이름을 지었던 1983년 전두환 전 대통령 아세안 순방 행사 때 붙인 이름은 공교롭게도 '국화행사' 였다. 당시 아웅산 테러로 유능한 장관들이 순직하자 조화로 많이 쓰이는 국화를 코드 네임으로 붙인 때문 아니냐는 이야기가 회자됐다.

1980년대와 1990년대에는 한라산 지리산 태백산 등 우리나라 명산 이름과 남대문 동대문 등 유적 이름, 태평양 다도해 등 바다 이름을 딴 코드 네임이 많았다. 1990년 12월 노태우 당시 대통령의 첫 소련 방문때는 노 대통령 이름과 고르바초프 대통령의 이름을 따 '노고산'이란 코드 네임을 붙였다.

- 다자회의 때 정상 앉는 순서는 재임기간 순이다.

보통 양자회담을 할때는 오른쪽이 상석이라 손님에게 오른쪽 자리를 양보하는 게 관례다. 하지만 여러 정상이 모이는 다자회의 때는 앉는 순서를 어떻게 정할까?

원칙적으로 국가원수 - 행정부 수반 순으로 서열을 정하고, 같은 국가원수끼리는 재임기간 순으로 서열을 정한다.

하지만 APEC정상회의 등 정형화된 다자 정상회의의 경우는 국명 알파벳 순을 이용해 자리를 배치한다.

- 예포의 수도 방문자의 직책에 따라 달라진다.

  위스키 이름으로 유명한 로열 살루트(Royal Salute). 엘리자베스 2세가 5살 무렵부터 21년 후 대관식을 예상해 숙성시킨 것으로 1953년 대관식에서 발사된 예포의 수를 따라 '로열 살루트 21'이라고 이름을 지었다고 한다.

  예포는 방문자의 '급'에 따라 발사 숫자가 달라진다. 통상 국가원수의 경우 21발, 총리. 국회의장. 대법원장은 19발, 장관은 17발을 쏜다.

- 의전 실무자가 가장 먼저 협의하는 내용은?

  외빈 방한 때 방문국 선발대가 가장 먼저 협의하는 것은 바로 '모터케이드' 대형이다. 모터케이드는 VIP가 공식 행사 참석 등을 위해 차량으로 이동할 때 의전과 경호상 목적으로 구성되는 오토바이와 차량의 행렬을 뜻한다. 보통 10~15대가 행렬을 이루지만, 미국의 경우 전세계에서 가장 많은 수준인 35대을 동원한다. 2007년 10월 평양에서 열린 2차 남북정상 회담때는 무려 50대가 모터게이드를 이뤄 일대 장관을 연출하기도 했다.

- 국빈들의 호텔비는 누가 낼까?

  국빈이나 공식방한하는 국가원수, 정부수반급 외빈 내외에게는 최고급 호텔의 프레지덴셜 스위트 또는 로열 스위트 등 해당 호텔의 최고 수준 객실을 제공한다. 외빈 외에도 일정 수의 고위급 수행원에 대해서는 손님을 맞는 국가가 호텔비를 제공하는 게 관례다.

- 의전행사 때 깔리는 레드카펫은 왜 빨간색일까?

  화려한 행사하면 제일먼저 '레드 카펫'이 떠오른다. 영어로 융숭하게 대접한다는 뜻으로 'red carpet treatment'란 말을 쓰기도 한다. 왜 하필 레드 카펫일가? 중세시대엔 옷감을 염색하는 염료값이 무척 비쌌다. 특히 모직 10kg을 붉게 염색하기 위해선 연지벌레란 곤충이 14만마리나 필요할 정도로 빨간 천은 고가였다. 당연히 빨간색은 왕족이나 귀족만이 누릴 수 있는 특권이었고, 귀한 손님을 대접할 때 레드 카펫이 깔리게 된 이유인 것이다.

(출처 : 매일경제 2009년 1월 13일자)

제3절 테이블 매너(Table manner)

1. 서양식의 특징

한상 차림으로 나오는 한식과는 달리 코스에 따라 순서대로 음식이 준비되는 서양식 음식은 대개 5~9가지 코스이상으로 다양하며 음식을먹는데 있어 기본적인 테이블 매너가 있고, 이를 지키는 것을 중요하게 생각한다.

2. 기본 예절

1) 예약은 기본 에티켓이다.

① 식당을 가기 전 전화로 미리 예약을 해 두는 것이 좋다. 원하는 자리를 선택할 수 있고 기다리는 불편함도 없앨 수 있기 기다리는 불편함도 없앨 수 있기 때문이다.

② 예약 시 이름과 일시, 참석자 수를 알려준다.

③ 원하는 자리를 요청한다.(창가, 조용한 자리, 개별 룸 등)

④ 조리시간이 오래 걸리는 로스트 비프 등의 요리는 사전 조리 주문하는 것이 좋다.

⑤ 중요한 자리라면 자리배치, 와인선정, 요금, 결재 방법을 미리 의논한다. 생일과 같은 특별한 날을 기념하기 위한 자리라면 별도의 서비스를 받을 수 있는지 사전에 의논한다.

⑥ 예약시간을 지킬 수 없다면 미리 연락을 취한다. 20분 정도 지나면 취소해 버리는 경우가 많다.

2) 옷차림은 가급적 정장을 해야 한다.

① 만찬의 복장이 정해져 있는 것은 아니다. 그러나 함께 식사하는 사람과 즐기기 위한 것이므로 다른 사람에게 불쾌감을 주지 않는 의상을 선택한다. 되도록이면 정장을 기본으로 하자.

② 서양에서는 6시 이후의 식사는 만찬이라는 개념으로 남성인 경우 넥타이가 없을 시 출입이 불가능하다. 미처 준비하지 못했을 시에는 식당에서 준비해 놓는 경우도 있다. 이유는 시각적인 부분이 식욕을 자극하는 역할을 하고 있기 때문에 의상은 중요한 부분이다.

③ 후각적인 부분을 생각한다면 식욕을 감퇴시키는 짙은 향수와 화장품 사용도 지양한다.

3) 안내를 받는 에티켓

① 레스토랑 입구에 도착하면 예약자 사항을 확인한 후 안내를 받는다.

② 클록룸(clock room)이 있다면 코트나 모자 등을 맡긴다.

③ 여성과 동반하였다면 여성이 코트 벗는 것을 도와주고 웨이터 안내시 여성이 먼저 들어가도록 한다.

4) 자리에 앉는다.

① 정식 만찬에서의 자리 배정은 매우 까다롭다.

② 일단 안내자가 준비해 준 자리가 최고의 자리이다. 그래서 그 자리에는 최고 연장자, 혹은 주인공이 앉게 된다.

③ 남녀는 번갈아 가며 앉는다. 그리고 가장 중요한 여성 손님은 호스트의 오른 편에 앉으며, 그 다음 순위의 여성은 호스트의 왼편에 앉는

다. 그리고 그날 가장 중요한 남성 손님은 호스티스의 오른편에 앉는 것이 에티켓이다. 이와 같은 방법으로 순서대로 앉게 되며 서열이 낮을수록 호스트와 호스티스로부터 먼 좌석을 배치 받게 된다.

④ 기본 좌석 배치(서양식)

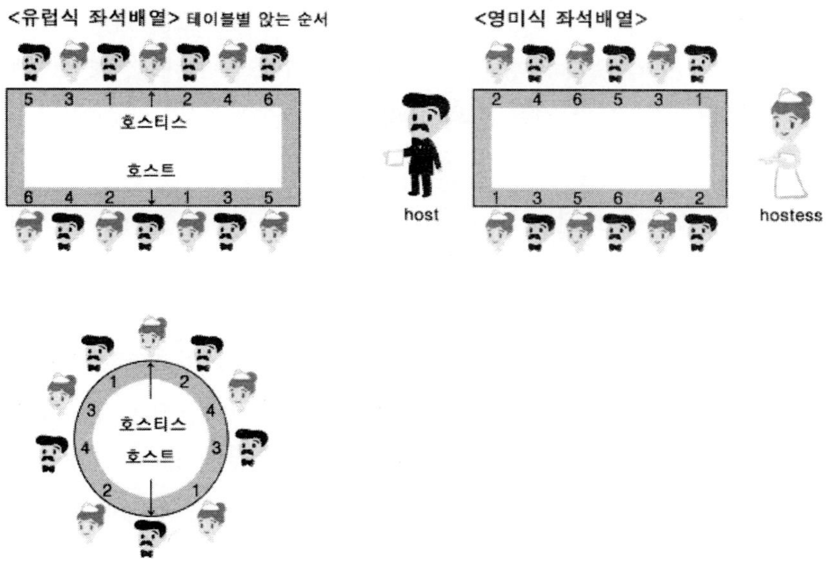

5) 냅킨 사용법

① 냅킨의 주 목적은 옷에 음식물이 묻는 것을 방지하기 위함이다.

② 냅킨을 펴는 시점은 자리에 앉자 마자 펴는 것이 아니라 손님이나 일행이 모두 착석한 후에 무릎 위에 두 손으로 살짝 펴서 놓는다.

③ 그리고 냅킨 사용시 목에 두르거나 셔츠 단추, 조끼에 끼워서 사용하지 않는다. 이와 같은 행동은 배, 비행기, 열차 안에서만 한다.

④ 사용은 입 주위를 살짝 닦거나 핑거 보올을 사용 후 물기를 닦을때만 사용한다. 그러므로 안경을 닦는다든지, 땀을 닦는 행동, 립스틱을 지우는 행동은 올바르지 못하다.

⑤ 식사 도중 자리를 잠시 비울 때는 식탁 위에 반쯤 걸치거나 의자 위에 대충 올려놓는다. 식사를 마쳤을 경우만 식탁 위에 대충 접어 올려놓으면 된다.

6) 메뉴 살펴보기

식당에 앉으면 제일 먼저 보는 것이 메뉴이다.

① 미리 정한 메뉴가 있을지라도 식당의 자랑이며 정성스럽게 준비한 요리에 대한 내용을 훑어 봐주는 것이 식당에 대한 매너이다.

② 초대를 받아서 레스토랑을 갔을 때는 음식의 가격을 고려하여 주문한다. 가장 비싼 것과 가장 싼 것은 피해서 주문한다. 비싼 것은 부담을 주게 되고 너무 싼 것은 호의를 헛되게 할 수도 있기 때문에 중간 가격대인 요리를 선택한다.

③ 메뉴의 종류를 보면 크게 세가지로 구분이 된다. 먼저 따블 도트라 하는 정식 메뉴가 있다. 이것은 코스 요리로 아페리티프, 전채요리, 수프, 생선요리, 육류요리, 샐러드, 디저트, 커피 순으로 짜여져 있다. 5가지 코스, 7가지 코스 등 다양하다. 그리고 그 일부만 선택하는 알라 까르트가 있다. 정식 메뉴에서 수프, 생선요리, 커피 정도로만 구성이 된다. 마지막으로 특별요리인 스페셜 메뉴가 있다. '오늘의 추천요리' 같은 것이다.

7) 기타 예절

(1) 일반 행동

① 웨이터를 부를 때는 손가락을 튕기는 일이 없도록 한다. 부르고 싶을 때는 손가락을 살짝 세워 보이면 된다.

② 나이프나 포크가 떨어져도 직접 줍지 말고 웨이터를 부르기만 한다. 그리고 유능한 웨이터는 손을 들기도 전에 이미 준비해 놓을 수도 있다.

③ 대화 도중 웨이터의 서빙이 있을 때 대화를 일단 중지하는 것이 예의이고 웨이터에게 질문을 할 때에는 서빙이 끝 난 후에 한다.

④ 식탁에 앉아 턱을 괴거나 나이프와 포크를 들고 흔들며 대화 하지 않는다. 위험이 따를 수 있고 품위를 떨어뜨리는 대표적인 행동이다.

⑤ 입에 음식이 있을 때 음료를 마시지 않는다.

⑥ 식탁에서 머리를 만지지 않는다.

⑦ 정장 자켓은 상사나 주빈이 벗기 전에는 벗지 않는다.

(2) 기물 사용법

① 포크와 나이프 : 포크는 왼손으로 잡고 나이프는 오른손으로 잡되 인지가 나이프의 손잡이를 벗어나지 않도록 인지의 위치에 유의한다. 포크와 나이프는 바깥쪽부터 순서대로 사용하며 포크와 나이프를 동시에 사용하여 고기를 자를 때는 끝이 서로 직각이 되게하며 팔목 부분만 움직여 자른다. 나이프는 어떤 경우라도 음식을 먹는데 사용해서는 안된다.

요리를 다 먹은 후 나이프는 바깥쪽, 포크는 안쪽으로 나란히 4시 방향으로 비스듬히 둔다.이때 나이프의 날은 안쪽(자신)으로 향하게 하고, 포크는 등을 밑으로 한다. 식사 중 또는 대화 시에는 포크와 나이프를 팔자 모양으로 놓는데 포크는 7시 방향, 나이프는 4시 방향에 놓는다.

② 핑거보올 : 과일, 굴, 가재 요리 등 손으로 먹는 음식이 나올 경우 함께 준비되어지는 것으로 식기에 레몬 등을 띄워 나온다. 한 손씩 손가락 끝만 씻고 냅킨으로 가볍게 닦아낸다.

③ 스푼 : 스프 스푼은 펜을 쥐는 것처럼 손잡이 중간보다 약간 위를 잡는다. 한 입에 다 넣지 말고 입술 끝에 올려놓고 기울여 흘려 넣는 것이 올바른 예절이다. 그리고 티스푼은 설탕이나 크림이 묻었다고 입으로 가져가서는 안된다.

④ 와인잔과 물잔 : 와인 잔을 잡을 때는 잔의 몸통을 잡는 것이 아니라 가지(stem) 부분을 잡는다. 잔들도 사용시에는 바깥부터 차례대로 사용한다. 물잔이 가장 큰 잔이며 다음은 레드와인 잔, 화이트 와인 잔으로 크기가 작아진다.

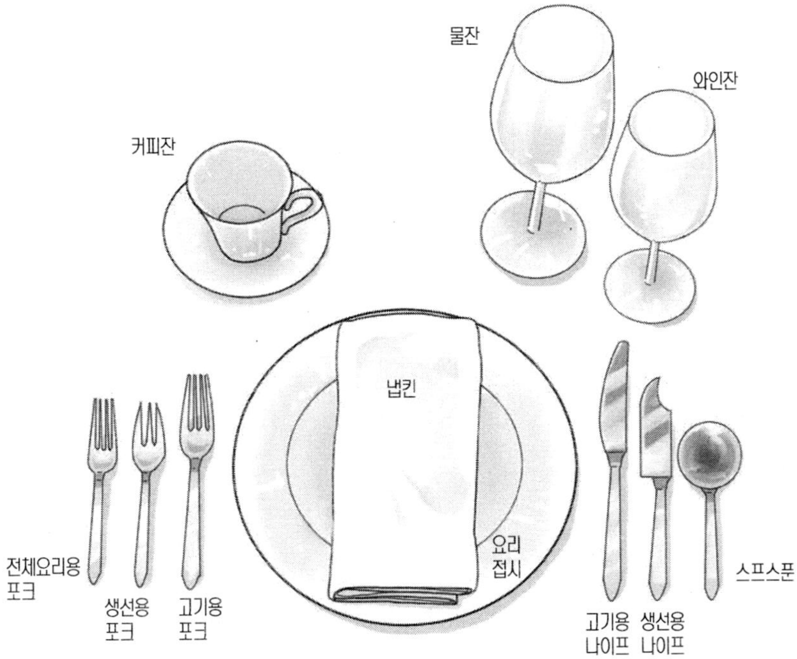

3. 코스별 시식 방법

(에피타이저-스프-생선요리-육류요리-샐러드-디저트-음료(커피))

1) 에피타이저(전채요리)/Hors d'oeuvre(오르되브로)

① 전채요리는 러시아에서 연회 전 기다리는 손님을 위해 술과 자쿠키스라는 간단한 요리를 내놓는데서 유래됐다는 설과 14세기 초 마르코폴로가 중국 원나라에서 배워온 면류, 냉채요리가 이탈리아에서 프랑스로 건너가 오르되브르가 되었다는 설이 있다. 오르되브르라는 뜻은 '작품 외' 라는 뜻을 갖고 있다. 이것은 식욕을 돋우기 위해 식사 전에 먹는 음식이다. 소화를 위해 단맛보다는 짠맛, 신맛을 곁들이며 반드시 먹어야 하는 것은 아니다. 정찬메뉴에서만 먹는다.

② 종류

ⓐ 캐비어(Caviar) : 흔히 말하는 철갑상어알이다. 대표적인 철갑상어는 벨루가, 세브르가, 어세트라가 있다. 품질 좋은 캐비어는 알이 잘고 빛깔이 투명한 것이다. 먹는 방법은 캐비어와 양파 다진 것, 계란 흰자와 노른자를 분리하여 다진 것, 사우어 크림, 레몬 즙 등을 준비하여 적당히 잘 섞은 뒤 이것을 멜바토스, 혹은 블리니(blinis)라는 밀전병 위에 얹어 한입에 먹는 것이다. 이것은 손으로 먹는 핑거푸드이다. 이와 함께 마시는 술로서 보드카가 있는데 그 맛을 더해준다고 한다. 세계 3대 진미 중 하나이다.

ⓑ 푸아그라(Foie gras) : 거위의 간으로 우유, 혹은 와인과 함께 절여 만든 것을 말한다. 역시 세계 3대 진미 중 하나이다.

ⓒ 송로버섯(tuffle) : 프랑스와 이태리에서 나는 동글고 자극성의 맛을 내는 검은 버섯

2) 수프(Soup)

① 수프의 맛을 보고 그 식당의 요리사의 솜씨를 저울질 한다는 말이 있다. 그만큼 수프는 요리사의 숨은 솜씨가 들어있는 음식이다.

② 수프의 종류로는 콩소메와 포타주가 있다. 콩소메는 맑은 스프를 말하며 포타주는 크림 수프이다.

③ 수프는 마시는 것이 아니라 먹는 것이므로 소리에 유의해야 한다. 소리를 내는 것은 맞은 편 상대가 싫다는 표시이므로 조심해야 한다.

④ 스푼을 이용해 수프를 떠 먹을 때 방향은 한 방향으로 한다. 몸 쪽에서 밖으로 향하도록 하여 먹는다. 거의 다 먹을 때 즈음 남은 수프는 접시를 몸 바깥쪽으로 기울여 스푼을 이용해 떠서 먹는 것이 좋은 매너이다.

⑤ 수프 그릇에 손잡이가 있는 경우는 들고 먹어도 된다. 한쪽만 손잡이가 있는 컵 형태는 들고 마셔도 상관없다. 수프를 들고 마시는 것은 주방장에 대한 최대의 찬사다.

⑥ 다 먹은 후 스푼은 받침대 위나 스프 그릇 안에 놓아도 상관없다.

3) 빵과 버터(Bread & butter)

① 서양사회에서 빵은 생명의 기초양식이다.

② 빵은 보통 처음부터 식탁 위에 나와 있는 경우도 있지만 보통 수프가 끝나면 곧바로 나온다. 수프를 다 먹은 후 요리와 함께 빵은 먹는다. 빵은 혀에 남아 있는 요리 맛을 없애주고 미각에 신선한 맛을 주기 때문에 다음 요리를 더욱 즐길 수 있다.

③ 토스트나 크로와상, 브리오슈 등은 아침 식사용이므로 정찬 시에는 주문하지 않는다.

④ 테이블 세팅시 왼편의 빵이 나의 것이므로 유의한다.

⑤ 빵은 먹을 만큼 손으로 잘라 먹는다. 버터 나이프를 이용하여 버터를 덜어 자신의 빵접시에 먹을 만큼의 버터를 옮겨 놓고 이용한다.

⑥ 빵은 우유나 커피, 수프 등에 적셔 먹지 않는다. 이것을 댄킹이라고 하는데 정찬에서는 반드시 금해야 하는 행동 중의 하나이다.

4) 생선요리(Fish)

① 통 한 마리 생선일 경우 머리가 왼쪽, 꼬리가 오른쪽으로 가도록 한다.

② 포크로 머리를 누르고 머리와 몸을 따로 분리한다. 위아래의 지느러미를 잘나내어 한편에 모아둔다. 그 다음 뼈를 따라 왼쪽으로부터 오른쪽으로 나이프를 평평하게 옮겨가며 살과 뼈를 분리한다. 떼어낸 살을 앞쪽으로 옮겨 머리부터 꼬리 방향으로 적당한 크기로 잘라가며 먹는다.

③ 겉 몸을 다 먹은 후에는 뒤집지 않고 중간 뼈를 들어내준다.

④ 역시 머리부터 꼬리 방향으로 먹는다.

⑤ 생선버터구이에는 레몬이 함께 준비된다. 생선의 담백한 맛에 산미가 어울리기 때문이다. 레몬을 생선 위에 올려놓고 나이프로 눌러가며 레몬즙을 짠다. 너무 세게 누르지 않는다.

5) 샤벳(Shebet)

풀코스의 생선요리와 육류요리 사이에 제공되는 것으로 단맛이 적고 알코올 성분이 있는 소량의 빙수와 같은 것이다. 이것은 긴 글라스에 나오는데 다리부분을 왼손으로 잡고 디저트용 스푼으로 떠서 먹으면 된다.

6) 앙트레(육류:Meat)

① 다양한 고기 종류가 있으나 메인코스의 기본은 쇠고기이다. 정찬 시 가장 많은 추천되는 음식이다.

② 스테이크의 종류를 보면

ⓐ 안심스테이크(tenderloin steak) : 샤토 브리앙 – 비프스테이크 중 회고로 손꼽힌다.

필렛, 투르네도, 필렛미뇽은 안심 중 샤또 브리앙을 제외한 다른 부위들의 명칭이다.

ⓑ 기타부분 : 리브스테이크, 서로인, 쇼트로인, 티본(뼈를 사이에 두고 양쪽의 고기의 맛이 다르다. 한쪽은 안심, 다른 한쪽은 등심으로 되어있다) 등이 있다.

③ 스테이크는 잘라놓고 먹는 것이 아니라 자르면서 먹는다. 왼손의 포크로 집어서 먹지만 미국에서는 자른 후 오른 손으로 스테이크를 집기도 한다. 그러나 기본은 왼손으로 포크, 오른손으로 나이프를 이용한다는 것은 잊지 말자.

④ 스테이크의 경우 굽는 정도에 따라 맛이 달라진다. 그러므로 스테이크를 주문할 때는 취향대로 부탁을 한다. 스테이크의 참맛은 붉은 육즙에 있으므로 대개 적게 구울수록 고기의 참 맛을 즐길 수 있다.

ⓐ 레어(rare) : 약간 구운 것. 표면만 구워 중간은 붉은 날고기 상태 그대로이다.

ⓑ 미디엄 레어(medium rare) : 좀 더 구운 것. 중심부가 핑크인 부분과 붉은 부분이 섞여 있는 상태

ⓒ 미디엄(medium) : 중간 정도 구운 것. 중심부가 모두 핑크 빛을 띠

는 정도

ⓓ 웰던(welldone) : 완전히 구운 것. 표면이 완전히 구워지고 중심부도 충분히 구워져 갈색을 띤 상태

⑤ 스테이크와 함께 소스가 나온다. 소스도 흰색 음식에는 흰 소스, 갈색 음식에는 갈색 소스를 얹는다. 이때 묽은 소스는 고기에 직접 뿌려 놓지만 걸쭉한 경우는 한쪽에 덜어서 사용한다. 뜨거운 소스는 고기의 오른쪽부터 조심해서 뿌리고 찬 소스는 접시 한쪽에 덜어둔다.

7) 로스트(Roast)

① 육류요리 즉 앙트레 다음에 나오는 것이 로스트인데 지금은 특별한 경우가 아니면 제외된다.

② 재료는 주로 가금류이며 대표적인 것이 거위이다.

③ 먹는 방법은 보통 종아리뼈와 허벅지를 잇는 관절을 나이프로 자른다. 경우에 따라 다리부분에 은박지로 싸서 나와 들고 먹어도 된다. 그렇다고 우리들이 흔히 먹는 입으로 물어뜯는 방법이 아닌 포크와 나이프를 사용하여 스테이크를 먹는 방법과 같이 한다.

8) 야채요리(Salad)

① 샐러드는 테이블에 세팅 될 때 빵과 마찬가지로 왼쪽에 세팅 된다.

② 샐러드는 먹기 힘든 것을 제외하고는 대부분 포크로만 먹는다. 자를 때도 포크를 옆으로 세워 자르는 방법을 쓴다. 잘 잘라지지 않을 경우만 나이프를 이용한다.

③ 드레싱이란 '옷을 입힌다'라는 뜻으로 샐러드에 입혀지는 소스라고 보면 된다. 드레싱을 특별히 좋아하지 않는다면 주문 시 미리 요청한다.

④ 종류

ⓐ 프렌치드레싱 : 산뜻한 기름과 식초를 이용한 소스

ⓑ 사우전드아일랜드 드레싱 : 진한 맛을 낼 때 사용, 가장 일반화되어 있는 소스

ⓒ 이탈리언드레싱 : 샐러드 기름과 식초, 이탈리아 사람들이 피자에까지 넣는 멸치(엔초비)를 가미한 소스

9) 후식(Dessert)

① 디저트로는 과자나 케이크, 과일 등이 나온다. 서양 요리에서는 설탕을 거의 사용치 않으며, 전분도 적게 사용하므로 식후의 디저트는 달콤하고 부드러운 것이 일반적이다. 디너의 따뜻한 디저트로는 푸딩, 크림으로 만든 과자나 과일을 이용한 과자, 파이 등이 있고, 차가운 디저트로는 아이스크림과 셔벗이 있다.

[후식]

② 후식용 과자는 마른 과자를 사용하지 않는다.

③ 수분이 많은 멜론은 왼손으로 껍질을 잡고 오른손의 스푼으로 떠 먹는다. 먹기좋게 칼질하여 나온 것은 포크를 이용한다. 수박이나 파파야 등도 이와 같은 방식으로 먹는데 씨는 입 속에서 발라내어 스푼을 이용 접시에 놓는 것이 예의이다. 포도는 손으로 먹어도 상관없으나, 딸기는 꼭지가 붙어 있으면 손이나 포크를 이용하여 먹고 꼭지가 없으면 한 알씩 스푼으로 먹도록 한다.

④ 사과/배 : 먼저 칼로 4등분하고 포크로 과육을 누른 후 씨부분을 먼저 잘라내고 껍질을 벗겨내며 먹는다.

4. 식사에 따른 술의 종류

[Sherry 주]

1) 식전주(Aperitifs) : '열어놓다'의 뜻이다.

① 식사 전 분위기를 익히거나 식욕을 돋우기 위하여 마시는 술이다. 타액과 위액을 분비시켜 식욕을 돋우게 되므로 식사를 맛있게 할 수 있다.

② 종류 : 쉐리(sherry) / 스페인산 백포도주, 버마우스(Vermouth) / 여러가지 향료를 넣은 술, 칵테일 /맨하탄, 마티니,

스크류드라이버, 샴페인 맥주 등이 있다.

③ 식전주는 보통 한두잔 정도가 적당하다.

④ 한잔 더 청할 때는 처음과 동일한 것으로 정한다.

⑤ 식전의 위스키는 물이나 소다수를 섞어 약하게 마신다.

⑥ 술을 못하는 사람은 일반 소다수를 마셔도 된다.

2) 식중주(Wine)

- 와인은 신이 인간에게 준 최고의 선물이라고 플라톤이 말했다.

(1) 와인의 이해

[표 4] 와인 구별법

	좋은 와인	좋지 않은 와인
색 (Appearance)	백포도주 : 침전물이 없고 엷은 초록빛이거나 담황색 적포도주 : 색이 투명하고 선홍에 가까울수록 오래 숙성된 고급 와인	색이 탁하거나 갈색 (갈색은 산화된 것)
방향 (Aroma, Bouquet)	와인의 향은 원료인 포도주에서 나는 과일 향(aroma)과 숙성중에 자연스럽게 생성되는 부케(bouquet)로 구성. 품질이 좋고 오랜기간 숙성한 와인일수록 부케가 강함.	곰팡이 냄새, 심한 코르크 냄새 등 불쾌한 냄새
맛 (Taste)	와인 고유의 맛(톡 쏘는 맛, 부드러운 맛, 순한 맛)	신맛 (와인이 산화되어 변질 된 것) 샴페인 : 거품이 거의 없는 것

(2) 와인 Tasting

- 웨이터가 잔에 와인을 조금 따른 후 Host는 와인 잔이 줄기 부부(STEM)을 잡는다. 남성이 Tasting을 하며 여성에게 Tasting을 권하면 결례이다.

- 색 : 와인잔을 앞뒤로 기울여 와인의 색깔을 본다.
- 향 : 와인잔을 3~4회 돌린 후 소용돌이 칠 때 코를 잔 가까이 대고 향을 확인한다.
- 맛 : 와인을 한 모금 입에 넣어 입안에서 굴리듯이 돌려가며 맛을 본다.
- 와인 시음은 와인의 변질여부 확인을 위한 것으로 기호에 맞지 않는다고 주문한 와인을 거절할 수는 없다.

[와인]

(3) 와인 취음 시 유의점

① 함께 자리한 사람들의 기호를 고려해서 Red, White Wine 또는 샴페인으로 결정한다.

② 여러 병의 와인을 마시게 될 경우에는

- 흰 포도주는 붉은 포도주에 앞서 마신다(이때 흰 포도주는 도수가 낮은 것으로 한다. 두번째 마시는 붉은 포도주는 앞서 마신 것보다 양질의 것으로 한다.)
- 같은 종류의 포도주를 마실 때는 숙성기간이 짧은 햇 포도주를 마신 후 숙성 기간이 긴 양질의 포도주를 선택한다.

③ 와인의 종류가 바뀌거나 추가로 새 술을 마시게 될 때에는 반드시 새 잔으로 마신다.

④ 한 번에 많이 들이키지 말고 조금씩 음미하면서 마신다.

⑤ 와인을 받을 때는 잔을 들어 올리지 않고 사양을 할 때는 와인잔 위에 가볍게 손을 얹어 사양의 표시를 한다.

⑥ 와인을 마시기 전에는 반드시 냅킨으로 입주위를 닦아낸다.

⑦ 조금씩 여러 번에 걸쳐 맛을 음미하면서 마시며 식사 중에 마시면 좋다.

[와인너리]

(4) 음식에 맞는 와인의 선택

① 코스별 와인 선택

- 식전주 : 쉐리, 버어머스(가볍게 음식의 촉진을 위해 쓴맛, 신맛이 있는 와인으로 소량 마신다)
- 식중주 : 흔히 말하는 테이블 와인, 식탁용 포도주(Vin De Table)
  - a. 생선류(Seafood) : White Wine
  - b. 붉은색 고기(Beef, Lamb) : Red Wine
  - c. 가금류(Poultry) : 밝은색 계통소스는 White Wine, 붉은색 계통소스는 Red Wine
  - d. 치즈(Cheese) : Red Wine, White Wine
  - e. 후식(Dessert) : Champagne, White Wine
- 식후주 : 포르티파이드 와인인 브랜디, 아르마냑, 꼬냑

② 와인 선택 시 유의 점

- 초청자는 피 초청자의 의견을 존중, 상대가 와인에 대한 깊은 이해와 지식을 겸하였을 경우 조언을 구하거나 또는 소믈리에게 상담을 구하는 것도 좋다.
- 초청자가 와인의 선택을 요청해오는 경우 자기가 원하는 포도주의 종류와 생산지를 간단히 밝히고 초청자나 소믈리에의 선택에 맡기도록 한다. 이때 가격이 지나치게 비싸지 않은 것으로 라는 단서를 달아 주문한다.

  예) 부르고뉴의 붉은 와인
- 식사의 시간대나 음식의 종류를 고려하여 선택 한다.
- 현지의 로컬 와인을 선택하는 것이 좋으며(하우스 와인도 무난하다) 다른 나라 와인을 선택하는 것은 결례이다.

우리가 알고 있는 샴페인은 탄산가스를 다량 함유한 발포성 와인(화이트, 레드, 핑크와인은 비발포성 와인임)이며 프랑스 샹파뉴 지방에서 만든 것에만 붙여지는 이름이다. 하지만 일반적으로 발포성 와인을 지칭 할 때 샴페인이라고 부른다.

독일에서는 젝트(sket), 이탈리아에서는 스푸만테(spumante)라고 한다.

(5) 와인 라벨(Label)의 이해

(SAMPLE) 보르도 와인

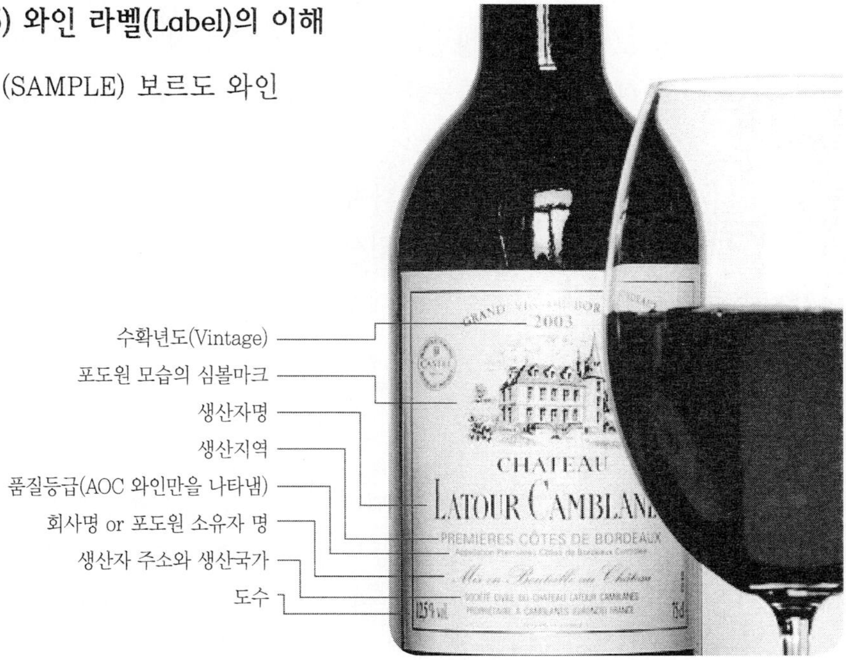

(6) 와인 보관법

레드와인은 상온(18~22도), 화이트 와인은 차게(8~12도) 샴페인은 가장 차게(4~8도 정도) 마신다.

보관은 눕혀서 한다. 이미 개봉한 와인은 일주일 안에 먹도록 하며 레드와인은 실온에 화이트와인은 냉장고에 보관한다.

3) 식후주(Digestif)

① 식후주는 소화 촉진주이다. 식후 커피나 홍차를 마신 후 마신다.

② 보통 식사한 자리에서 다른 곳으로 이동하여 식후주를 주로 마신다.

③ 양식 후 식후주는 크게 브랜디와 리큐르로 나뉜다.

(1) 브랜디(Brany)

① 브랜디란 원래 과실주를 증류한 술의 총칭으로 코냑은 프랑스 코냑지방에서 생산되는 브랜디이다.

② 코냑 마시는 방법은 코냑 잔을 먼저 살짝 알코올 램프에 데우거나 따뜻한 물로 데워준다. 그럴 경우 향을 충분히 즐길 수 있다.

③ 코냑을 부으면 향이 퍼져 나오는데 잔을 한 손으로 감싼 뒤 가볍게 흔들어 주면서 음미하며 마신다.

④ 손바닥 온기로 잔을 데우면서 색, 향, 맛을 눈과 코, 혀로 음미한다.

(2) 리큐르(Liqueur)

리큐르는 원래 '녹는다 또는 액체가 되다'는 뜻으로 소화촉진의 약효를 지니게 제조되었다. 처음 의료지식이 풍부한 유럽 중세 수도승들이 초근목피의 다양한 원액을 추출해서 만들었는데 이후 비록 의료기술이 발달되었어도 상류층 여성들을 중심으로 사랑받으면서 대중화 되었다.

베네딕틴(benedictine D.O.M), 샤르트뢰즈(chartreuse), 코앵트리(cointreau), 드람부이(drambuie), 크렘드멍트(creme de menthe) 등이 있다.

(3) 위스키(Whisky)

① 위스키의 유래

위스키란 명칭은 게일어인 우수크바하에서 유래된 것으로 '생명의 물' 이란 뜻이다. 영국의 헨리2세가 아일랜드를 정복했을 당시 아일랜드 주민이 증류수를 마시는 것을 보고 영국으로 가져왔다는 일화가 있다.

위스키의 종류는 스카치 위스키, 아메리칸 위스키, 캐나디언 위스키, 아일리쉬 위스키로 크게 나눌 수 있다.

② 마시는 방법

위스키는 스트레이트로 마시는 것이 일반적이나 얼음을

띄워 온더락(on the rocks)으로 마시기도 한다.

희석하여 마실 때는 잔을 미리 차갑게 하고 안주를 먹지 않는다면 향을 제대로 느낄 수 있다.

제4절 국제 행사에서의 파티매너

업무로 인해 출장을 가거나 학술세미나에 참석하게 되면 여러 가지 형태의 각종 행사들을 접하게 된다. 행사의 종류와 참석시의 주의사항을 알아두면 좀 더 편안한 분위기에서 행사의 목적에 맞게 친분도모 및 사교의 장으로써 활용을 할 수가 있다.

1. 파티 참석 시 지켜야 할 매너

파티는 부분으로 "나누다"란 중세 영어의 Partie에서 유래하여, "한 무리", "한 편"을 가리켰고 더 나아가서는 모임이나 정당의 의미를 내포하고 있다. 사교를 목적으로 한 파티의 기원은 프랑스 앙리 2세의 부인인 카뜨린 메디치에서 그 유래를 찾을 수 있으며, 당시에 공개석상에서 식사를 하지 않는 귀족 부인들을 모아 식사를 한 것이 시초가 되어, 영국과 유럽 전역으로 퍼져나갔다고 한다.

파티의 초청장아래의 R.S.V.P라는 참석여부를 알려 달라는 표시가 있으므로 초대장을 받았을 경우에는 반드시 빠른 시일 내에 참석 여부에 대한 회신을 보내도록 한다.

파티참석시에는 드레스 코드에 맞게 예의에 벗어나지 않는 복장을 해야 하며, 가벼운 선물도 준비해 둔다. 식사 중에는 가급적 자리를 뜨지 않는 것이 좋으며, 먼저 식사가 끝난 경우에는 대부분 식사가 끝났을 즈음에 함께 일어나는 것이 좋다.

2. 리셉션(Reception)

리셉션은 공직자나 외교관이 공식적으로 베푸는 파티였으나 최근에는 회사의 창립 기념일 등 자축할 경우에 많이 개최를 한다. 주최 측이나 Host가 리셉션 장의 정문에 서서 오는 손님들을 환영하게 되는 데 이를 리시빙 라인(Receiving Line)이라 부르며, 이곳에서 Host와 내빈들은 간단하게 인사를 한 후 식장으로 들어간다. 친분이 두텁다고 해서 Host와 오랜 얘기를 나누는 것은 뒷사람에게 실례가 되는 행동이므로 주의한다. 주최자는 행사가 마무리 될 때까지 내빈들과 골고루 대화를 나누는 것이 예의이다.

와인이나 위스키 등의 음료수가 중심이 되며, 간단한 안주류가 제공되는 것이 일반적이고 최근에는 바비큐나 스테이크 등을 제공하기도 한다.
리셉션은 주로 환담을 나누는 목적이 더 크므로 분위기를 고취시키는 음악이나, 사회자나, 건배, 스피치가 없다.

3. 칵테일파티(Cocktail party)

단어 뜻 그대로 칵테일과 간단한 카나페 정도를 안주로 제공하는 파티로서 격식이 없는 편안한 파티이다. 다른 파티보다 대규모의 사람들을 초청하여 개최하는 것으로 돌아가는 시간에는 제약이 없다. 그러나 정해진 시간 전에 도착을 해야 하는 것은 당연지사이다. 칵테일파티에서는 영화에서 많이 보여지는 모습으로 웨이터가 손님들 사이를 돌아다니며, 음료수를 제공해 주는 버틀러 서비스(Butler)가 제공된다. 칵테일파티에서는 술과 음식을 서 있는 상태에서 먹어야 하므로 접시 위에 잔을 올려 놓고 약지와 새끼손가락으로는 접시를 받치고 검지와 중지로 잔을 안정적으로 지탱한다.

4. 만찬파티(Dinner party)

파티 중에서 격식과 절차를 중시하는 가장 중요한 행사로 공식 만찬과 비공식 만찬으로 구분된다. 공식 만찬인 경우에는 턱시도나 연미복을 입어야 하며(최근에는 진한 색상의 슈트를 입기도 한다), 비공식 만찬일 경우에는 평상복도 가능하다.

초대장을 받게 되면 참석 여부를 빠른 시간 내에 회신해 주어야 하며, 부부가 초대를 받았을 경우 한 명만 가게 될 경우에는 불참하는 것이 예의나, 초대한 쪽에서 한명이라도 참석해 달라는 재요청이 있을 시에는 혼자라도 참석을 하는 것이 예의이다.

초대장에 표시된 White Tie는 연미복을 의미하며, Black Tie는 턱시도 차림을 뜻한다. 턱시도는 6시 이후에 입는 정장이라는 뜻으로 'After Six'라고도 부른다.

도착시간은 초대장에 명시된 시간보다 5~7분 전이 이상적이다.

식당에는 메뉴와 좌석 명패(Place Card)가 있으므로 본인의 자리에 앉으면 된다. 간혹 기념으로 메뉴와 좌석명패를 가져가지도 한다. 만찬에는 Full course요리가 준비된다.

TIP

초대장 내용

① Mr. and Mrs. John F. Kennedy

② Request the pleasure of the company of

③ Mr. And Mrs. ○○○

④ At dinner

⑤ on Wednesday, May 20™

⑥ At 7pm

⑦ at rose room, 11™ Floor ○○○ Hotel

⑧ Black tie R.S.V.P

어떠한 파티에도 초청장을 발송하는 것이 예의이며, 시기는 대략 10일 전에 발송하며 늦어도 일주일 전에는 도착하도록 한다. 초청장은 14.6×11.43cm의 하얀색 엽서 크기로 종이에 인쇄하여 발송하며, 반드시 3인칭으로 작성한다.

수신인은 반드시 수기로 작성한다. ④번을 보면 파티의 종류가 표시되어 있고, ⑧번은 복장에 대한 언급하고 있다. R.S.V.P는 회신을 부탁한다는 프랑스 말로 레퐁테 실부 쁠레(Repondez s;il vous pla(i)t = Reply, if you please)의 약자로 이런 경우에는 반드시 참석 여부를 알려주어야 하며, 불참자만 알려달라고 할 때에는 Regrets Only라고 발송장에 표시된다. ⑤번과 같이 초청 날짜는 미국인인 경우는 Spell을 쓰고 영국인, 프랑스인이라면 아라비아 숫자로 작성한다.

5. 티-파티(tea party)

차와 쿠키, 샌드위치 등 간단한 먹거리를 제공하는 간소화된 약식의 파티이다.

기업의 세미나나, 학술회의의 시작 혹은 마무리 등에서 사용된다.

25 STORY

● 차 마시는 분위기 위해 테이블 셋팅에 주의

티파니는 영국에서 유래된 여성들의 사교 모임이다. 홍차를 비롯한 차와 간단한 쿠기, 케이크, 과일 등이 주 메뉴가 된다. 티파티를 준비할 때 가장 신경 써야 할 것은 다양한 음식보다 식탁보와 냅킨, 찻잔, 식기 등이다. 티파티는 음식 자체보다 분위기를 즐기는 것이므로 모임의 성격이나 계절에 따라 잘 어울리는 것으로 준비하는 것이 좋다.

보통 티파티에는 흰색이나 크림색 등 단색의 깔끔하고 단정한 식탁보와 같은 재질의 냅킨을 준비하고 , 은제품이나 도자기로 된 티 쟁반, 핫포트, 티포트, 밀크포트, 설탕포트, 홍차 잎을 거르는 티스트레이너, 레몬그릇 등을 기본으로 준비해야 한다. 개인마다 찻잔과 냅킨, 포크, 접시를 두어야 하는데, 찻잔은 잔잔한 꽃무늬가 있는 것이나 너무 튀지 않는 심플한 것을 즐겨 사용하는 것이 좋다. 티 냅킨은 여성용 손수건 정도의 크기(비버리지 냅킨)로 레이스 댄 것을 사용하는 것이 고급스럽다. 냅킨 접는 법이나 장식은 테이블 세팅 전체의 분위기를 좌우할 만큼 매우 중요한데, 상차림의 경험이 별로 없는 사람들은 아무래도 냅킨홀더를 사용하는 것이 간편하다.

● 차와 쿠키, 케이크 등 간단하게

티파티는 짧은 시간에 많은 사람을 초대하여 사교할 수 있는 파티 형식으로 오후 2시부터 5시 사이에 하는 것이 적당하다. 음식은 음료수와 케이크나 샌드위치, 쿠키 등 간단한 음식을 준비한다.

티파티에서는 보통 3단 접시를 준비해 1단은 자그맣게 만든 샌드위치를, 2단에는 달콤한 케이크를, 3단에는 쿠기 등을 담아내는데, 3단 접시가 아니더라도 2단이나 보통 접시를 사용해도 된다. 이 외에 경단이나 한 입 크기로 먹을 수 있는 떡, 초콜릿, 과일 등도 잘 어울리며, 쿠키를 담을 때는 천 레이스나 레이스 페이퍼를 갈고 담아내야 한다.

차는 홍차를 주로 사용하지만 녹차나 커피, 허브차 등을 준비해도 무난하다. 홍차는 향과 색, 맛 3가지가 잘 조화를 이뤄야 하는데, 차를 끓일 때 조금 뜸을 들여 우려내는 것이 은은한 맛을 내는데 좋다. 3인분의 차을 끓일 경우 차 잎 4스푼에 끓는 물을 부어 우려낸 다음 각각의 잔에 홍차를 따르고, 마지막에 남은 홍차를 골든 드롭이라 하여 진하게 우려 각각 한 방울씩 더 나누어 즐길 수 있다. 홍차에는 레몬이나 밀크를 준비해서 각자의 취향에 따라 마실 수 있도록 한다.

6. 뷔페파티(Buffet party)

우리나라에서 일반인들의 가장 많이 이용하는 파티의 한 종류로서 흔히 회갑 잔치나 돌잔치에 많이 이용한다. 서서하는 스텐딩 파티(Standing Party)와 테이블에 앉아서 식사를 할 수 있는 시팅파티(Sitting Party)로 나눌 수 있다.

스탠딩 뷔페에서 일반적인 코스요리와 동일하게 전채, 스프, 메인. 요리, 디저트 순으로 먹는다. 요리를 담을 때에는 한꺼번에 많은 양를 담지 말고 몇 번에 나우어서 담으며, 따뜻한 음식과 찬 음식을 한꺼번에 담지 않도록 하고, 스탠딩 파티에서는 대규모의 인원이 참석하게 되므로 아는 사람들을 중심으로 담소를 나눈 것보다 평소에 인사하거나 소개 받기 힘들었던 사람들을 찾아 폭넓은 인간관계를 만드는 장으로 활용하는 것이 좋다.

TIP

파티에서는 건배를 언제 하나요?

우리나라에서는 행사를 시작하는 첫 단계로서 스피치와 건배를 하지만, 서양의 만찬에서는 일반적으로 디저트 코스가 시작될 때 스피치와 건배를 한다.

만찬의 경우 건배에 앞서 참석자들에게 건배용 샴페인을 제공해 준다.

이것은 말 그대로 건배용 샴페인이므로 받자마자 금방 마셔버리면 안된다. Host가 스피치를 한 후에 건배를 제안하면 주빈이 답례의 형식으로 스피치와 건배를 제안하게 된다. 건배에 사용되는 음료는 샴페인이 정식이지만, 와인이나 맥주등도 무방하다.

단, 맹물은 불행을 가져온다는 미신이 있기 때문에 삼가는 것이 좋다.

26 STORY

● 포트럭 디너(Potluck Dinner)

'포트럭 파티'는 서양에서 즐겨 여는 파티 형태의 하나로 참가자들이 각자 하나씩의 요리를 들고 와서 먹는 것이다. 모임을 주최하는 사람은 장소를 제공하며 그릇과 수저 등만 내놓으면 되고 참가자들은 정성껏 만든 요리를 가져오면 된다.

비스킷 한 조각과 따끈한 홍차 한 잔으로도 멋진 파티를 즐길 줄 아는 외국에서는 언제든지 부담없는 모임을 위해 포트럭 파티가 자주 열린다.

특히 색다른 파티 분위기를 즐기고 싶지만 한사람이 파티 준비를 해내기 어려운 학색들과 젊은 사람들 사이에서 인기가 좋다. 초대한 사람은 머지고 재밌는 컨셉의 파티 장식에 신경 쓰고 음식준비는 서로 분담아여 간단하게 해결함으로써 실용적인 파티를 즐길 수 있다.

친구들 저마다의 요리 솜씨를 살려 만든 음식으로 포트럭 파티를 연다면 각자의 솜씨를 평가하며 더욱 즐거운 파티를 보낼 수 있다. 혼자 음식을 준비해야 하는 부담감도 없고 설거지 걱정도 없다는 거싱 포트럭 파티의 매력이라 할 수 있다.

○ 초대장엔 'B.Y.O.B'를

파티 초대장에 'bring your own booze'의 약자인 'B.Y.O.B'라고 쓰여 있으면 특별하게 알려주지 않더라도 자신의 먹을 음식 또는 음료수를 지참하여 한다. 초대장의 내용에는 어떤 형식을 선택하든 포트럭 파티를 보다 제대로 즐기려면 파티 메뉴의 '컨셉'정도는 명새 둔다. 포트럭 파티를 동양식으로 개최할 것인지, 서양식으로 개최할 것인지 정도는 정해둬야 음식들이 서로 조화를 이루기 때문이다.

누가 애피타이저를, 메인 요리를, 디저드를 준비할지 미리 정해 메뉴가 겹치지 않도록 신경 써야 한다. 차갑게 먹어도 되는 음식을 손님드리 준비해오고, 뜨겁게 먹어야 하는 음식을 집주인이 준비하는 게 바람직하다.

7. 남성의 파티복장 매너

1) 연미복(Swallow-Tailed Coat. Evening Coat)

이름에서 느끼지듯이 제비 꼬리 모양의 뒤쪽 트임이 있는 옷으로 우리나라에서는 결혼식 예복으로 많이 이용되고 있다. 연미복은 야간용 정식예복으로써 넥타이와 조끼, 장갑 모두 흰 것을 착용하는 것이 원칙이다. 이런 이유로 인해 연미복은 화이트타이(White Tie)라고 부른다. 저녁파티에 가장 많이 착용하는 복장으로 만찬이나 오페라 공연, 음악회, 야간 결혼식 등에 입는다. 만약에 주간예복으로 입을 경우에는 검은색 조끼를 착용한다.

2) 턱시도(Tuxedo, Dinner Jacket)

오후 6시 이후에 열리는 공식적인 행사, 파티, 연극, 유람선 만찬에 입는 약식 예복으로 미국에서는 턱시도라고 하지만 유럽에서는 디너재킷 혹은 스모킹이라고 하며, 오후 6시 이후에 입는 정장이라고 하여 'after six'라고도 하고, 전통적으로 검정색 보우 타이를 착용하는 이유로 블랙타이(Black Tie)라고 하는 등 다양한 이름으로 불려지고 있다.

3) 색코트(Sack Coat)

모닝코트와 평상복의 중간복장으로 주간 약식예복이다. 외교관들이 오전 행사가 있을 경우에 착용하던 것이었으나, 근래에는 검은 색 계통의 슈트로 대신하기도 한다.

4) 모닝코트(Morning Coat)

주간용 정식예복이다. 관혼상제나 대통령, 고위관료, 외교관 등과 함께하는 오찬 시 착용한다.

8. 여성의 파티 복장 매너

1) 이브닝드레스(Evening Dress)

남성에 연미복에 해당하는 야간 정식예복으로 가장 화려하며, 팔과 가슴의 노출이 많고 바닥에 끌린 정도로 길이가 길다. 영화제나 시상식 자리에서 여배우들이 입고 나오는 옷을 상상하면 된다. 주로 손잡이가 없는 이브닝 백을 소품으로 많이 이용하며, 각 나라의 고유 의상은 최고의 파티 복장임을 잊지 말아야 한다.

STORY 27

● 한복에 대하여

외국인들과의 모임에 있어서 안성맞춤인 것이 자국민의 민속의상이다.

한복을 착용 시에는 머리는 단정하게 올림머리를 하는 것이 좋으며, 한복의 목선이 드러나게 목걸이는 하지 않는다. 핸드백은 구슬백도 무난하며 노리개나 비녀 등을 이용하여 멋을 내는 것도 좋다.

개량 한복보다는 긴 옷고름과 긴 치마의 Formal한 느낌이 나는 전통한복이 품위가 있어 보이고 우아한 느낌을 준다.

2) 애프터눈 드레스(Afternoon Dress)

낮에 개최되는 행사나 파티에 입는 예복이며, 모자를 쓸 경우에는 반드시 장갑을 끼도록 한다.

3) 칵테일 드레스(CockTail Dress)

오후5시 이후에 개최되는 칵테일 파티나 공식 행사 시 입는다.

제6장

여행중 에티켓

제1절 여행준비

1. 출국 준비

1) 여행에 필요한 서류

(1) 여권

여권이란 외국을 여행하는 국민에게 정부가 발급하는 증명서류로 여행자의 국적.신분을 증명하고, 해외여행을 허가하며, 대한민국 국민으로 보호를 받을 수 있는 문서이다.

① 종류

- 관용여권(갈색): 여행목적과 신분에 비추어 외무부장관이 특히, 관용여권의 발급에 필요하다고 인정되는 자에게 발급하는 여권이다.
- 외교관 여권: 공무원, 정부투자기관, 외교부 소속공무원으로 재외공관에 근무하는 자 등에 발급되는 여권으로 외무부 여권과에서 발급한다.
- 일반여권
  - · 복수여권 : 유효기간에 따라 5년, 10년을 발급받아 제한 없이 출국가능하다.
  - · 단수여권: 유효기간은 1년이며 1번 출국 가능하다

② 여권의 사용

- 환전할 때/ 비자 신청과 발급때/ 출국 수속과 항공기를 탈 때/ 현지 입국과 귀국 수속 때
- 면세점에서 면세상품을 구입할 때/ 국제운전명허증을 만들 때
- 국제 청소년 여행 연맹카드(FIYTO)를 만들 때/ 여행자 수표로 지불할 때
- 출국 때/ 병역의무자가 병무신고를 할 때와 귀국 신고할 때
- 해외 여행 중 한국으로부터 송금된 돈을 찾을 때

③ 주의 사항

- 여행일자에 맞춰 꼭 여권만료일자를 확인하여 넉넉하게 여권을 재발급 받을 수 있도록 한다. 여권에 표기된 일자가 6개월 미만일 경우 국가에 따라 입국이 거절 될 수도 있다.
- 여권작성이 영문이름은 출입국관리의 중요한 근거자료가 되기 때문에 작성 시 특히 주의 해야한다. 이는 항공권 발권 시 작성된 영문이름과 같아야 한다.
- 여권은 본인의 신분을 증명하는 신분증명서로서의 중요한 기능을 가지므로 철저한 관리가 필요하다. 분실된 여권을 제3자가 습득하여 위.변조 등 나쁜 목적으로 사용할 경우 본인에게 막대한 피해가 돌아갈 수 있으므로 보관에 철저히 주의한다. 해외에서 주민등록증은 무용지물이다.
- 여권을 분실하였을 경우는 즉시 가까운 여권 발급기관(전국 168개 광역 및 기초자치단체)에 여권 분실 사실을 신고한다. 해외여행 중 여권을 분실하였을 경우는 가까운 대사관 또는 총영사관에 여권을 분실 신고를 하고 여행증명서나 단수여권을 발급한다.

(2) 비자

① 비자란 외국인에게 자국의 입국을 허용하는 입국허가증이다.

(3)여행자보험증서

① 보험이 필요한 경우

- 돌발적인 사고를 당했을 때
- 갑작스럽게 질병 등으로 입원하거나 치료를 할 때
- 호텔 등에서 손해 배상 청구
- 수하물 도난
- 교통사고

② 보험 가입

공항에서 보험 가입이 가능하다. 보험금을 받기 위해서는 치료비 영수증, 휴대품 도난신고서 등 증거물을 귀국할 때까지 보관한다.

여행보험은 1회용, 기간은 2일에서 1년까지 가능하다.

(4) 현금

① 현금 : 환전은 공항에서도 가능하지만 시중 은행을 이용하는것이 환율면에서 유리하다. 환전 시 단위 별로 작은 돈으로 쪼개어 환전하는 것이 현지에서 실제사용하기에 편리하다.

② 신용카드 : 해외에서 신용카드를 사용하는 경우가 많은데 주의할 것은 사용할 당시의 환율과 청구를 받을 때의 환율에 따라 원화가 달라질 수 있다는 것을 기억하자. 또한 신용카드 신청 시 사용지역을 국내와 해외로 같이 신청했을 때에만 사용 가능하다.

③ 여행자 수표 : 현찰보다 환전 시 환율이 유리하고 분실 시에도 안전하다. 본인의 사인을 하는 곳이 위 아래 두 곳이 있는데 이때 한곳에 미리 해놓을 경우 분실 시에 돈을 돌려 받을 수 있어 안전하다. 하지만 바로 쓸 수 있는 것은 아니고 다시 현지 지폐로 바꿔야 하고 일정의 수수료를 지불해야 한다는 번거로움이 있다.

(5) 여행물품

① 가방 준비

ⓐ 슈트케이스 : 숙소에 도착하기 전까지는 열어보지 않아도 될 짐을 정리한다.

ⓑ 핸드캐리 : 가로, 세로 폭의 합이 115cm(라면 한 박스 정도)를 넘지 않도록 해야 한다. 보통 시중에 판매되는 핸드캐리용 가방은 기내

반입이 가능한 사이즈로 만들어 진다.

ⓒ 손가방 : 관광 시 손가방 등을 이용하여 여권, 현금 등 귀중품은 항상 몸에 지니고 다닐 수 있도록 한다.

TIP

● 기본 휴대품 체크리스트

· 여권, 비자, 항공권, 해외여행 보험 : 여권만료 일자 사전 확인 및 사본도 준비

· 명함 : 넉넉히 준비

· 여행가이드북 : 현지 상황이해에 도움

· 전자사전: 요긴하게 사용

· 상비약: 감기약, 진통제, 연고, 밴드, 소화제, 해열제, 지사제 등

· 멀티 플러그 셋 : 나라마다 콘센트가 다름. 어느나라에도 맞을수 있는 멀티 플러그 셋을 준비

· 헤어드라이기 : 유럽 등 일부 국가의 호텔에서는 헤어드라이기가 없다.

· 옷, 속옷, 선그라스, 모자, 슬리퍼, 칫솔, 면도기, 샴푸, 비누, 책, mp3 플레이어, 비타민 등

· 안경이나 렌즈 여유분, 우산, 손톱깍기 등

(6) 항공권

① 항공권 구입은 항공권판매 대행 업체나 직접 항공사를 통해 항공권을 예약한다.

② 목적지, 항공좌석 등급, 출발 일자, 시간, 도착일자, 인원등을 알려준다

③ 출발 3~4일 전에 예약 재확인한다.

(7) 호텔 예약 확인

① 비지니스로 방문을 했다면 예산과 회사의 이미지를 고려하여 호텔을 선정한다.

여행으로 간다면 현지문화를 이해하기 위해 미국의 Inn, 영국의 B&B, 독일의 게스트하우스(Gaesthaus), 일본의 전통여관 등을 이용하는 것도 좋다

② 출장이나 여정이 변경. 취소되었을 경우에는 반드시 취소 통보한다. 그러지 않을 경우 취소수수료를 물어야 한다.

2) 출국절차와 에티켓

세계 어느나라든 출국과 입국의 절차나 에티켓은 유사하다. 기본적인 내용만 익히고 있다면 어느나라에가든 문제가 없을 것이다.

(1) 에티켓

일부 고객들은 탑승수속이 마감된 후에 도착하여 항공기 출발시간이 아직 남았기 때문에 탑승수속을 해달라고 반강제로 요구하는 경우가 있다 항공기 탑승 특히 국제선 탑승은 버스터미널에서 버스 타는 것과는 다르기 때문에 여유 있게 도착하도록 하자.

① 공항 도착 : 3층 출국장 타고자 하는 항공사의 사인보드(Sign board)를 보고 입장한다.

· 국내선 : 항공기 출발 40분 전에 공항에 도착한다.

· 국제선 : 항공기 출발 2시간 전에 공항에 도착한다.

② 탑승수속

· 국내선 : 항공기 출발 20분 전 탑승수속 마감한다.

· 국제선 : 대한항공 운항 편 기준 항공기 출발 40분전 탑승수속 마감한다

미주/구주지역 출발 항공편을 이용할 경우, 해당 항공편 출발 60분 전까지 탑승수속을 완료한다.

(2) 수하물 처리

- 수하물(Baggage) : 고객이 여행 시 휴대 또는 탁송을 의뢰한 소지품 및 물품으로 항공사별 클레스별 또는 노선별(미주 노선 및 기타)로 무료 수하물과 기내 반입 수하물의 기준이 다르다
- 위탁 수하물(Checked Baggage) : 고객이 항공사에 탁송 의뢰하여 수하물표를 발급한 수하물로 무료수하물 허용량은 미주 노선 일반석 기준으로 무게 23kg 이내/가로, 세로, 높이의 합이 158cm 이내의 짐 2개가 가능하다.(1개만 허용하는 항공사도 있다)
- 휴대수하물(Carry on Baggage) : 위탁 수하물이 아닌 고객의 책임 보관 하에 기내에 휴대하여 운송하는 수하물로 일반석 기준으로 무게 12kg과 가로, 세로, 높이의 합이 115cm 이내의 짐 1개와 노트북 컴퓨터나 서류가방, 핸드백 등의 물품 중 1개가 추가 허용된다.

수화물을 분실 한 경우에도 당황하지 말고 예의를 갖춰서 확인 및 요청을 한다.

Excuse me, I can't find my baggage.(미안합니다,제 가방을 찾을수 없네요)라고 하면, 항공사 직원이 친절하게 가방을 찾기 위한 자세한 문서작성을 도와주고 가방을 찾을 수 있도록 도와준다.

I'll check it out for you. Can you fill out this form? Description of contents, flight number, and the place you are staying etc.

(내가 가방을 찾을 수 있도록 도와드리겠습니다. 문서를 작성해주시겠습니까? 항공편번호와 어디에 머무시는지등을 기입하여 주십시오) 라고 하면 짜증내지 말고 기분좋코 매너 좋케 OK 라고 하는것이 좋다.

(3) 출국수속(세관, 보안 검색 대, 법무부 통과)

· 세관 : 고가품 및 반/출입 금지품목 등의 소지여부를 신고한다.

· 보안 검색 대 : 위험 품 소지여부를 검사 받는다

· 법무부 : 출입국 자격을 심사 받는 자

(4) 항공기 탑승

· 국내선 : 항공기 출발 15분 전 시작. 출발 5분전 마감한다.

· 국제선 : 항공기 출발 30분 전 시작, 출발 10분전 마감한다.

· 항공기 탑승 : 시작시간에 맞추어 탑승구 엎에 대기한다.

제2절 항공기의 이용 에티켓

1) 항공기 이용과 에티켓

① 기내서비스는 노선별로 다르지만 보통 음료서비스/ 기내식서비스/ 영화서비스/ 기내판매 서비스가 제공이 된다.

② 기내환경

ⓐ 온도

- 기내온도는 23 ~ 25° C 정도로 유지한다
- 온도 조절을 위해 얇은 소재의 긴 소매 상/하의를 준비하는 것이 좋다

ⓑ 습도

- 기내습도는 15% 내외이다. 보통의 사람이 쾌적함을 느끼는 습도가 50~60%임을 감안할 때, 상당히 건조하다. 우리가 느끼지 못하는 사이에 우리 몸의 수분이 증발하여, 피부 및 눈이나 코의 점막이 건조해져 불편함을 느끼실 수도 있다.
- 따라서 생수나 주스 등의 음료를 자주 마셔 수분을 보충해 준다, 커피, 홍차 등을 많이 마시면 오히려 뭄의 수분을 더 잃게 된다.
- 소프트 렌즈를 착용하는 승객은 안경으로 바꾸어 착용하여 눈의 건조나 염증을 예방한다.

ⓒ 기내기압

해발 5,000~8,000피트(1,524~2,438미터) 고도에서의 기압(보통의 건강하신 사람은 큰 영향이 없는 정도)과 비슷한 수준으로 유지된다.

- 비행기 이착륙시의 기압변화 때문에 귀가 멍멍해지는 경우에는 가볍게 턱을 움직이거나, 물을 마신다. 입을 다물고 코를 막은 후 가볍게 부는 방법을 이용하는 것도 좋은 방법이다.
- 어린 아이에게는 먹을 것을 주거나 우유병을 물리는 것이 도움이 된다.

(1) 비행기 여행 시 주의할 점

① 음식/음료

- 과식을 하거나 탄산음료, 맥주 등 가스가 많이 생성되는 음료를 마시면 위장에 부담을 줄 수 있다.
- 가능한 한 가벼운 식사를 한다.
- 양파, 무, 콩 등 가스가 많이 생기는 음식은 피하는 것이 좋다.

② 멀미

- 비행 전날 충분한 숙면을 취한다.
- 비행 중에는 술을 가급적 피하고 식사는 가볍게 한다.
- 멀미약을 먹는 경우 사용법을 잘 참조하여 탑승하기 30분 전에 복용한다.

③ 시차증후군

- 시차가 6시간 이상인 지역으로 여행하는 사람이 겪을 수 있는 증상으로, 장거리를 단시간에 여행함에 따라 생기는 시간차를 인체의 리듬이 따라가지 못하여 생기는 현상이 시차 증후군이다. 졸음과 피로, 식욕부진 등을 느끼실 수 있다.

④ 혈액순환장애(이코노미 증후군)

- 의자에 앉아 움직이지 않은 상태로 장시간 비행하면, 다리 정맥의 혈

액순환이 느려져 발이 붓는 현상이 나타난다. 드문 경우이긴 하지만, 하체부분에 혈액응고장애가 일어나 혈전증이 유발될 수도 있다.

- 예방법으로는 가벼운 스트레칭을 주기적으로 하고 기내통로를 걷는 행동를 반복하며 가벼운 마사지도 효과적이다.

(2) 기내 에티켓

① 앉을 때는 지정된 좌석에 앉는다.

간혹 고객들 중 앞자리가 비었음에도 뒷자리를 배정한 것에 불만을 제기하는 고객이 있다. 비행기 안전을 위해 항공기의 weight & balance를 맞추기 위한 것으로 조그만 배에 균형을 맞추기 위해 골고루 나누어서 앉는 것과 같은 이치이다. 그래서 되도록 지정된 좌석에 앉고 만약의 비상사태에 대비해 신속한 탈출을 위해 항공사 직원이나 신체 건강한 남성이 비상구자리에 배정받는 경우도 있다.

② 담배는 안된다.

전 구간 금연임에도 이를 못 참고 몰래 담배를 피는 애연가들이 있다. 막혀있는 기내의 공기를 오염시킬 수도 있고 화재의 원인이 될 수 있으니 기내에서 금연은 꼭 지키자, 또한 기내에서 알코올을 섭취할 경우 기압과 산소량 때문에 지상에서보다 빨리 취할 수가 있다. 과도한 알코올 섭취가 기내 난동으로 이어질 경우 처벌도 받을 수 있으니 조심하자.

③ 기내에서는 양말을 벗으면 안된다.

장시간 비행에 몸도 붓고 불편해서 신발을 벗는 고객이 있다. 문제는 양말까지 벗어 옆사람에게 불쾌감을 주는 경우이다. 항공사에 따라 슬리퍼나 편하게 신을 수 있는 덧신 같은 양말을 제공함으로 이를 이용한다. 장거리 여행이니만큼 편한 슬리퍼를 준비하시고 복장도 간편한 것으로 준비를 하는것이 편하게 여행을 하는 방법이다.

④ 음료수를 요청할 때

What would you like drink? 라고 물어보면 I,d like a glass of red wine.이라고 답하면 된다. 승무원을 부를때는 Excuse me 혹은 Over here stewardess.라고 부르는것이 글로벌 에티켓이다.

⑤ 승무원을 부를 때

가끔 승무원을 "스튜디~어스"라고 어려운 발음을 강조해서 부르는 경우가 있다. 스튜디어스가 아니라 "스튜어디스" 다.

간혹 나이 드신 고객이 '이모' 또는 '안내양', '아줌마', 심지어는 승무원의 신체 일부를 툭툭 치면서 부르는데 승무원을 부를 때는 그냥 '승무원'이라고 호칭하는 것이 가장 무난하다. 그리고 먼 곳에 있는 승무원을 부를 때는 좌석에 있는 콜 버튼을 이용하면 된다.

⑥ 화장실매너

기내 화장실은 남녀 공용이다. 그렇기 때문에 잠금 장치를 꼭 확인해야 하는데 화장실내에 사람이 있으면 빨간 불로 'occupied'가 표시되고. 비어 있으면 녹색의 'vacant' 사인이 나온다. 이를 확인한 후에 화장실을 이용하고 이용한 후에는 다음 사람을 위해 세면대를 후지로 깨끗하게 닦아주고 물내리는 것도 잊지 않아야 한다.

⑦ 식사할 때는

뒤에 앉아있는 승객이 편히 식사할 수 있도록 등받이를 바르게 세운다.

⑧ 생명 벨트! 좌석 벨트!

비행기 이착륙 시, 또는 비행기가 많이 흔들릴 때 'fasten seat belt' 사인이 나오면 반드시 착석을 하여 벨트를 매어 주어야 한다. 또한 비행 중에서도 갑작스런 기류 변화로 비행기가 흔들릴 수 있으니 앉아 있을 때도 좌석 벨트를 매어 준다.

⑨ 기내물건은 제자리에

거리를 다니다 보면 항공사 담요를 심심치 않게 본다. 특히 K항공사 담요는 전 국민의 담요라 해도 과언이 아닐 만큼 여기저기서 쉽게 볼수 있다. 기내 물품은 항공사 자산이기도 하지만 면세품이기 때문에 반출해서는 안 되는 것이다. 심지어는 모든 승객이 이용하기 위한 화장실 물품도 없어지는 경우가 많다. 요즘은 담요를 별도로 판매 하고 있는 항공사도 있으니 필요한 사람들은 구입을 하면 된다.

⑩ 휴대폰은 반드시 꺼주십시오

비행 중에는 관제탑과의 교신에 전파 장애를 초래할 수 있기 때문에 휴대폰을 사용해서는 안 된다. 또한 착륙하기 전 또는 착륙 후에 승객들이 내릴 곳으로 이동하는 유도로에서도 역시 휴대폰은 사용을 자제해야 한다. 세계 각 공항에서 이를 규제하고 있다. 그 괴 통신용 전자제품은 항공기 이 착륙 시 반드시 전원을 꺼야한다.

⑪ 비행기가 완전히 멈춘 후 일어나주시고 내리 실 때도 질서를 지켜주세요!

비행기가 완전히 멈춘 후 앞좌석 승객부터 내릴 수 있도록 질서를 지켜야 한다. 짐을 꺼내기 위해 비행기가 착륙하자마자 일어서는 것은 위험하다.

[여성전용 화장실]

2) 입국 절차와 에티켓

① 기내작성서류-검역질문서/여행자 휴대품 신고서를 기내에서 작성 여행자 휴대품 신고서는 개인다 한 장 씩이며 가족 단위로 여행할 경우 가족당 1장만 작성한다.

② 여행자 검역

콜레라, 황열, 페스트 오염지역(동남아시아, 중동, 아프리카, 남아메리카)로부터 입국하는 승객과 승무원은 검역질문서를 작성한 후 입국 시 제출하여야 한다.

여행 중 설사, 복통, 구토, 발열 등의 증세가 있으면 입국 시 즉시 검역관에게 신고하여야 하며, 귀가 후에 설사 등의 증세가 계속될 때에는 검역소나 보건소에 신고해야 한다.

③ 입국심사

입국해도 좋다는 입국허가 심사를 받는 것이다.

대부분의 공항이 내국인과 외국인 심사대가 구분되어 있다. 이대 외국인일 경우 비록 심사대의 줄이 길더라도 자기가 있어야 할 곳에 위치하는 것이 에티켓이다.

④ 수하물 찾기

전광판에 표기된 지정된 수하물 수취대에서 자신의수하물을 찾는다. 만약 분실 및 파손되었다면 항공사에서 이를 배상한다

수하물을 찾을 때 자신의 가방과 비슷하여 다른사람 것을 가지고 가는 경우가 있는데 실수하지 않도록 한다.

⑤ 동식물 검역

해외에서는 들여오는 동식물 및 음식물을 검역하게 된다. 외국에서 육류, 식물 등 전염병을 유발 할 수 있는 것을 들여오면 안되다.

⑥ 세관검사

기내에서 배부받은 세관휴대품신고서에 세관신고대상물품을 기재하시고 여행자의 이름, 생년월일 등 인적사항을 기재

■ 에티켓 : 세관신고는 규정을 지키자

모 방송국에서 한때 고가의 물건을 다량 구입한 후 입국시 세관신고를 하지 않은 양심불량의 사람들을 보여준적이 있다. 자신의 양심을 속이는 행위는 하지 않도록 하자.

제3절 호텔과 식당 이용 에티켓

1. 호텔 이용에티켓

호텔(hotel)의 어원의 라틴어의(Hospitale)에서 비롯되었다.

그 어원에서 보듯 원래 Hospital(병원)의 개념에서 시작되어 Hostel(기숙사같은 숙박형태), Inn(규모가 작은 숙박시설) 등의 변천을 거쳐 오늘날의 호텔(Hotel)에 이르게 되었다.

중세의 숙박시설은 수도원을 중심으로 발달하였는데, 당시에는 병의 치료를 겸해 숙식을 제공해 주는 시설을 갖추고 있었으므로 병원과 호텔은 같은 개념으로 인식되고 있었다.

우리가 흔히 호텔과 같은 서비스산업을 영어로 'Hospitality Industry'라고 표현하는데 Hospitality란 일반적인 서비스의 차원을 초월해 손님에게 정성이 담긴 최고의 예우로 '가정을 떠난 가정(Home away from Home)'과 같은 서비스를 제공한다는 의미를 내포하고 있다.

1) 호텔 시설이용

(1) 객실의 이용

가. 예약 및 체크 인

① 성명 및 성별, 도착일시 및 비행기 편, 출발예정 일시 및 비행기 편, 연락처, 지불방법 등에 대해 정확히 알려준다.

② 체크인은 보통 2시에 시작하고 체크아웃은 12시까지 해야 한다.

만약 체크인 시간에 늦을 경우 예약이 취소 될 수 있기 때문에 사전에 연락해야 한다.

체크아웃은 대부분 오전 11시부터 정오까지이다. 시간을 초과하였을 경우에 초과 요금을 낸다.

TIP

외국의 고급호텔에서는 비록, 현금으로 숙박료를 지불할 경우라도 예약 접수 시 국제적으로 통용 가능한 신용카드의 번호를 미리 알려 달라는 요구를 하기도 한다.

이는 호텔 비즈니스 상, 요금지불에 따른 문제발생을 미연에 방지하려는데 그 목적이 있다.

③ 호텔에 도착하면 먼저 프런트에 가서 등록카드(Registration)를 작성한다.

④ 프런트에서 객실을 배정받으면 벨맨이 고객의 짐을 들고 객실로 안내해준다.

⑤ 호텔에 도착하면 프런트의 직원이 Do you have a reservation?(예약하셨나요?) 이라고 물으면 Yes,I have(네 했습니다) 라고 답하면 May I see your passport and credit card?(여권과 신용카드를 보여주시겠어요?) 라고 이야기 하면 친절하게 보여주면 된다.

⑥ 체크인 절차가 끝나고 나면 벨맨에게 My luggage up to the room, Please! 라고 정중하게 부탁한다.

나. 객실 내 비품의 사용

객실 내에 고객의 편의도모를 위해 호텔에서 무료로 비치해 둔 각종 소모품이 있다. 이것을 Amenity라고 하는데 주로 욕실의 용품이 대부분이다. 샴푸와 린스, 빗, 면도기, 화장 솜과 면봉, 반짇고리 등으로 이것은 모두 사용 후 가져 갈 수 있다. 간혹 일회용 슬리퍼를 비치해 두는 호텔도 있다. 이러한 Amenity 이외의 호텔 비품은 절대 가지고 나가서는 안 되며 파손이나 분실 시에는 정해진 요금을 지불해야 한다.

이러한 amenity와 비품이 특히 잘 갖추어져 있는 곳은 일본으로 치약과 칫솔까지 특별한 개인 용품을 따로 준비하지 않아도 될 정도이다.

하지만 가끔 호텔 밖으로 들고나갈 물건과 그렇지 않은 물건을 구분 못해서 망신당하는 고객들도 간혹 있다. 공항까지 쫓아가서 청구하는 경우도 있으니 이런 일은 당하지 않도록 하자. 이런것이 글로벌 매너를 지키는 것이다.

다. 냉장고 미니바의 사용

호텔에 들어서면 자그마한 탁자 위에 바나나 같은 열대과일 또는 포도주, 초콜릿 등이 놓여있을 때가 있다. 공짜일까 유료일까, 냉장고 위의 음식이나 과자는 대부분 돈을 낸다. 침대 옆 탁자 위 음식, 욕실 안에 있는 생수는 대게 선물이다. '웰컴'(welcome) 또는 '컴플리맨터리'(complimentary or with compliment)라고 쓰여 있으면 공짜란 뜻이다.

냉장고에 있는 음료수를 마시고자 할 때는 자동시스템인지를 확인해야 한다. 일본과 유럽 등의 고급호텔을 이용하다보면 미니바가 자동식으로 되어 있어 홀더에서 꺼내는 순간 무조건 객실 사용료에 포함이 되는 경우가 있다. 이용하지 않을 경우 증명을 해야하는 번거로움이 생길 수 있다.

STORY 28

특급호텔 즐기고 '먹튀' 하는 스키퍼
뛰는 안전 시스템 위 나는 그들을 잡아라
"S전자 부사장 K아무개입니다."

120수의 명출 정장 웃옷에 작은 대우전자 배지가 반짝였다. 아직 대우사태가 벌어지기 전인 1997년 봄, 그룹의 위세는 하늘을 찔렀다. 프런트의 체크인 담당은 인수인계 파일을 곁눈질했다. 'S전자 부사장-익스프레스 체크인으로 처리할 것.' 보통 예약 손님이 오면 외국인은 여권과 신용카드를 프런트에 맡기고 한국인은 명함이나 주민등록증과 신용카드를 맡겼다. 그러나 초특급 브이아이피들은 이런 절차를 뛰어넘는 익스프레스 체크인 혜택을 받았다. K부사장은 저녁 봄바람이 쌀쌀하다는 듯 옷깃을 여몄다.

체크인 두 시간 뒤부터 룸서비스 전화에 불이 났다. K부사장이 최고급 양주 8병을 한꺼번에 주문했기 때문이었다. 특급호텔의 프리미엄 양주는 '액체로 된 금'이다. 시중에서는 구할 수도 없는 고급이 많다. "D그룹의 인수합병 문제로 부산에 있는 D그룹 대표이사를 만나는데 선물로 줄 술" 이라는 부사장의 목소리는 근엄했다. 그러나 최고급 양주를 오밤중에 룸서비스로 올려 보낼 처지가 된 식음 담당 지배인은 진땀을 흘렸다. 머릿속에서 '혹시...' 하는 생각과 '브이아이피 고객의 주문'이라는 생각이 교차했다. 급한 대로 야간에 손님 접대를 총괄하는 당직 지배인의 서명을 받아 올려보냈다.

식음 담당지배인은 다음날 총지배인에게 불려갔을 때도 무슨일이 벌어졌는지 실감하지 못했다. "사표 쓰라"는 말을 듣고서야 그는 잠에서 깼다. 자칭 K부사장님은 새벽에 양주를 쇼핑백에 숨겨넣고 사라졌다. 물론 1400만원에 달하는 술값과 객실 이용료는 내지 않았다. "사표 내!" 복도까지 새나갈 만큼 데시벨 높은 총지배인의 목소리가 처음 전화로 예약을 받은 직원, 체크인 담당 직원, 식음 담당 지배인 등 세 직원의 심장을 찔렀다.

세 직원은 그 사람을 찾기로 결심하고 형사의 도움을 받아 차적 조사를 하는 등 여러 날 조사를 벌인 끝에 자칭 K부사장을 찾아냈고 그는 놀랍게도 어엿한 인쇄업체의 사장이였다. 합의로 풀려난 K부사장은 두 번 다시 스키퍼(skipper. 돈을 내지 않고 도망가는 고객) 노릇을 하지 않았을까?

〈출저 : 한겨레 신문 2009년 2월 23일〉

라. 욕실 사용

유럽이나 미주로 여행하는 사람들이 실수를 하는 곳 중의 하나가 욕실이다.

① 샤워는 샤워booth나 욕탕 내에서 한다.

우리나라와 크게 다른 점은 욕실에 물이 빠지는 하수 구멍이 없다는 것. 즉 욕탕 밖에서 샤워를 하게 되면 물이 넘쳐 방안이 온통 물바다가 된다. 이럴 경우 세탁비용을 내야한다.

② 개인전기용품 사용시 전원이 110V인지 220V인지 어댑터가 맞는지 확인한다.

드라이기나 면도기 등 개인이 준비해 간 전기 용품을 사용할 때에는 반드시 전원을 확인해야 한다. 미주의 경우 거의 110V 전원을 사용하며 유럽은 220V이지만 구멍이 세 개인 경우가 대부분이므로 흔히 말하는 우리 나라식 돼지 코처럼 생긴 플러그가 맞지 않을 수 있다. 이 때에는 프론트에 어댑터를 부탁하면 연결해서 사용할 수 있다.

③ 해외여행가서 나의 드신 분들이 호텔에서 샤워하다 미끄러져 뇌진탕이나 골절 등의 부상을 당하기도 한다 욕실에 들어가면 고무매트와 좀 두껍고 큰 타올에 욕실에 걸쳐져 있다. 고무매트는 미끄럼을 방지하기 위한 것으로 샤워를 할 때 바닥에 깔고 하고 좀 두꺼운 타올은 발의 물기를 닦는 용도로 사용한다. 이를 목욕(bath)타올로 사용한다면 곤란하다.

④ 용도에 맞는 타올을 사용하자

두 장씩 정리되어 있는 타올 중 제일 큰 타올은 bath 타올로 목욕 후 전신을 감쌀 때 사용하는 타올이고 중간 타올을 세면 시 사용한다. 손 수건만한 크기의 가장 작은 수건(wash rag)은 세면 시 물이 밖으로 튀지 않게 세면대 끝에 놓기도 하고 샤워 시 비누거품을 내는 용도로 쓰인다.

⑤ 수도꼭지의 코르크를 확인하자

영어권의 경우 더운물은 H(hot), 찬물은 C(cold)로 표시하지만 프랑스나 이태리 같은 경우 C(chaud)가 더운물, F(froid)가 찬물이므로 주의하자.

마. 전화 , 인터넷 사용

전화기에 호텔내선 번호, 시내 전화, 국제전화 사용방법에 대해 표시가 되어있다. 이를 확인하자.

그리고 대부분의 호텔에서는 객실 내 인터넷 사용이 가능하다. 하지만 유료인 경우도 있다.

바. TV보기

Pay TV(유료 TV)보통 10불 정도 하며, 최근 상영된 영화나 Adult movie를 상영한다. room에 자동으로 charge되기 때문에 Check-out 시 지불하면 된다.

사. 무료버스 이용하기

호텔에서 손님을 위한 배려 중 하나가 바로 무료 셔틀 버스다.

대부분 공항이나 시내 번화가, 면세점 등을 왕복 운행한다. 혹시 비용을 지불하더라도 택시보다 훨씬 유리하므로 셔틀버스를 이용하도록하자.

아. 기타

① DDcard(Don't Disturb card) : 호텔에서 쉴 경우 방해 받고 싶지 않을 때는 Don't Disturb card를 문밖에 걸어준다. 만약 깜빡하고 걸어두지 않는다면 룸메이드가 수시로 문을 열고 들어온다.

② Safe deposit box : 귀중품을 보관하기 위한 것으로 프런트에 신청하면 무료 또는 유료로 이용할 수 있다. 만약 Safe deposit box에 보관했는데도 분실당했다면 호텔에서 책임을 져야 한다.

③ 정보수집 : 호텔 내에서 필요한 정보수집. 간단한 책자나 팜플렛 이용 고급 호텔에서는 'guest guide travel host'라는 책자가 있어 근처에 구경할 만한 곳 쇼핑할 정보 등이 포함되어져 있는지 알아본다.

(2) 수영장이나 스파 이용

수영장 옆에는 spa(whirl pool)가 있는 경우가 있다. 뜨거운 물에 몸을 담고 있으면 여행 피로가 확 풀린다. 실내 수영장이면 사우나도 있는데 주로 남녀공용으로 수영복을 입고 간다. 하지만 유럽의 일부 나라는 옷을 벗고 입장하기도 한다는 점을 유의하자.

(3) 레스토랑 이용하기

호텔마다 차이가 있지만 대개 호텔은 여러개의 식당을 운영한다. 가이드 북을 참고하자.

식사를 한 후에는 방 번호를 적고 체크아웃 시 계산할 수 있다.

어떤 투숙객은 레스토랑에서 식사 한 뒤 다른 방 번호를 적거나 체크아웃 한 뒤 식사를 하고 방 번호를 적기도 한단다. 이런 양심 불량이 없도록 하자.

(4) 기타

- 자동판매기와 얼음 제조기

  미국 같은 경우 수돗물을 그냥 마실 수도 있기 때문에 생수가 따로 서비스 되지 않는다. 이럴 경우 복도 끝에 작은 공간에 자동판매기 또는 ice cude를 받을 수 있는 얼음 제조기가 설치되어 있는 호텔도 있다.

- 회의실 이용

  일부 호텔들은 비즈니스 맨들을 위해 호텔 안에서 자유롭게 회의할 수 있도록 회의실을 빌려주기도 한다.

  회의실에서는 노트북과 빔프로젝터 그리고 핸드폰을 대여 받을 수 있으며 복사와 스캐닝 번역과 통역 서비스도 이용할 수 있다.

29 | STORY

● 에티켓!

로마에 가면 로마의 법을 따라야 하는 법!

만약 남녀공용사우나가 옷을 입고 가지 않는 곳이라면 아예 입장을 안하든지 하고 싶다면 다른 사람과 같은 조건(?)으로 자연스럽게 사우나를 즐겨야 한다. 부끄럽다고 옷을 입고 있으면 큰 실례가 된다.

하지만 독일에 가면 남녀가 옷을 입지 않고 함께 사우나를 하는 곳이 많이 있다. 이때는 옷을 입고 사우나를 즐기는 건 에티켓에 어긋나는 경우이니 주의하자.

2) 호텔 서비스

(1) 룸서비스

전화로 부탁하여 식사를 가지고 오게 한다. 약간의 팁을 지불하는 것이 에티켓이다.

아침식사를 룸서비스 받을 경우 전화를 하면 "Good morning, How can I help you?"(좋은 아침입니다, 무엇을 도와드릴까요?)라고 하면 "I'd like to order a breakfast."라고 주문을 하면 된다

(2) 세탁 서비스

호텔 내에서는 작은 것이라도 빨래가 금지되어 있다. 호텔 내에서 세탁을 해야 한다면 양복장 안에 있는 빨래주머니를 이용 세탁물을 넣고 전표에 방 번호와 품명을 적어 당번에게 주어 세탁을 맡긴다. 유료이며 이때 반드시 완성시간을 체크한다.

(3) 모닝콜

일어날 시간을 전일 교환이나 프론트 데스크에 미리 알려놓으면 이튿날 아침에 기상벨을 울려주는 서비스이다. 모닝콜을 받으면 "Thank you"를 말하는 것이 에티켓이다.

(4) 객실 메이크업 서비스

투숙객이 외출 시 객실내 청소를 희망하면 객실청소 및 정리정돈을 해주는 서비스를 말한다. 반대로 객실 밖 문고리에 DD card를 걸어두면 방해하지 말라는 의미이므로 객실 청소를 해 주지 않는다.

(5) 콘시어지 서비스(문지기 서비스)

투숙객을 위한 호텔내의 각종 정보제공 및 가벼운 심부름 서비스를 말한다.

호텔에 따라 GRO(guest relation office)라고도 한다.

3) 기타 기본 에티켓

① 객실 내 취사는 절대 금물이다.

② 복도에서 큰소리로 떠들거나 파자마 차림으로 다니는 일이 없도록 하자.

③ 객실문을 열어 둔체로 크게 떠드는 것은 역시 에티켓에 어긋나는 행동이다.

TIP

● 알아두면 편리한 호텔용어

- american coffee : 커피의 종류로서 연한 정도에 따라 나뉘어지는 가장 연한 종류의 커피
- american plan : 호텔숙박 요금에 매일 3식이 포함 된 유형의 계산방법
- baggage rack : 객실 내 짐을 놓는 곳
- baggage tag : 물건 보관증 꼬리표
- bell man : 벨데스크 직원
- booking : 예약
- business center : 투숙객들에게 팩스, 인터넷, 잡지제공, 통역업무, 비서업무 등을 제공해주는 공간
- captain : 지배인과 웨이터의 중간 직위, 근무직원
- check in : 프론터에서 폼을 작성하고 객실에 투숙하는 행위
- check out : 고객의 퇴실 절차
- cloakroom : 호텔에서 코트나 짐 등을 맡기는 임시 보관소
- confirmation sheet : 예약 확인서
- connecting room : 서로 문으로 연결되어진 방
- door man : 도어맨, 현관에서 발생하는 일을 전담하는 직원
- double room : 싱글침대 1.5배크기의 침대 1개인 방

· early out : 조기 퇴숙 절차
· front cashier : 프론트 데스크에서 근무하는 수납원
· guest laundry pick-up : 고객세탁물 수거, 룸 메이드의 업무
· incoming message : 수신 메시지
· long term guest : 장기 투숙고객
· maid room : 층마다 있는 메이드 작업방, 많은 객실내비품과 린넨류
· message delivery log book : 고객의 메시지 연락상황을 기록하는 장부
· minibar : 객실내 소형 냉장고
· morning call : 아침 기상시간 알람 서비스 전화
· operator : 교환원
· outgoing message : 발신 메시지
· parking tag : 주차 후 확인꼬리표
· pick-up service : 차량지원업무, 벨데스크나 기사대기실업무
· pillow : 베개
· room maid: 룸 메이드, 주로 여성, 객실정비 업무
· room to room change : 고객의 요구에 의해 방을 옮겨주는 서비스
· service station : 서비스를 위한 공간(=backside)
· shower courtain : 샤워커튼, 욕조의 이용시 물이 욕실 바닥에 튀지 않도록 욕조안으로 치는 커튼
· skipper : 계산을 하지 않고 도망 가는 고객
· single room: 1인용 침대 방
· suite room: 특실, 호텔 별로 많은 고유이름을 가지고 있음
· triple room: 1인용침대 2개인 방
· upgrading: 객실을 한 단계 좋은 것으로 배정하는 것
· vallet parking: 주차 대행 서비스
· walk in guest: 예약 없이 오는 손님
· welcome drink: 고객의 환영에 제공되는 무료 음료서비스

2. 식당 이용 에티켓

식당은 호텔에 부설되어 있는 식당 또는 독립적으로 운영하는 전문식당을 말하는 것으로, 식사를 위해 방문하는 사람은 주위의 사람들을 위해 식사 중에 지켜야 할 에티켓이 복잡하다고 할 수 있다. 식당에서 지켜야 할 테이블 매너에 대해서는 앞의 제4장 제3절에서 상세히 설명하였기 때문에 여기서는 여행 중 식당에서 지켜야 할 기본적인 에티켓을 중심으로 살펴보기로 한다.

식당은 인간이 살아가는 데 있어서 기본적인 욕구를 충족시킬 수 있는 장소이기 때문에 인간의 본심을 가장 정확하게 읽을 수 있는 장소이기도 하다. 따라서 여러 사람이 공동으로 이용하는 공동장소이므로 스스로 욕구를 자제해야 할 경우도 있다는 것을 명심해야 한다.

식당에서 지켜야 할 몇 가지 내용을 살펴보면 다음과 같다.

1) 단체여행 시 에티켓

단체여행인 경우에는 사전에 식당과 메뉴를 정해서 예약을 하기 때문에 특별히 식당에 요구하지 않아도 무방하지만 상대를 존중한다는 차원에서 질서를 지켜야 하겠다. 보통 질서의 통제는 여행의 인솔자가 담당하므로 인솔자의 통제에 적극적으로 협조해야 원만한 여행이 될 수 있다.

- 식당에 도착하면 먼저 화장실에서 손을 깨끗이 씻는다.
- 단체식사는 어린이, 어른, 여성의 순서로 하는 것이 좋다.
- 개인적으로 필요한 것이 있으면 지체없이 식당 종업원에게 요청한다.
- 단체식사는 개인이 선호하는 식사의 메뉴가 아니라 대부분 동일한 메뉴의 식사가 제공되기 때문에 자신의 욕구를 양보하는 자세가 필요하다.
- 개인적으로 특별한 메뉴가 필요한 경우에는 단체의 인솔자에게 요청한다.
- 식사중에는 불필요한 잡담이나 큰 소리를 내지 않도록 한다.
- 식사가 종료되면 서비스 정도에 따라 약간의 봉사료를 지불한다.

2) 개인여행 시 에티켓

개인적으로 여행을 하는 경우에는 주로 선호하는 음식을 선택하여 먹을 수 있기 때문에 편리하다는 장점이 있으나 가격이 약간 비싸다는 것을 염두에 두어야 한다.

식사에 대한 매너는 단체의 식사와 동일하다. 식당에서 메뉴를 선택할 경우에는 평소에 선호했던 음식보다는 경험하지 못했던 음식을 주문하는 것도 좋은 방법이다. 특히 우리나라 사람들은 외국을 여행할 때 평상시에 즐겨 먹던 고추장이나 김치 또는 라면 등을 소지하고 여행중에 먹는 것을 자주 보았는데, 이는 상대국가 식당에서 원하지 않는 경우도 있으니 양해를 구하고 행동해야 한다.

화장실이 가고 싶으면, Excuse me. Where's the restroom? 이라고 물어보고 음식이 늦으면 화를 내지 말고 Is something the matter with my order?(내 음식주문이 문제가 있나요?) 혹은 What's the talking so long?(왜 이리 오래 걸리나요?) 라고 정중히 물어보는것이 좋다.

3. 관광지에서의 에티켓

관광은 패키지(package)를 이용한 단체관광과 개별관광으로 구분할 수 있는데, 단체관광은 대개 인솔자와 현지 가이드에 의해서 관광이 실시된다. 따라서 타지의 볼거리, 먹거리, 놀거리를 대상으로 관광을 실시하는데 있어서 지켜야 할 에티켓을 살펴보기로 한다.

관광지에서 외국인에게 사진을 찍어 달라고 할 때는 정중하게 물어보는 것이 에티켓이다.

Can you take a picture for us?

그리고 전시장이나 박물관에서 전시물을 사진 찍고 싶을 때와 외국인을 사진 찍고 싶은 경우에는 상대방에게 허락을 꼭 받아야 하는 것이 국제 매너이다.

May I take a picture? 혹은 Is photography allowed?

관광가이드에게도 에티켓을 갖추어 질문해야 한다. 상대방이 설명을 하는중간에 말을 한다든지 아니면 가이드의 설명을 경청하지 않는것은 예의에 어긋나는 것이다.

Could you tell me a little about the history of the city? (역사에 대해 설명부탁합니다.)

■ 관광객이 삼가 해야 할 행위

1.관광지의 전통이나 풍습을 무시하는 행위
2. 전시된 물품이나 기구를 손으로 만지는 행위
3. 서비스를 제공하는 종업원에게 과도한 봉사료를 제공하는 행위
4. 현지인을 얕보는 행위
5. 인솔자의 통제를 위반하는 행위
6. 관광지에서 규정하고 있는 규율을 지키지 않는 행위
7. 관광지의 편의시설을 훼손하는 행위
8. 관광지의 기념품을 필요 이상으로 구매하는 행위
9. 현지인이나 가이드에게 지나친 농담을 하는 행위
10. 기타 국가의 명예를 실추시키는 행위
11. 대한민국 국민으로써 품위를 손상하는 행위

관광의 사전적 의미는 자기가 생활하는 지역을 떠나 타지역의 문화를 습득하고 풍습을 이해하면서 새로운 경험을 바탕으로 자신의 지식의 폭을 넓히는 데 그 목적이 있는 것이다. 그렇기 때문에 보다 성숙한 관광활동이 되기 위해서 관광자는 정숙한 가운데 자신이 추구하고 있는 소기의 목적을 달성하는 데 최선을 다해야 하겠다. 그렇지 않고 관광지의 문화나 전통을 무시하고 무질서하게 행동한다면 글로벌 관광인으로 매너를 지키지 못하는 것이 된다.

4. 쇼핑

여행에 있어서 쇼핑(shopping)은 큰 의미를 부여하고 있다. 특히, 관광지의 특산물이나 자국에서 생산되지 않는 물품 또는 가격이 저렴한 상품을 기념품이나 선물용으로 구입을 하는데 쇼핑도 시대의 변화에 따라 그 형태가 변화하고 있는 것을 경험할 수 있다. 과거에는 여행자들이 여행의 목적보다 쇼핑에 많은 비중을 두어 쇼핑관광처럼 느껴지는 경우도 있었으나 최근에는 해외여행이 보편화되고 있기 때문에 쇼핑에 대한 문화도 점

차 간소화되고 있는 추세이다. 따라서 여행중에는 간단한 기념품이나 일상생활에서 필요한 특수한 상품을 구입하여 건전한 쇼핑을 즐기도록 해야한다.

그리고 공항의 면세점을 이용 할 경우에는 일반 쇼핑센터와는 다르게 몇가지 질문도 하고 가지고 있는 항공권과 여권도 보여줘야 하는 경우가 대부분이다.이때 불쾌해 하지 말고 면세점 직원이 요청하는데로 들어주는것이 면세점 쇼핑의 에티켓이다.

Where is your destination and May I see your boardingpass?

Yes, sure I'm on my way to Los Angeles.

● 여행객을 위한 안내표시

[참고문헌]

김영호 외, 국제매너와 엄무, 갈채, 2006.
이향정 외, 글로벌매너 글로벌에티켓, 백산출판사, 2010.
손일락 외, 국제매너의 이해, 한올출판사, 2009.
구헌철 외, 국제매너와 에티켓, 대왕사, 2004.
미래서비스아카데미,글로벌매너,백산출판사,2009 .
박경태 외, 글로벌음식문화의 이해, 석학당, 2008.
구헌철 외, 여행항공실무영어, 석학당, 2011.
이강춘 외, 만화로보는 글로벌 에티켓과 음식문화, 백산출판사, 2010.
정승환, 글로벌 호텔경영론, 석학당, 2011.
김성근, 중점 여행사업무, 석학당, 2012.
권문호 외, T/C 서비스실무, 대왕사, 2008.
김선희, 국외여행인솔업무론, 대왕사, 2003.
윤현, 파티플레닝, 석학당, 2007.
박의서, MICE 산업론, 학현사, 2010.
금한나, 이미지와 국제 매너, 한올출판사, 2007.
김득중 외, 우리의 전통예절, 한국문화재보호협회, 1988.
김세환, 친절과 에티켓, 학문사, 2003.
김은희 외, 대학 이미지 연출, 학문사, 2004.
김은희 외, 예절과 서비스, 대왕사, 2002.
김창훈, 국제예절과 생활에티켓, 샘터, 2000.
노버트 엘리아스 원저, 윤희수 옮김, 문명화 과정 매너의 역사, 도서출판 신서원, 1998.
문화관광부, 1~3급 관광호텔 서비스 매뉴얼, 2003.
미래서비스아카데미, 서비스 매너, 새로미, 2006.
박종원, 읽으며 배우는 직장예절, 학현사, 2003.
박한표, 글로벌문화와 매너, 한올출판사, 2004.
박한표 외, 현대인과 국제매너, 한올출판사, 2004.
박혜정, 고객서비스실무, 백산출판사, 2005.
손일락 외, 국제 매너의 이해, 한올출판사, 2007.
양희옥, 대학 매너 실무, 형설출판사, 2004.
오흥철 외, 글로벌 매너 완전정복, 학현사, 2005.
이동희 외, 매너와 이미지 메이킹, 형설출판사, 2004.

정연아, 나만의 이미지가 성공을 부른다, 느낌이 있는 나무, 1999.
성공하는 사람에겐 표정이 있다, 명진출판, 1998.
진행규, 고객감동 대화기술, (주)CS 경영연구소, 1999.
차석빈 외, 펼치면 매너가 보인다, 현학사, 2003.
차동열, 관광서비스론, 기문사, 2000.
허순득, 생활 속의 이미지 연출, 형설출판사, 2004.
호텔신라 서비스교육센터, 현대인을 위한 국제 매너, 김영사, 1994.
바아이씨인터내쇼날(주), 전문가 양성과정 매뉴얼.
서울힐튼호텔, 예절교육 매뉴얼, Service Manual(기본편), Standard Operating Procedures Manual(서비스기본매너).
에이치디엠아이(주), 호텔같은 병원만들기 매뉴얼.
웰비스서비스아카데미, Professional Service Innovation Course I 매뉴얼.
이상헌(산업교수 · 칼럼니스트 · 기쁨세상PD)교수의 컬럼.
청주대학교, 2006 취업가이드, 청주대학교 학생취업지원실.

머니투데이, 2007년 4월 9일자.
문화일보, 2008년 2월 4일자.
세계일보, 2005년 11월 14일자.
조선일보, 2007년 7월 25일자, 2008년 2월 27일자, 3월 8일자.
중앙일보, 2006년 11월 14일자, 2007년 6월 5일자.
AM7, 2007년 4월 2일자, 4월 9일자.

Aliki, S.S, Manners, Morrow, 1993.
Beyer, Kay, The Value of Good Manners, Rosen Group, 1992.
Mary Mitchell, John, The Complete IDIOT's Guide to Etiquette, Alpha Books, 1999.

http://blog.daum.net/angelyy0830
http://blog.daum.net/hopeclub
http://blog.daum.net/ktmi-org
http://blog.empas.com/servicekorea
http://blog.naver.com/lmysunhp
http://blog.naver.com/oxen
http://blog.naver.com/songjayoo
http://cafe.daum.net/happinessdr

http://cafe.daum.net/HOTELKOREA
http://cafe.daum.net/printease
http://cafe.daum.net/WantSuccess
http://cafe.naver.com/prosvc
http://cafe.vipup.com/seon0656
http://community.yeongnam.com
http://en.wikipedia.org/wiki/Netiquette
http://myhome.naver.com/gcs1024/gcs/memu/table-manners.htm
http://www.bizforms.co.kr/bizcontents/manner
http://www.career.co.kr
http://www.gmarket.co.kr
http://www.positive.co.kr

[약력]

김성근

경기대학교 관광경영학과 석사

(주)코오롱고속관광 특수사업팀과장

(주)국민신용카드사 여행사업팀장

(주)이포스탑투어 대표이사

(주)세계투어 아웃바운드 총괄 부사장

(주)인터비즈투어 CEO

농어촌개발공사 도비도 관광단지사업 선정위원.

부산시청, 부산테크노파크 부산지역 대학 R&D사업 평가위원

부산테크노파크 부산지역전략사업(의료관광부분) 자문위원

부산테크노파크 부산지역 대학 특성화사업 평가위원

영진전문대학교 겸임교수

백석문화대학교 겸임교수

현) 신안산대학교 국제관광경영과 교수

[저서] 중점 여행사 업무론 외 다수

정승환

강원대학교 경영대학 관광경영학과 졸업

경희대학교 경영대학원 관광경영학과 졸업

세종대학교 대학원 호텔관광경영학과 졸업

경영학박사(호텔관광경영전공)

(주)호텔롯데, (주)호텔롯데부산에서 영업 및 지원부서 근무경험

현) 신안산대학교 국제관광경영과 교수

[논문] 호텔기업의 정보화가 서비스품질과 경영성과에 미치는 영향,
Effect of Information technology on performance in upscale hotels 외 다수

[저서] 글로벌 호텔경영론, 관광정보의 이해 외 다수

[이메일주소] jsh6228@hanmail.net, jsh1767@act.ac.kr

Global Tourism Manners
국제매너와 에티켓

2013년 2월 20일 1판 1쇄 인쇄 / 2013년 2월 28일 1판 1쇄 발행 / 2016년 08월 25일 1판 2쇄 발행

지은이. 김성근 · 정승환

펴낸이. 윤용호 | 펴낸곳. 석학당 출판사 121-856 서울시 마포구 신수동 448-6 1F

등록. 2001.10.23. 제10-2238호 | 전화. 02)719-6116 | 팩스. 02)719-6120

홈페이지. www.shdbooks.co.kr | E-mail. shd6116@chol.com

ISBN 978-89-93158-65-6 93380 가격 **19,000**원